राजकमल गौरवग्रंथ

WORLD CLASSICS

मिलान कुन्देरा

बोहुमिल हराबाल

अर्नोश्त लुस्तिग

यारोस्लाव पुतीक

ईवान क्लीमा

लुदवीक अश्केनाज़ी

खेल-खेल में

चेक कथा-साहित्य

खेल-खेल में

चेक से अनुवाद

निर्मल वर्मा

राजकमल गौरवग्रंथ

मूल चेक से अनूदित
पहली बार 1966 में 'इतने बड़े धब्बे, प्रतिनिधि चेक कहानियाँ' शीर्षक से प्रकाशित

ISBN : 978-93-6086-161-2

मूल्य : ₹750

राजकमल गौरवग्रंथ माला में पहला पुस्तकालय संस्करण : सितम्बर, 2024

प्रकाशक : राजकमल प्रकाशन प्रा. लि.
1-बी, नेताजी सुभाष मार्ग, दरियागंज
नई दिल्ली-110 002

शाखाएँ : अशोक राजपथ, साइंस कॉलेज के सामने, पटना-800 006
पहली मंजिल, दरबारी बिल्डिंग, महात्मा गांधी मार्ग, प्रयागराज-211 001
1, अनमोल सोराबजी सन्तुक लेन, धोबी तलाव, मरीन लाइंस, मुम्बई-400 002
वेबसाइट : www.rajkamalprakashan.com
ई-मेल : info@rajkamalprakashan.com

मुद्रक : विकास कंप्यूटर एंड प्रिंटर्स
ट्रॉनिका सिटी-201 102

KHEL-KHEL MEIN
Translated by Nirmal Verma

खेल-खेल में

क्रम

इस पुस्तक में दिये गए लेखक-परिचय सन् 1966 के प्रथम संस्करण में प्रकाशित हुए थे। इन्हें यहाँ यथावत् रखा गया है, तत्कालीन ऐतिहासिक साहित्यिक परिप्रेक्ष्य रेखांकित करने के लिए। मिलान कुन्देरा, ईवान क्लीमा, जोसेफ़ श्क्वोरस्की इत्यादि चेक लेखक यूरोपीय साहित्य में परिचय पाने से बरसों पहले निर्मल वर्मा के अनुवादों के ज़रिये हिन्दी-पाठकों में अपना स्थान बना चुके थे।

प्रथम भूमिका : इतने बड़े धब्बे

केन्द्रीय-यूरोप के देशों में चेक-संस्कृति एक अर्से से विदेशियों को अपनी ओर आकर्षित करती रही है। प्राग एक दृष्टि से यूरोप का प्रयाग रहा है—पूर्व और पश्चिम की सांस्कृतिक धाराओं का पवित्र संगम-स्थल। यहूदी विद्वानों, जर्मन लेखकों या रूसी क्रान्तिकारियों के लिए प्राग एक युग से ऐसा शरण-स्थल रह चुका है, जिसकी देहरी (प्राग का अर्थ ही 'देहरी' है) पार करते ही वे अपने को सुरक्षित-सा महसूस करने लगते थे। उन दिनों शायद पेरिस या वियना या बर्लिन की चकाचौंध उसमें नहीं थी, लेकिन एक अनूठी गरिमा और संवेदनशीलता अवश्य थी जिसने चेक या प्राग में बसनेवाले जर्मन और यहूदी लेखकों की तत्कालीन कलाकृतियों को एक विरले रंग और लय में ढाला था। चेक-साहित्य अपने में ही बहुत समृद्ध है किन्तु बीसवीं शती के जर्मन या यहूदी साहित्य को भी प्राग से अलग करके देख पाना असम्भव जान पड़ता है।

अत: यह शायद महज़ संयोग नहीं था कि प्रथम महायुद्ध के बाद जब पूर्वी-यूरोप के अनेक देश स्वतंत्र हो जाने के बावजूद प्रतिगामी रास्तों पर मुड़ गए,

उनके बीच चेकोस्लोवाकिया ही एक ऐसा 'द्वीप' बचा रहा, जिसकी भावभूमि सम्पूर्ण रूप से लोकतांत्रिक और मानववादी थी। काफ़्का, चापेक, हाशेक इत्यादि लेखकों की रचनाएँ न केवल इस भावभूमि की उपज हैं, बल्कि स्वयं अपने में उसके अन्धकारपूर्ण, रहस्यमय और अज्ञात कोणों को उजागर करती हैं। आज शीतयुद्ध की अख़बारी शब्दावली में हम कुछ देशों की संस्कृति को पूर्व और पश्चिम में बाँटने के इतने अभ्यस्त हो चुके हैं कि यह विश्वास करना असम्भव-सा लगता है कि आधुनिक चेक-साहित्य की मुख्य परम्परा इस भेदभाव से मुक्त रही है। एक आधुनिक चेक लेखक के शब्दों में ही : "पश्चिम—लेकिन पूर्व के स्थान पर नहीं। पूर्व—किन्तु पश्चिम के स्थान पर नहीं। पूर्व और पश्चिम—दोनों ही, क्योंकि हम मानवीयता में विश्वास रखते हैं। कोई भी चीज़ जो मानवीय है, हम अपने से बाहर नहीं रखना चाहते।"

दो वर्ष पहले सार्त्र ने अपने एक भाषण में काफ़्का के 'असैनिकीकरण' की आवश्यकता पर ज़ोर डाला था। क्या यह ज़रूरी नहीं है कि आज 'असैनिकीकरण' की यह भावना हमें उन सब लेखकों के प्रति भी उत्पन्न करनी चाहिए, जिन्हें हम सही या काल्पनिक पूर्वग्रहों के कारण अपने से दूर समझते रहे हैं।

आधुनिक चेक-साहित्य के प्रति अनभिज्ञता के पीछे यदि कुछ 'बाहरी' पूर्वग्रह ही होते, तो शायद समस्या इतनी गम्भीर नहीं होती। वास्तव में एक 'पिछड़े' या छोटे देश के साहित्य के प्रति कुछ 'स्वाभाविक' पूर्वग्रह होते हैं... हम उन देशों के साहित्य के बारे में कम जानते हैं और चूँकि कम जानते हैं, इसलिए अधिक जानने की इच्छा भी नहीं होती। यह अपने में एक घातक और आत्मघाती चक्कर है, जिसे कभी-न-कभी और कहीं-न-कहीं से तोड़ना होगा। ज़ाहिर है, इसके लिए पाठकों को—कम-से-कम हिन्दी पाठकों को—दोष देना बिलकुल निरर्थक है। अंग्रेज़ी-अमेरिकी पुस्तकों के अलावा उन्हें शायद ही कभी किसी दूसरे देश का साहित्य आसानी से उपलब्ध हो पाता है। जब उपलब्ध होता भी है तो वह अंग्रेज़ी अनुवादों के माध्यम से—जो स्वयं अपने में कोई बहुत विश्वसनीय माध्यम नहीं है। पश्चिमी देशों में विदेशी साहित्य

की माँग-पूर्ति कुछ इने-गिने प्रकाशक करते हैं—जिसमें साहित्यिक-रुचि की अपेक्षा सस्ती लोकप्रियता ज़्यादा महत्त्व रखती है। संख्या, स्तर और चयन की दृष्टि से अंग्रेज़ी अनुवादों की स्थिति कितनी दयनीय है, इसका अनुमान 'टाइम्ज़ लिटरेरी सप्लीमेंट' (यूरोपीय साहित्य विशेषांक) के सम्पादकीय को पढ़कर लगाया जा सकता है। हमारे देश में यह काम व्यापक और संयोजित-रूप से केवल सरकारी-संस्थान और साहित्य-अकादमियाँ ही कर सकती हैं। किन्तु पिछले वर्षों में इस दिशा में जो काम हुआ है, उसे देखते हुए स्थिति ज़्यादा आशाप्रद नहीं दिखाई देती।

मुझे लगता है, इस समस्या का समाधान उस समय तक नहीं हो सकेगा जब तक हम यूरोपीय और एशियाई देशों का साहित्य—बिना अंग्रेज़ी पर निर्भर रहे—सीधे हिन्दी में अनुवाद करना नहीं सीख लेंगे। इस दृष्टि से जापान एक आदर्श है, जहाँ जर्मन, फ्रेंच या रूसी पुस्तकें तुरन्त सीधे जापानी में अनुवाद की जाती हैं—उन्हें पढ़ने के लिए पाठकों को अंग्रेज़ी अनुवादों का मुँह नहीं जोहना पड़ता। इसके लिए हमारे पास विभिन्न भाषाविज्ञों की एक योग्य टीम तैयार रहनी चाहिए, जो अन्य देशों में होनेवाली नवीन और दिलचस्प प्रवृत्तियों और नव-प्रकाशित पुस्तकों को बराबर 'सूँघते' रहें और फिर ऐसी पुस्तकों का चयन करें जिनका अनुवाद बिना किसी विलम्ब के सीधे हिन्दी में किया जा सके। इसका एक बड़ा फ़ायदा यह भी होगा कि आज तक हम जो अंग्रेज़ी-अनुवादकों की चयन-रुचि की ग़ुलामी करते आए हैं, उससे छुटकारा पा सकेंगे। यों भी ख़ुद अपनी ज़ुबान से चखने और चुनने का स्वाद कुछ दूसरा ही होता है, चाहे वह भोजन हो या साहित्य!

मुझे डर है कि इस भूमिका में मैंने कुछ ऐसे प्रश्नों को छू डाला है, जिनका प्रस्तुत पुस्तक की कहानियों से सीधा सम्बन्ध नहीं है। यह शायद इसलिए कि मुझ-जैसे लोगों को भूमिका लिखने का मौक़ा बार-बार हाथ नहीं आता! शायद इसलिए भी कि कहानियों के बारे में कुछ भी कहना मुझे हमेशा अनावश्यक-सा लगता रहा है; अच्छी कहानियाँ अपना परिचय देने के लिए अनुवादक का मुँह नहीं जोहतीं। वैसे भी कहानी-संग्रहों की लम्बी भूमिकाएँ

मुझे हमेशा एक ज़बरदस्ती-सी जान पड़ती है—पाठकों पर उतनी ही, जितनी कहानियों पर।

यहाँ मैं सिर्फ़ इतना ही कहना चाहूँगा कि उपर्युक्त सन्दर्भ में युद्धोत्तर चेक कहानियों का यह संग्रह थोड़ा-सा अलग महत्त्व ज़रूर ग्रहण कर लेता है। मुझे आश्चर्य नहीं होगा यदि संग्रह के लगभग सब लेखक पाठकों के लिए बिलकुल अजनबी हों। कहना न होगा, ये लेखक न केवल अपने ही देश में बहुत लोकप्रिय हैं, बल्कि यूरोप की अनेक भाषाओं में उनका अनुवाद हो चुका है। हराबाल, श्कवोरेस्की, कुन्देरा और लुस्तिग की कहानियों ने अनेक आलोचकों का ध्यान अपनी ओर आकर्षित किया है। जब कुन्देरा की कहानी 'मैं : एक पीड़ित ईश्वर' कुछ वर्ष पहले सार्त्र की पत्रिका 'ल टैम्पमौदेर्न' में प्रकाशित हुई तो एक आलोचक ने क्लीमा और कुन्देरा को 'समाजवादी अस्तित्ववाद' की नई धारा का प्रवर्तक माना था।

प्रस्तुत संग्रह के लेखकों में यदि हम लुदवीक अश्केनाज़ी को छोड़ दें, तो लगभग सब लेखकों के कहानी-संग्रह 1960 के आसपास प्रकाशित हुए थे। यह वह समय था जब चेक-साहित्य में स्तालिनवादी युग के दुराग्रह घुलने लगे थे; चारों तरफ़ ताज़गी और खुलेपन का वातावरण था और हर नया लेखक अनजाने रास्तों को खोजने के लिए उतावला-सा जान पड़ता था। संग्रह की अनेक कहानियों में आपको इस ताज़गी और खोज और अन्तर्द्वंद्व की झलकें मिल सकेंगी। इन लेखकों की लोकप्रियता का अनुमान सिर्फ़ इस बात से लगाया जा सकता है कि उनकी पुस्तकों के दस-बीस हज़ार प्रतियों के संस्करण पहले दिन ही हाथोंहाथ बिक जाते हैं। सुबह-सुबह ही किताबों की दुकानों के आगे लोगों की लम्बी लाइनें देखने का अनहोना दृश्य केवल प्राग में ही मिल सकता है। एक हिन्दी लेखक के लिए यह कितनी बड़ी ईर्ष्या और जलन की बात हो सकती है, इसकी कल्पना करना असम्भव नहीं है।

अन्त में यह कहना आवश्यक है कि इस संग्रह में केवल चेक कहानियों का ही चयन किया गया है—स्लोवाक कहानियों को शामिल नहीं किया जा सका। यद्यपि चेक और स्लोवाक भाषाएँ एक-दूसरे के बहुत निकट हैं,

उनके साहित्य का रंग और स्वाद एक-दूसरे से काफ़ी भिन्न है। एक स्लोवाक लेखक ने इस अन्तर की व्याख्या करते हुए मुझसे कहा था : "चेक लोग बियर पीते हैं...हम शराब! इससे बढ़कर अन्तर और क्या हो सकता है?" अपनी ओर से मैं सिर्फ़ यह आशा कर सकता हूँ कि हिन्दी पाठक एक का आस्वादन करने के बाद दूसरे का 'नशा' करने का भी अवसर पा सकेंगे—कम-से-कम जब तक हमारे यहाँ स्वयं साहित्य में 'नशा-बन्दी' का कोई क़ानून ज़ारी नहीं हो जाता!

1966

—निर्मल वर्मा

खेल-खेल में

मिलान कुन्देरा

मिलान कुन्देरा

[जन्म : 1929; निधन : 2023]

साहित्य की शायद ही कोई विधा उनकी कलम से अछूती बची रह गई हो। साहित्यिक जीवन का आरम्भ कविताओं से हुआ; अभी तक तीन कविता-संग्रह प्रकाशित हो चुके हैं। एक आलोचनात्मक-ग्रंथ 'उपन्यास की कला' पर उन्हें चेक लेखक-संघ का पुरस्कार भी प्राप्त हो चुका है। 1962 में उनका पहला चर्चास्पद नाटक 'कुंजियों के मालिक' राष्ट्रीय थियेटर में खेला गया। नाटक का अनुवाद अनेक भाषाओं में हो चुका है। तीन लम्बी कहानियों का एक छोटा-सा संग्रह 'हास्यास्पद प्रेम-घटनाएँ' 1963 में प्रकाशित हुआ; 'मैं...एक पीड़ित ईश्वर' कहानी उसी संग्रह से ली गई है।

पेट्रोल की सूई सहसा सिफ़र पर आकर ठहर गई। दो सीटों की छोटी-सी कार थी। कार चलाने वाले युवक ने खीजकर कार के पेटूपन को कोसा, "कितनी जल्दी सारा पेट्रोल भकस जाती है!"

"कहीं ऐसा न हो कि पेट्रोल के बिना फिर अटक जाना पड़े!" लड़की ने कहा (वह बाईस वर्ष के आसपास की रही होगी)।

फिर उसने उन सब स्थानों के नाम गिनाए, जहाँ पर उन्हें पेट्रोल न रहने के कारण रुकना पड़ा था।

युवक ने उत्तर दिया कि फ़िक्र करने की कोई बात नहीं, और बाद में यह भी जोड़ दिया कि लड़की के साथ हर अनुभव उसके लिए एक रोमांचकारी एडवेंचर-सा आकर्षण रखता है।

लड़की को उसकी बात पर हँसी आई—रास्ते में जब कभी पेट्रोल ख़त्म हो जाता था तब एडवेंचर करने का बोझ उसी के कन्धों पर पड़ता था। युवक कार के पीछे छिप जाता था और लड़की को अपना सौन्दर्य इस्तेमाल करना पड़ता था। वह किसी दूसरी कार में लिफ़्ट लेकर वापस आती थी।

जब वह वापस आती थी, युवक उससे पूछता था कि उसे लिफ़्ट देने वाले ड्राइवर उसके साथ किस तरह पेश आते हैं—कहीं छेड़-छाड़ तो नहीं करते?

लड़की कहती थी (कुछ-कुछ इतराते हुए) कि नहीं, कभी-कभी तो उनके साथ बड़ा भला महसूस होता है। फिर अफ़सोस के साथ यह बात भी जोड़ देती थी कि मज़ा उनके साथ ज़्यादा नहीं—एक तो पेट्रोल का कनस्तर साथ में और फिर कुछ भी शुरू किया जा सके, इसके पहले ही उसे उतरना पड़ता था।

"कमीनी!"—युवक कहता।

लड़की कहती कि कमीना वह है, वह नहीं! जब कभी कार में अकेला जाता होगा, तो न जाने कितनी लड़कियों को लिफ़्ट देता होगा!

युवक ने कार चलाते हुए अपना हाथ लड़की के कन्धों पर रखा और धीरे-से उसका माथा चूम लिया। उसे मालूम था कि लड़की उसे प्यार करती है और इसीलिए ईर्ष्या भी करती है। ईर्ष्या कोई बहुत अच्छी चीज़ नहीं है, किन्तु अगर उसका दुरुपयोग न किया जाए (और अगर उसके साथ विनम्रता भी जुड़ी हो), तो असुविधाजनक होने के बावजूद वह कहीं बहुत मर्मस्पर्शी भावना हो सकती है।

कम-से-कम युवक यही सोचता था और चूँकि उसकी उम्र सिर्फ़ अट्ठाईस वर्ष थी, वह अपने को काफ़ी बुज़ुर्ग समझता था और उसे यह विश्वास था कि वह औरतों को पहचानता है—वह सब कुछ, जो एक पुरुष दूसरी औरत में पहचान सकता है, शायद इसीलिए उस लड़की में, जो उसके पास बैठी थी, वह उस चीज़ की सबसे अधिक क़द्र करता था, जिसे आज तक उसने बहुत कम पहचाना था—उसकी पवित्रता।

पेट्रोल की सूई सिफ़र पर ठहर गई थी, तभी युवक की निगाह दाईं ओर एक बोर्ड पर गई, जहाँ यह सूचित किया गया था (पेट्रोल पम्प के चित्र के साथ) कि पेट्रोल पम्प उस जगह से सिर्फ़ पाँच सौ मीटर दूर है।

लड़की ने तसल्ली की साँस ली, मानो एक बड़ा बोझ उसके सीने से हट गया हो।

युवक ने कार बाईं ओर मोड़ ली और पेट्रोल पम्प की तरफ़ उसे घसीटने लगा। उसे अपनी कार को किनारे पर रोकना पड़ा, क्योंकि पम्प के आगे पहले से ही एक भारी-भरकम मोटर खड़ी थी। "थोड़ा इन्तज़ार करना पड़ेगा," उसने लड़की से कहा और कार से बाहर निकल आया।

"कितनी देर लगेगी ?" उसने पेट्रोल भरने वाले आदमी से पूछा।

"बस, एक मिनट!" आदमी ने कहा।

"तुम्हारा एक मिनट जानता हूँ!"

युवक बड़बड़ाया और फिर कार में बैठने लगा, किन्तु उसी क्षण उसने देखा कि लड़की भी कार के दूसरे दरवाज़े से बाहर निकल आई है।

"जब तक तुम इन्तज़ार करते हो, मैं अभी लौटकर आती हूँ।"

"कहाँ जा रही हो भी?" युवक ने जानबूझकर पूछा, क्योंकि वह लड़की की ख़ास 'ज़नानी' हिचकिचाहट देखना चाहता था।

वह उसे एक वर्ष से जानता आया था और उसे यह बात बहुत अच्छी लगती थी कि कुछ बातों को लेकर लड़की अब भी उसके सामने शरमा जाती थी और वह बार-बार शर्म के इन लमहों को देखना चाहता था। उसका एक कारण तो यह था कि इन क्षणों में वह लड़की उन लड़कियों से बिलकुल भिन्न जान पड़ती थी, जिन्हें वह उससे भेंट होने के पहले जानता आया था, और दूसरे, वह जानता था कि शर्म के ये क्षण चिरस्थायी नहीं रहेंगे और इसीलिए वे उसे और भी अधिक मूल्यवान ज़ान पड़ते थे।

किन्तु लड़की को ऐसे मौक़ों पर सचमुच काफ़ी संकोच महसूस होता था, जब वह युवक से किसी जंगल के पास कार रोकने के लिए कहती थी। यह जरूरी था। क्योंकि युवक कभी-कभी घंटों बिना कहीं ठहरे कार चलाता रहता।

जब युवक कृत्रिम आश्चर्य की मुद्रा में उससे पूछता कि वह क्यों कार रुकवाना चाहती है, तो लड़की मन-ही-मन झुँझला जाती। उसे मालूम था कि शर्म करने की उसकी यह आदत काफ़ी हास्यास्पद और खूसट क़िस्म की है। जिस दफ़्तर में वह काम करती थी, वहाँ उसके सहयोगी अक्सर उसके

झेंपूपन का मज़ाक़ उड़ाते थे और जानबूझकर ऐसे मौक़ों की तलाश में रहते थे जब उसके 'नाज़ुक मिज़ाज' को लेकर अपना मन बहलाव कर सकें। वह पहले से ही यह सोचकर शरमाने लगती कि अब कोई ऐसी बात होने वाली है, जिस पर उसे शर्म आएगी।

उसे इस बात की बड़ी तमन्ना थी कि वह अपनी देह में वैसी ही मुक्ति, स्वच्छंदता और खुलापन महसूस कर सके, जैसी उसके इर्द-गिर्द अधिकतर अन्य लड़कियाँ महसूस करती हैं। अपनी झिझक को मिटाने के लिए उसने मन-ही-मन यह सिद्धान्त गढ़ लिया था (और वह उसे बार-बार दुहराती रहती थी) कि हर व्यक्ति पैदा होते ही लाखों-करोड़ों 'ख़ाली' देहों में से अपने लिए एक देह पा लेता है, उसी तरह, जैसे कोई एक विराट होटल के सैकड़ों कमरों में से अपने लिए एक कमरा चुन ले, इसीलिए होटल के कमरे की तरह हमारी देह भी महज़ संयोग की चीज़ है—निर्वैयक्तिक, जिसे हम कुछ अर्से के लिए 'किराये' पर लेते हैं।

वह इस बात को बार-बार दुहराती थी, किन्तु अपने भीतर महसूस नहीं कर पाती थी, देह और आत्मा की द्वंद्वात्मकता उसके लिए परायी थी। वह स्वयं अपनी देह में बहुत घुली-रमी थी और इसीलिए हमेशा उसे अपनी देह एक यातना-सी प्रतीत होती थी।

यातना का यह बोझ उस समय भी था, जब एक वर्ष पूर्व उसका उस युवक से नया-नया परिचय हुआ था। पहली बार सुख से परिचय भी उसका उस युवक के साथ हुआ था, शायद इसलिए, क्योंकि वह उसकी देह को उसकी आत्मा से अलग करके नहीं देखता था और वह उसके साथ समूची होकर जी सकती थी। इस अखंडता में ही उसका सुख शामिल था।

किन्तु हर सुख के इर्द-गिर्द बहुत जल्दी ही शक-शुबहे उभरने लगते हैं और वह लड़की भी उनसे अछूती नहीं थी। उसे अक्सर लगता था कि दूसरी औरतें (ऐसी औरतें, जिन पर यातना का कोई बोझ नहीं होता) उससे अधिक आकर्षक और नशीली हैं।

और युवक भी उससे नहीं छिपाता था कि इस टाइप की औरतों को

वह अच्छी तरह पहचानता है और तब उसके भीतर एक आशंका सिमट जाती कि कभी-न-कभी वह उसे छोड़कर किसी ऐसी ही औरत के साथ हो लेगा। (यह बात दूसरी है कि युवक यह कहना भी न भूलता था कि अब ज़िन्दगी भर के लिए वह ऐसी औरतों से ऊब चुका है, किन्तु इससे लड़की को कोई तसल्ली नहीं मिलती थी, क्योंकि वह जानती थी कि युवक अपने को चाहे कितना ही 'बुज़ुर्ग' क्यों न समझता हो, उम्र में अब भी वह काफ़ी छोटा है।)

वह चाहती थी कि वह सिर्फ़ उसका होकर रहे और वह सिर्फ़ उसकी होकर रहे, किन्तु अक्सर उसे ऐसा महसूस होता था कि जितना ही अधिक वह उसे अपना सब कुछ देने की कोशिश करती थी, उतना ही अधिक उसको अपने से वंचित कर देती थी। एक सतही और उथले क़िस्म का प्यार ही वह उसे दे पाती थी, जो एक फ्लर्ट लड़की दूसरे आदमी को देती है। उसे यह बात कभी-कभी अपने में बहुत अखरती थी कि गम्भीर होने के साथ-साथ, वह हल्की-फुल्की नहीं हो पाती।

किन्तु इस घड़ी वह इन सब उलझनों के बारे में नहीं सोच रही थी—वह कुछ भी नहीं सोच रही थी और उसे सब कुछ अच्छा लग रहा था। उनकी छुट्टियों का यह पहला दिन था। (चौदह दिनों की छुट्टियाँ, जिन पर उसने समूचे वर्ष की आकांक्षाएँ केन्द्रित कर रखी थीं।) आकाश नीला था (समूचे वर्ष वह धड़कते दिल से सोचती रही थी कि क्या आकाश सचमुच नीला होगा?) और सबसे बड़ी बात यह कि वह उसके साथ था, जब उसने पूछा, 'कहाँ जा रही हो?' तो उसका चेहरा गुलाबी हो उठा और वह बिना एक शब्द कहे मोटर से बाहर निकल आई।

पेट्रोल-स्टेशन के चारों ओर खेत फैले थे और वहाँ से लगभग सौ मीटर के फ़ासले पर (उस दिशा में, जहाँ उन्हें जाना था) जंगल शुरू होता था। जंगल में घुसकर वह एक छोटी-सी झाड़ी के पीछे बैठ गई। वह अपने भीतर एक गहरी निश्चिन्तता-सी महसूस कर रही थी। (अगर अपना प्रेमी साथ हो, तो उसके साथ होने का सुख भी पूरी गहराई से अकेले में ही महसूस किया जा सकता है। अगर वह हमेशा ही सामने मौजूद हो, तो हमेशा उसका

मौजूदगी बीतती रहती है—वह बीते नहीं, और हम उसे पकड़ सकें, यह केवल अकेलेपन के क्षणों में ही सम्भव हो पाता है।)

फिर वह जंगल में से निकलकर बाहर सड़क पर चली आई। वहाँ से पेट्रोल पम्प दिखाई देता था। भारी-भरकम मोटर चली गई थी और उनकी छोटी-सी कार पम्प के सामने खड़ी थी। लड़की सड़क पर उसी दिशा में चलने लगी, जहाँ उन्हें जाना था। वह बार-बार पीछे मुड़कर देख लेती थी कि मोटर उसके पीछे आ रही है, या नहीं। फिर उसने उसे देख लिया। वह ठहर गई और उसी तरह हाथ हिलाने लगी, जिस तरह लोग परायी मोटर में लिफ़्ट लेने के लिए हाथ हिलाते हैं। मोटर में ब्रेक लगने की आवाज़ सुनाई दी और फिर वह लड़की के पास आकर ठहर गई। युवक ने खिड़की का शीशा गिरा दिया और सिर बाहर निकालकर मुस्कराते हुए पूछा, "आप कहाँ जाना चाहती हैं, मिस?"

"आप बिस्त्रत्सका तो नहीं जा रहे?" लड़की ने पूछा और इठलाते हुए मुस्कराने लगी।

"आइए, बैठ जाइए!" युवक ने दरवाज़ा खोला, लड़की बैठ गई और मोटर भागने लगी।

युवक को हमेशा बहुत ख़ुशी होती थी, जब कभी लड़की प्रसन्न दिखाई देती थी। ऐसा अक्सर नहीं होता था। जिस दफ़्तर में वह नौकरी करती थी, वह कोई आसान नौकरी नहीं थी, आसपास का वातावरण भी कोई बहुत अच्छा न था। प्राय: ओवर टाइम में काम करना पड़ता था और उसके एवज़ में मिलता कुछ भी न था, वही इनी-गिनी छुट्टियाँ। घर में बीमार थी और शायद इन्हीं सब कारणों से वह हमेशा तनी हुई रहा करती थी, उसकी नसें हमेशा तनी हुई रहा करती थीं और ज़रा-ज़रा-सी बात पर घबरा जाती थी। एक तरह का अनिश्चय हमेशा आसपास मँडराता रहता था और बहुत जल्दी वह भय और आतंक का शिकार बन जाती थी। इसीलिए जब कभी युवक उसमें थोड़ी-सी भी प्रसन्नता का चिह्न देखता, तो वह बड़े स्नेह-भाव से लड़की के उल्लास उभारने-निखारने की कोशिश करता।

वह लड़की की ओर देखकर मुस्कराया, "आज बड़ी ख़ुशक़िस्मती का दिन है! पाँच साल से गाड़ी चला रहा हूँ, किन्तु आज तक इतनी ख़ूबसूरत लड़की को लिफ़्ट नहीं दी!" उसने कहा।

युवक जब कभी उसकी प्रशंसा करता, लड़की उसके प्रति कृतज्ञ-सी हो जाती। कुछ देर तक वह उसके शब्दों की गर्मी को तापती रही, फिर उसने कहा, "आप झूठ बोलने में बहुत होशियार जान पड़ते हैं!"

"मैं देखने में झूठा जान पड़ता हूँ?"

"देखने में जान पड़ता है कि आपको औरतों से झूठ बोलने में मज़ा आता है!"

लड़की ने कहा और अकस्मात् उसके शब्दों में हल्की-सी एक पुरानी पीड़ा उभर आई, क्योंकि वह सचमुच विश्वास करती थी कि युवक औरतों से झूठ बोलने में मज़ा लेता है।

लड़की की ईर्ष्या से युवक कभी-कभी काफ़ी झुँझला उठता था, किन्तु इस बार उसने बुरा नहीं माना, क्योंकि उसे मालूम था कि लड़की का उलाहना उसके लिए नहीं, बल्कि मोटर चलाने वाले एक अजनबी व्यक्ति के लिए है, यही सोचकर उसने चलताऊ लहजे में पूछा, "आपको बुरा लगा?"

"अगर मैं आपके साथ होती, तो मुझे ज़रूर बुरा लगता!" लड़की ने कुछ-कुछ हल्के टीचरनुमा स्वर में कहा, किन्तु वाक्य का अन्तिम अंश युवक पर नहीं, बल्कि अजनबी ड्राइवर पर लागू होता था, "आपको नहीं जानती, इसलिए बुरा लगने का सवाल ही नहीं उठता!"

"हाँ...औरतों को अपने आदमी में जितनी बातें बुरी लगती हैं, उतनी पराये आदमी में नहीं (युवक के स्वर में भी हल्का टीचरनुमा अन्दाज़ था) ...और चूँकि हम दोनों ही अजनबी हैं, एक-दूसरे को समझने में हमें कोई मुश्किल पेश नहीं आएगी!"

"उससे कोई फ़ायदा नहीं होगा..." लड़की ने कहा, "कुछ ही देर में हमारे रास्ते अलग हो जाएँगे।"

"क्यों?" युवक ने पूछा।

"बिस्त्रत्स्का में मैं उतर जाऊँगी।"

"और अगर मैं भी आपके साथ उत्तर जाऊँ?"

इन शब्दों को सुनते ही लड़की ने युवक की ओर ध्यान से देखा... वह वैसा ही दीख रहा था, जैसे कभी-कभी ईर्ष्या की यातनामय घड़ियों में वह उसकी कल्पना करती थी। यह सोचकर वह आतंकित-सी हो गई कि जिस तरह वह उससे ('एक अपरिचित लड़की') शरारती, चिकने-चुपड़े लहजे में बोल रहा है और यह लहजा उस पर कितना फबता है, उसी तरह दूसरी लड़कियों से भी बोलता होगा। शायद यही सोचकर उसने पलटकर तनिक उद्धत स्वर में पूछा, "क्या मैं पूछ सकती हूँ कि मेरे साथ उतरकर आप क्या करेंगे?"

"इतनी ख़ूबसूरत औरत के साथ क्या करूँगा, इस बारे में बहुत उधेड़बुन की ज़रूरत नहीं पड़ेगी!" युवक ने मर्दानी अदा से कहा।

और इस बार उसका वाक्य लिफ़्ट लेने वाली अनजान लड़की के लिए नहीं, बल्कि जानी-पहचानी अपनी लड़की के लिए था।

किन्तु लड़की को लगा, जैसे उसने युवक को रँगे हाथों पकड़ लिया हो, जैसे इस एक ख़ुशामदी वाक्य ने युवक को अनजाने में ही उसके सामने खोल दिया हो। घृणा की एक छोटी, तीखी लहर उसके भीतर उफन आई, "पता नहीं, आप अपने को क्या समझते हैं!"

युवक ने लड़की की ओर निहारा। उसका उद्धत चेहरा हल्की-सी तमतमाहट में बिचक गया था। युवक को भीतर-ही-भीतर पछतावा-सा महसूस हुआ और वह चाहने लगा कि किसी तरह लड़की के चेहरे पर पुराना, चिर-परिचित भाव दुबारा लौट आए (वही भोला-सा सहज भाव, जिसका वह आदी था)। वह उसके निकट खिसक आया। अपनी बाँह से उसका कन्धा घेर लिया और धीमी आवाज़ में उसका वह नाम लिया, जिससे वह लड़की को हमेशा पुकारता था और जिसे लेकर वह अब उस खेल को ख़त्म कर देना चाहता था।

किन्तु लड़की उससे दूर छिटक गई, "बड़ी तेज़ी है आपमें?"

युवक ने अपमानित-सा महसूस किया, "माफ़ कीजिए..." उसने कहा और चुपचाप सामने सड़क की ओर देखने लगा।

आहत ईर्ष्या की लहर जितनी तेज़ी से लड़की के मन में उठी थी, उतनी जल्दी ग़ायब भी हो गई। उसमें इतनी सूझ-समझ अवश्य थी कि खेल को महज़ खेल के रूप में ले सके। उसे अब इस बात पर हँसी आ रही थी कि ईर्ष्यालु ग़ुस्से में भरकर उसने युवक को अपने पास से धकेल दिया था। उसे सचमुच ख़ेद होता, अगर युवक उसके ग़ुस्से को भाँप जाता। सौभाग्यवश औरतों में इस बात की चमत्कारपूर्ण सामर्थ्य होती है कि वे अपने कृत्यों का अर्थ ख़ुद अपनी-अपनी मर्ज़ी से बदल देती हैं। लड़की ने भी अपनी इस सामर्थ्य का उपयोग किया और मन-ही-मन यह सोचकर तसल्ली पा ली कि उसने युवक को ग़ुस्से में नहीं धकेला था, बल्कि इसलिए धकेला था कि उनके बीच खेल जारी रह सके। छुट्टियों के पहले दिन ही इससे बढ़िया खेल और क्या हो सकता है!

वह दुबारा लिफ़्ट लेने वाली लड़की बन गई, जिसने अभी कुछ देर पहले एक अनजान ड्राइवर को पता बताया था। खेल में कुछ अधिक सनसनी और दिलचस्पी पैदा हो सके, इसके कारण वह अपनी विजय को ज़्यादा आगे नहीं धकेलना चाहती थी। वह युवक की ओर मुड़ी और तनिक सहलाते-से स्वर में बोली, "महाशय, आप ग़लत न समझें! मेरी मंशा आपको अपमानित करने की क़तई न थी।"

"माफ़ कीजिए, मैं अब आपको छुऊँगा भी नहीं!" युवक ने कहा।

वह लड़की पर नाराज़ था कि उसने उसकी इच्छा की अवहेलना की। क्यों नहीं वह खेल छोड़कर अपने में वैसी ही बन जाती, जैसी वह थी ? चूँकि लड़की ने बराबर मुखौटा पहनना तय किया था, युवक को उस अजनबी लिफ़्ट लेने वाली लड़की पर ग़ुस्सा आने लगा, जिसका अभिनय का पात्र उसके सामने प्रस्तुत हो गया। वह वैसा युवक नहीं रहा, जो अब तक स्नेहपूर्ण प्रशंसा-भरे शब्दों में अपनी लड़की को ख़ुश करने की कोशिश करता रहता था।

अब वह ऐसे सख़्त आदमी का रोल खेलने लगा, जो औरतों के सामने अपनी मर्दानगी के खुरदरे, कठोर पहलू दिखाना ही पसन्द करते हैं—अपनी संकल्प शक्ति, अपना व्यंग्य, अपनी आत्म-सजगता।

लड़की के प्रति युवक हमेशा बहुत कोमल और सहानुभूतिपूर्ण ढंग से पेश आता था और यह रोल उससे बिलकुल उलटा था। लड़की से परिचित होने से पहले यद्यपि वह दूसरी औरतों से काफ़ी रुखाई से पेश आता था, किन्तु इसका मतलब यह नहीं कि वह कोई भयानक कठोर आदमी था—ऐसा आदमी बनने के लिए जिस दृढ़ इच्छाशक्ति और निर्मम उदासीनता की ज़रूरत होती है, वह उसमें नहीं थी। और चूँकि वह ऐसा आदमी नहीं था, वह हमेशा ऐसा आदमी बनने की आकांक्षा करता था, जिसमें वे सब गुण मौजूद हों, जो एक 'रोबदार मर्द' में होते हैं। वास्तव में यह काफ़ी बचकानी आकांक्षा थी, किन्तु उससे छुटकारा नहीं था। आदमी चाहे कितना प्रौढ़ क्यों न हो जाए, अक्सर उसकी बचकानी आकांक्षाएँ उम्र के फंदों के बीच फिसलती हुई बुढ़ापे तक क़ायम रहती हैं, और अब युवक को यह मौक़ा था कि वह अपनी बचकानी आकांक्षा को अपने इस स्वयं आरोपित रोल द्वारा तुष्ट कर सके।

युवक का यह व्यंग्यात्मक रूखापन लड़की के लिए बहुत उपयोगी साबित हुआ। उसने उसे अपने-आपसे मुक्त करवा दिया। उसका अपनापन सर्वप्रथम उसका ईर्ष्यालुपन था। बाक़ी कुछ और। जब उसने देखा कि युवक के चेहरे पर उस नटखटी कसक की बजाय, जिसके द्वारा लड़कियों को आसानी से फँसाया जा सकता है, महज़ एक अलंघ्य रूखापन है, तब उसी क्षण उसकी ईर्ष्या भी मर गई। अब लड़की अपने आपको भूल सकती थी और मुक्त रूप से अपना रोल खेल सकती थी।

अपना रोल? कैसा रोल? देखा जाए तो वह घटिया साहित्य के किसी घिसे-पिटे रोल से ज़्यादा अलग नहीं था। एक लड़की लिफ़्ट लेने के लिए मोटर को रुकवाती है—इसलिए नहीं कि कोई पुरुष उसे फाँस सके, जो मोटर चला रहा है। पुरुषों को मोहने वाली लड़की, जो बड़ी दक्षता से अपनी

ख़ूबसूरती का फ़ायदा उठा सकती है। वह एक घटिया, सतही उपन्यास का रोल था, जिसे लड़की ने बड़ी आसानी से अपना लिया, तो वह ख़ुद अपने प्रति विस्मित और मंत्रमुग्ध-सी हो उठी।

और मोटर भागती रही और वे बातचीत करते रहे।

युवक को अपनी ज़िन्दगी में बेफ़िक्री और निश्चितता का अभाव हमेशा खटकता रहता था। उसके जीवन की राह एक कड़ी-कठोर दिनचर्या से बँधी थी। नौकरी दिन में आठ घंटों की थी, किन्तु दूसरी ज़िम्मेवारियाँ उसके आगे भी जारी रहती थीं। मीटिंगों में भाग लेने की अनिवार्य ऊब, घर में थोड़ा-बहुत अध्ययन करने की ज़रूरत, आदि उसके अनगिनत सहयोगी-साथियों को उसके बचे-खुचे व्यक्तिगत जीवन पर हमला करने में कभी हिचक नहीं होती थी और अक्सर उसका घर उनकी गपशप और बहसों का अड्डा बन जाता। तीन हफ़्तों की छुट्टियों ने भी उसके भीतर मुक्ति या एडवेंचर का उछाह भरा हो, ऐसा भी नहीं कहा जा सकता। छुट्टियाँ कहाँ बिताई जाएँ, इन सब परेशानियों की काली छाया कई दिनों तक उस पर मँडराती रही थी। देश में पहाड़ी कॉटेजों की कमी होने के कारण उसे छह महीने पहले से ही तातरा पर्वतों पर एक कमरा बुक करवाना पड़ा था। उसके लिए उसे अपनी फैक्टरी-कमेटी की फ़रमाइश प्राप्त करनी पड़ी थी।

रफ़्ता-रफ़्ता उसने इन सब दिक़्क़तों से समझौता कर लिया था, किन्तु फिर भी कभी-कभी उसे एक भयानक ख़याल घेर लेता। उसे लगता, मानो वह ज़बरदस्ती एक सड़क पर धकेल दिया गया है, लोग उसे देख रहे हैं और वह मुड़ नहीं सकता, दाएँ-बाएँ अपना रास्ता नहीं बदल सकता। सहसा यह ख़याल उस क्षण—मोटर चलाते हुए—उसे कचोटने लगा, मानो एक शॉटकर्ट तरीक़े से उसके जीवन की सड़क उस वास्तविक ठोस सड़क से मिल गई है, जो उसके सामने फैली थी।

"मुझे याद नहीं रहा, आपने कहाँ जाने के लिए कहा था?" उसने लड़की से पूछा।

"वांस्का बिस्त्रत्सका," लड़की ने उत्तर दिया।

"वहाँ क्या करेंगी ?"

"किसी से मिलना है।"

"किससे?"

"एक आदमी से।"

उसी समय उनकी मोटर एक बड़े चौराहे पर आ गई थी। युवक ने मोटर की स्पीड धीमी की, ताकि सड़क पर लगे दिशा-संकेत पढ़ सके और फिर उसने गाड़ी दाईं ओर मोड़ दी।

"अगर आप उस आदमी से न मिलें, तो क्या होगा?"

"यह आपकी ज़िम्मेदारी होगी और तब आपको मेरी देखभाल करनी पड़ेगी।"

"आपने शायद ध्यान नहीं दिया कि मैंने गाड़ी 'नोवे जामकी' की तरफ़ मोड़ दी है।"

"घबराइए नहीं, मैं आपकी देखभाल कर लूँगा!"

नाटक अचानक एक नये, ऊँचे स्तर पर पहुँच गया था। मोटर न केवल वांस्का बिस्त्रत्सका के काल्पनिक लक्ष्य से दूर दौड़ रही थी, बल्कि उस कमरे में से भी दूर दौड़ रही थी, जो उन्होंने छुट्टियों के लिए बुक करवाया था। नाटकीय जीवन ने सहसा अनाटकीय जीवन पर हमला कर दिया था। युवक ने एक झटके से न केवल अपने को 'अपनेपन' से मुक्त कर दिया था, बल्कि उस कठोर, नियमबद्ध सड़क से भी छुटकारा दिया था, जिस पर अब तक वह दाएँ-बाएँ मुड़ने का साहस नहीं कर सका था।

"किन्तु आपने तो कहा था कि आप लोअर तातरा की तरफ़ जा रहे हैं!" लड़की ने तनिक हैरान होकर पूछा।

"मैं वहीं जाता हूँ, श्रीमती जी, जहाँ जाना चाहता हूँ! मैं आज़ाद आदमी हूँ और मौक़े पर जो अच्छा लगता है, वही करता हूँ!"

जब वे नोवी जामकी पहुँचे, अँधेरा घिरने लगा था। युवक यहाँ पहले कभी नहीं आया था, इसलिए सही दिशा टटोलने में उसे काफ़ी देर लगी।

बीच में मरम्मत करने के लिए कई सड़कों को ऊपर से नीचे तक खोद डाला गया था। होटल तक पहुँचने में पन्द्रह मिनट लग गए। काफ़ी घिसा-पिटा होटल था, लेकिन शहर में उसके अलावा कोई दूसरा होटल भी न था और युवक आगे नहीं जाना चाहता था।

"ज़रा ठहरिए, मैं अभी आता हूँ," उसने लड़की से कहा और मोटर से बाहर निकल आया।

मोटर से बाहर आकर वह दुबारा अपने में लौट आया। उसे यह सोचकर काफ़ी झुँझलाहट होने लगी थी कि सुबह वे किसी जगह के लिए रवाना हुए, अब शाम को उससे बिलकुल अलग, दूसरी जगह आकर ठहर गए हैं। इस परिवर्तन के लिए न किसी ने उसे मजबूर किया था, और न ख़ुद वह चाहता था—और यह सोचकर उसकी झुँझलाहट और अधिक बढ़ गई। उसे अपनी बेवक़ूफ़ी पर ग़ुस्सा आया, किन्तु फिर उसने हवा में हाथ हिलाकर ग़ुस्से को ठेल दिया—तातरा में बुक करवाया हुआ कमरा कहीं भाग नहीं जाएगा और अगर वह अपनी छुट्टियों की पहली रात अप्रत्याशित परिस्थितियों में गुज़ारे, तो कोई आसमान नहीं फट पड़ेगा!

भीड़, शोर और धुएँ से खचाखच भरे रेस्तराँ से गुज़रकर वह भीतर आया और रिसेप्शन का पता पूछा। रेस्तराँ के पिछवाड़े सीढ़ियों के सामने शीशे का दरवाज़ा था, जिसके पीछे एक ब्लौंड लड़की मेज़ के पास, जिस पर चारों तरफ़ चाबियाँ रखी थीं, बैठी थी। काफ़ी मुश्किल के बाद उसे एक ख़ाली कमरे की चाबी मिली।

उसके जाने के बाद लड़की भी अकेली पड़ गई थी और अकेलेपन में वह भी अपने रोल से बाहर चली गई थी। किन्तु युवक की तरह अपने को अजनबी अप्रत्याशित शहर में पाकर उसे कोई खीज या झुँझलाहट नहीं हो रही थी। युवक में उसका भरोसा इतना गहरा था कि वह जो कुछ भी करता था, उस पर आँखें मूँदकर विश्वास कर लेती थी।

यही विश्वास था, जिसे लेकर लड़की ने अपने जीवन की घड़ियाँ निश्चिन्त होकर उसके हवाले कर दी थीं। किन्तु फिर भी उसे यह ख़याल

आए बिना न रह सका कि अपनी यात्राओं के दौरान जब कभी युवक परायी औरतों से मिलता होगा, तो वे भी होटल के आगे उसका उसी तरह इन्तज़ार करती होंगी, जिस तरह वह इस क्षण मोटर में बैठकर उसका इन्तज़ार कर रही है। किन्तु इस बार इस ख़याल ने उसे पीड़ित नहीं किया। वह यह सोचकर बरबस मुस्कराने लगी—और उसे यह चीज़ काफ़ी आकर्षक जान पड़ी—कि इस बार वह 'परायी औरत' वह ख़ुद है—उसने अपने को उन परायी, ग़ैर-ज़िम्मेदार, ख़राब औरतों में शामिल कर लिया जिनसे आज तक वह जला करती थी। उसे लगा, मानो वह उनसे बदला ले रही है, ख़ुद उनके हथियारों को उनके ख़िलाफ़ इस्तेमाल कर रही है। उसे लगा, अपनी इस नई भूमिका में वह युवक को वह सब कुछ दे सकती है, जो आज तक देने में असमर्थ थी—हल्कापन, छिछोरी क़िस्म की निर्लज्जता और खुली आज़ादी। उसे यह सोचकर काफ़ी ख़ुशी हुई कि वह ख़ुद अकेली दुनिया की सब औरतों में बदल सकती है और इस तरह अपने प्रेमी को सम्पूर्ण रूप से अपने प्रति आसक्त कर सकती है—अपने में जज़्ब कर सकती है।

युवक ने मोटर का दरवाज़ा खोला और लड़की के साथ रेस्तराँ में चला आया। शोर, गन्दगी और धुएँ के बीच एक कोने में उन्हें एक ख़ाली मेज़ दिखाई दी।

"अच्छा, अब कहिए, किस तरह मेरी देखभाल की जाएगी ?" लड़की ने उत्सुकता से पूछा।

"आप कौन-सी अपेर्तिव (शराब, जो भोजन के पहले पी जाती है) लेना पसन्द करती हैं?"

लड़की को ज़्यादा पीने की आदत नहीं थी—कभी-कभार 'वाइन' का एक गिलास या वर्मूथ पी लेती थी, किन्तु इस बार उसने जानबूझकर कहा, "वोदका।"

"बहुत ख़ूब!" युवक ने कहा, "उम्मीद करता हूँ, आप इतना नहीं पीतीं कि नशे में मदहोश हो जाएँ।"

"अगर पीती हूँ, तो..."

युवक ने कोई उत्तर नहीं दिया और वेटर को बुलाकर बीफ़ स्टेक और दो वोदका लाने का ऑर्डर दिया। कुछ देर बाद वेटर ने वोदका के दो छोटे गिलास उनके सामने रख दिये।

युवक ने अपना गिलास उठाकर कहा, "आपके लिए!"

"इससे बेहतर कोई दूसरा शब्द आपको नहीं सूझा?"

लड़की के खेल में कुछ ऐसा था, जिससे युवक धीरे-धीरे चिढ़ने लगा था। इस क्षण उसके सामने बैठे हुए लग रहा था कि वह केवल अपने शब्दों में नहीं बदली जान पड़ती, बल्कि सम्पूर्ण रूप से भंगिमा और हाव-भाव में भी उसका कायाकल्प हो गया है। अब वह हू-ब-हू उन औरतों की मॉडल जान पड़ रही थी, जिन्हें वह अच्छी तरह जानता था और जिनके प्रति हल्की-सी वितृष्णा महसूस करता था।

"अच्छा!" युवक ने गिलास को दुबारा उठाया।

"मैं अपने शब्द वापस लेता हूँ—आपके लिए नहीं! यह जाम आपकी नस्ल के लिए है, जिसमें जानवर के गुण और मनुष्य जाति के दोष बड़ी ख़ूबसूरती से मिले हैं!"

"आपका मतलब सब औरतों की नस्ल से है?

"नहीं, उन औरतों से है, जो आपसे मिलती-जुलती हैं।"

"कुछ भी हो, औरतों की तुलना जानवरों से करना मुझे ज़्यादा दिलचस्प नहीं जान पड़ता।"

"अच्छा," युवक हवा में गिलास उठाए रहा, "आपकी नस्ल के लिए नहीं बल्कि आपकी आत्मा के लिए पिऊँगा, ठीक है? आपकी आत्मा के लिए, जो सिर से पेट की तरफ़ गिरते हुए जल जाती है और पेट से सिर की तरफ़ उठते हुए बुझ जाती है।"

लड़की ने गिलास उठाया, "चलिए, यही सही—मेरी आत्मा के लिए! पेट की तरफ़ गिरती हुई मेरी आत्मा के लिए!"

"नहीं, थोड़ी-सी तब्दीली और," युवक ने कहा, "आपके पेट के लिए, जिसमें आपकी आत्मा गिर रही है!"

"मेरे पेट के लिए!" लड़की ने कहा और उसका पेट (जिसे इतने खुले तौर से सम्बोधित किया गया था) मानो सचमुच उनके सम्बोधन के उत्तर में कराह उठा।

वेटर बीफ़ स्टेक लाया और युवक ने उससे दो और वोदका लाने के लिए कहा था। इस बार जो जाम पिया गया, वह लड़की के उरोजों के लिए था और इस तरह उनकी बातचीत एक अजीब हल्की-फुल्की टोन में चलती रही। युवक को यह बात रह-रहकर खटक जाती थी कि लड़की किस तरह एक सस्ती क़िस्म की उच्छृंखल औरत बन सकती है—और अगर वह इतनी ख़ूबी से ऐसी औरत बन सकती है, तो इसका मतलब है कि (युवक ने सोचा) वह सचमुच में ऐसी औरत है। आख़िर कोई अजनबी आत्मा आकाश से उतरकर उसकी देह में नहीं घुस गई। वह जिस लड़की का अभिनय कर रही है, वास्तव में वह कोई और न होकर वह स्वयं है। शायद यह उसके व्यक्तित्व का वह भाग है, जो साधारणत: एक ताले में बन्द रहता है, किन्तु जो इस वक़्त खेल के बहाने पिंजरे से बाहर निकल आया है। लड़की शायद यह सोचती है कि इस खेल द्वारा वह स्वयं अपने को नकार रही है, किन्तु हक़ीक़त कहीं इससे बिलकुल उलटी तो नहीं है? खेल-खेल में वह क्या वह नहीं बन गई है, जो सचमुच में वह है? क्या इस खेल द्वारा उसने अपने को मुक्त नहीं कर लिया है? वह सामने कोई परायी औरत उसकी परिचित लड़की की देह में नहीं बैठी है। यह वह लड़की स्वयं है, और कोई नहीं। युवक ने लड़की की ओर देखा और उसके प्रति एक गहरी वितृष्णा का भाव उसके भीतर भर आया।

किन्तु महज़ वितृष्णा ही नहीं थी, कुछ और भी था। जितना ही मानसिक स्तर पर वह लड़की से दूर हटता गया, उतना ही शारीरिक स्तर पर उसके प्रति खिंचने लगा। आत्मा का परायापन सहसा लड़की की देह को उसके पास खींच लाया था। उसे लगा, मानो आज पहली बार लड़की ने उसे अपनी देह से आकर्षित किया हो, मानो आज तक वह युवक के लिए केवल सहानुभूति, स्नेह, मार्मिकता और प्यार के क्षेत्र में ही रहती आई थी

और अनुभूतियों के इस क्षेत्र में मानो उसकी देह खो-सी गई थी। (हाँ, देह सचमुच खो-सी गई थी!) युवक को लगा, जैसे आज वह पहली बार लड़की की देह को 'देख' रहा है।

सोडे के साथ तीसरी वोदका पीने के बाद लड़की कुर्सी से उठी और इठलाते हुए बोली, "माफ़ कीजिए, अभी आती हूँ।"

"क्या मैं पूछ सकता हूँ कि आप कहाँ जा रही हैं?"

"मूतने—अगर इजाज़त हो!" लड़की ने कहा और मेज़ों के बीच रास्ता टटोलती हुई वह टॉयलेट की तरफ़ चली गई।

वह ख़ुश थी। उसने वह शब्द कहकर किस तरह युवक को हक्का-बक्का कर दिया था—एक ऐसा शब्द, जिसे युवक ने, अपने समूचे भोलेपन के बावजूद, कभी उसके मुँह से नहीं सुना था। जिस औरत की भूमिका वह अदा कर रही थी, क्या वह उस शब्द का उच्चारण ऐसी इठलाती-इतराती अदा में करे, जैसे उसने युवक के सामने किया था? हाँ, वह पूरी तरह संतुष्ट थी और उसकी ख़ुशी का कोई पारावार न था। खेल ने उसे पूरी तरह लिप्त कर लिया था।

वह जो, आज तक फूँक-फूँककर क़दम रखती आई थी, अब सहसा अपने को बिलकुल खुला और मुक्त महसूस कर रही थी। जिस अजनबी जीवन का वह अभिनय कर रही थी, वह एक ऐसा जीवन था, जिसमें किसी प्रकार की शर्म-गैरत, आम जीवन के पूर्व निर्धारित नियम, अतीत या भविष्य, खुले-छिपे बन्धन नहीं थे—वह एक असाधारण स्वतंत्रता की ज़िन्दगी थी। लड़की लिफ़्ट लेने वाली लड़की के वेश में कुछ भी कर सकने में आज़ाद थी।

रेस्तराँ के हॉल में गुज़रते हुए उसे एहसास हुआ कि चारों तरफ़ मेज़ों के इर्द-गिर्द बैठे लोगों की आँखें उस पर उठ गई हैं। यह भी एक नई अनुभूति थी, जिसे उसने पहले कभी नहीं पहचाना था—अपनी देह से उपजता हुआ एक अश्लील क़िस्म का आनन्द। आज तक वह अपने भीतर से चौदह वर्ष की लड़कियों की-सी झेंप नहीं निकाल सकी थी, जो अपने उरोजों पर शरमाती हैं—और उन्हें यह सोचकर बड़ा भद्दा-सा लगता है कि वे उनकी देह से बाहर की तरफ़ उभरे हुए हैं, जिन्हें सब लोग देख सकते हैं

यद्यपि उसे इस बात का गर्व था कि वह सुन्दर है और उसका अंग-प्रत्यंग पूरी तरह से विकसित है (आख़िर वह एक नॉर्मल औरत थी), किन्तु उसका यह गर्व हमेशा एक अजीब शर्म से धुँधला पड़ जाता था। वह यह अच्छी तरह भाँप सकती थी कि औरतों का सौन्दर्य एक तरह से यौन-आमंत्रण के रूप में काम करता है और यह चीज़ उसे हमेशा खटकती थी। वह चाहती थी कि उसकी देह सिर्फ़ उस आदमी के लिए हो, जिससे वह प्रेम करती है। सड़क पर चलते हुए लोग जब कभी उसके वक्षस्थल पर नज़र डालते, तो उसे लगता, मानो वे उसके व्यक्तिगत जीवन के ऐसे गोपनीय स्थल को छू रहे हैं, जो केवल उसके और उसके प्रेमी के लिए है। किन्तु अब वह लिफ़्ट लेने वाली लड़की थी—लज्जा-शर्म से अछूती। उसने अपने प्रेम की कोमल वर्जनाओं से छुटकारा पा लिया था और वह अब पूरी शिद्दत से अपनी देह की दैहिकता महसूस कर रही थी, उतनी ही अधिक उसे वे आँखें परायी जान पड़ रही थीं, जो चारों तरफ़ से घूर रही थीं।

जब वह चलती हुई आख़िरी मेज़ के पास से गुज़री, तो नशे में डूबे एक आदमी ने अपने साथियों पर रोब जमाने के लिए उससे फ्रेंच में कहा, "कोंबएं मादमॉएजेल?"

लड़की ने उसकी बात समझ ली। तब वह अपने कूल्हों को और सजीव ढंग से मटकाते हुए टॉयलेट रूम में ग़ायब हो गई।

खेल काफ़ी अजीब हो चला था। अजीब इसलिए कि जहाँ एक तरफ़ युवक जानबूझकर अजनबी ड्राइवर की तरह पेश आ रहा था, वहाँ दूसरी तरफ़ वह बराबर उस 'लिफ़्ट लेने वाली लड़की' को अपनी उस लड़की के रूप में देख रहा था, जिससे वह प्रेम करता था। और वह चीज़ बहुत अधिक पीड़ादायक थी—अपनी ही प्रेमिका को देखना कि कैसे वह एक अजनबी पुरुष पर डोरे डाल सकती है, और ख़ुद उसके बीच मौजूद रहने का कड़वा अनुभव भोगना! अपनी आँखों से देखना कि उसे धोखा देते हुए—या जब कभी उसने उसे धोखा दिया होगा, या भविष्य में देगी—तब ऐसी घड़ी में वह कैसे बोलती दीखती है ?

बदतर चीज़ यह थी कि वह उस लड़की से प्रेम इतना नहीं करता था, जितना उसे पूजता था। उसे हमेशा यह लगता था कि उसका वास्तविक जीवन वफ़ादारी और पवित्रता की सीमाओं के भीतर है और इन सीमाओं के बाहर उसंका अस्तित्व है ही नहीं। इन सीमाओं के बाहर उसका अपनापन इसी तरह मिट जाता है, जैसे उबलने के बाद पानी पानी नहीं रहता। इसलिए जब उसने देखा कि कितनी निश्चित अदा से लड़की इन भयानक सीमाओं को लाँघ सकती है, उसका मन ग़ुस्से से भर उठा।

लड़की टॉयलेट से लौटकर शिकायत-भरे लहजे में बोली, "मैं जब जा रही थी, एक आदमी ने मुझसे कहा, 'कोंबएं मादमॉएजेल'!"

"आश्चर्य नहीं," युवक ने कहा, "देखने में आप बाज़ारू औरत-सी जान पड़ती हैं!"

"मेरी बला से!" लड़की ने कहा।

"आप उस आदमी के साथ चली क्यों नहीं गईं?"

"यहाँ आप जो हैं!"

"मेरे बाद आप उसके पास जा सकती हैं। जाइए, उसके साथ सौदा कर आइए!"

"मुझे वह ख़ास पसन्द नहीं।"

"किन्तु सिद्धान्त के तौर पर आपको एतराज़ नहीं कि एक रात में कई आदमियों के साथ..."

"क्यों नहीं...अगर वे सुन्दर हों!"

"आपको ज़्यादा पसन्द कैसा लगता है—एक-के-बाद एक, या एक साथ?"

"ऐसे भी, वैसे भी," लड़की ने कहा।

बातचीत का सिलसिला जितना आगे बढ़ता गया, उतना ही अधिक गँवारू बनता गया। लड़की को शुरू-शुरू में तो हल्का-सा झटका लगा, किन्तु उससे विरोध करते नहीं बना। आदमी की पराधीनता खेल में भी छिपी रहती है। खेल एक फंदा है—खिलाड़ी के लिए भी। अगर यह खेल न हो तो

और यहाँ सचमुच दो अजनबी व्यक्ति बैठे होते, तो लड़की बहुत देर पहले नाराज़ होकर चली गई होती। किन्तु खेल से पलायन नहीं है। खेल ख़त्म होने के पहले कोई टीम मैदान से बाहर नहीं जा सकती। शतरंज के मुहरे बाज़ी छोड़कर भाग नहीं सकते। खेल के मैदान की सीमाएँ छोड़कर भाग नहीं सकते, खेल के मैदान की सीमाएँ अलंघ्य हैं। लड़की जानती थी कि उसे किसी प्रकार का खेल भी स्वीकार करना होगा—क्योंकि आख़िर वह खेल है। वह यह भी जानती थी कि खेल जितना अधिक उग्र बनता जाएगा, उतना ही अधिक ईमानदारी से उसे खेलना होगा। और इसीलिए खेल के बीच बुद्धि का आँचल पकड़कर उत्तेजित आत्मा को यह चेतावनी देना निरर्थक है कि वह ज़रा बचकर खेले और खेल को इतनी गम्भीरता से न ले, चूँकि यह महज़ खेल था, और खेल से अधिक कुछ भी नहीं—उसकी आत्मा को किसी बात का डर नहीं था। आत्मरक्षा की कोई चिन्ता नहीं थी।

युवक ने वेटर को बुलाकर बिल चुकाया, फिर वह कुर्सी से उठा और लड़की से बोला, "हमें चलना चाहिए।"

"कहाँ?" लड़की ने चकित होने का बहाना किया।

"चल-चल, बकवास रहने दे!"

"आप मुझसे किस तरह बोल रहे हैं?"

"जैसे रंडी से!" युवक ने कहा।

ज़ीने पर धुँधली-सी बत्ती जल रही थी। वे सीढ़ियाँ चढ़ने लगे। पहली मंज़िल के नीचे पेशाबघर के सामने शराबियों की छोटी-सी भीड़ जमा थी। युवक ने पीछे से अपनी बाँह के घेरे में लड़की की देह को इस तरह पकड़ रखा था कि उसका वक्षस्थल उसकी हथेलियों के तले दब गया था।

पेशाबघर के सामने खड़े आदमियों ने जब उन्हें देखा, तो ऊँची आवाज़ में ठहाके लगाने लगे।

लड़की ने अपने को उसकी गिरफ़्त से छुड़ाना चाहा, किन्तु युवक ने उससे झिड़ककर कहा, "क्या करती है?"

आदमियों ने एक साथ उजड्ड आवाज़ में युवक का समर्थन किया और लड़की पर अश्लील शब्दों की बौछार करने लगे।

युवक और लड़की पहली मंज़िल पर आकर ठहर गए और कमरे का दरवाज़ा खोला। रोशनी जलाई।

वह एक सँकरा कमरा था—दो बिस्तर, एक मेज़-कुर्सी और बेसिन। युवक ने दरवाज़े पर बाज़ी लगाई और लड़की की तरफ़ मुड़ा। वह उद्धत मुद्रा में उसके सामने खड़ी थी—आँखों में उद्दंडता का भाव था।

युवक ने उसे देखा और ढीठ मुद्रा के पीछे उन जाने-पहचाने नारी-सुलभ चिह्नों को खोजने लगा, जिन्हें वह इतने कोमल अहसास के साथ प्यार करता आया था। उसे लगा, मानो वह दो तसवीरों को देख रहा है, जो एक ही फ्रेम में जड़ी हैं—दो तसवीरें, एक-दूसरे से लिपटी हुईं, एक-दूसरे के भीतर से आलोकित होती हुईं। एक-दूसरे को आलोकित करती हुईं इन तसवीरों ने उससे कहा कि इस लड़की में सब कुछ है, कि उसकी आत्मा एक भयानक क़िस्म की झील है, जिसमें वफ़ादारी और ग़ैर-वफ़ादारी, धोखा और भोलापन, बेहयापन और शर्म—सब कुछ एक साथ समा सकते हैं। आत्मा से भरा यह बेडौल सम्मिश्रण उसे इतना घिनौना प्रतीत हुआ, जैसे रंग-बिरंगी रद्दी का ढेर। दोनों तसवीरें बराबर एक-दूसरे के भीतर से आलोकित हो रही थीं। और तब युवक ने सोचा कि लड़की केवल सतही रूप से दूसरी लड़कियों से अलग जान पड़ती है, किन्तु अपनी वास्तविक गहराई में वह वैसी ही है, जैसी दूसरी औरतें—हर प्रकार के अल्लम-गल्लम ख़यालों, अहसासों और अश्लीलताओं से भरी हुई। उसे अपनी शुरू की धारणा अब महज़ एक आत्म-छलना जान पड़ी। उसे लगा, जिस लड़की को वह आज तक प्यार करता आया था, वह महज़ उसकी आकांक्षा, उसके एब्स्ट्रैक्शन, उसके विश्वास की उपज थी और असली लड़की वह है, जो अब उसके सामने खड़ी है और यह लड़की भयंकर रूप से भिन्न है, भयंकर रूप से परायी है, भयंकर रूप से बहुमुखी है। वह उससे नफ़रत करता था।

"खड़ी क्या है, कपड़े उतार!" उसने कहा।

लड़की ने इतराते हुए सिर हिलाया, "क्या यह सब ज़रूरी है?"

जिस सुर में लड़की ने यह बात कही, वह उसे बहुत पहचाना-सा जान पड़ा। उसे लगा, मानो कभी मुद्दत पहले किसी दूसरी औरत ने उससे यह बात कही थी। लेकिन किस औरत ने इस बारे में, वह कुछ भी याद न कर सका। वह लड़की को जलील करना चाहता था। खेल अनायास ज़िन्दगी से जुड़ गया था। लिफ़्ट लेने वाली लड़की को जलील करने का खेल अब सिर्फ़ अपनी लड़की को अपमानित करने का बहाना बन गया था। युवक भूल गया कि वह खेल रहा है। वह सिर्फ़ इतना जानता था कि वह उस लड़की से नफ़रत करता है, जो उसके सामने खड़ी है। वह एकटक उसे घूरता रहा, फिर अपने बटुए से पचास क्राउन का नोट निकाला और लड़की के आगे बढ़ा दिया, "काफ़ी हैं?"

लड़की ने नोट लेकर कहा, "आपकी आँखों में मेरा मूल्य कुछ ज़्यादा नहीं है?"

"नहीं, तू इससे ज़्यादा के योग्य नहीं!" युवक नें कहा।

लड़की युवक के निकट चली आई, "तुम इस तरह मुझसे पेश नहीं आ सकते! मैं औरों की तरह नहीं हूँ! मुझे पाने के लिए तुम्हें थोड़ी-बहुत कोशिश करनी चाहिए!"

उसने युवक को अपनी बाँहों से घेर लिया और उसके मुँह को अपने मुँह के पास खींचने लगी, किन्तु युवक ने अपने मुँह को हथेली से ढाँप लिया और हल्के से उसे अपने से अलग धकेल दिया।

"मैं सिर्फ़ उन औरतों को चूमता हूँ, जिनसे प्यार करता हूँ।"

"और मुझे प्यार नहीं करते?"

"नहीं!"

"किसे प्यार करते हो?"

"तुझे इससे क्या मतलब? चल, कपड़े उतार!"

उसने कभी इस तरह कपड़े नहीं उतारे थे। युवक के सामने वह जब कभी निर्वस्त्र होती थी (और अँधेरे में अपने को नहीं छिपा पाती थी),

तब ऐसे मौक़ों पर उसे हमेशा अपने भीतर लज्जा, घबराहट और बेचैनी महसूस होती थी। किन्तु अब उसे कुछ भी महसूस नहीं हो रहा है। वह रोशनी में खड़ी थी—आत्म-सजग, उद्धत, और उसे अपने पर ही आश्चर्य हो रहा था कि वह किस तरह धीरे-धीरे, युवक को उत्तेजित करते हुए, अपने कपड़े उतार रही है। उसे युवक की निगाहों का अहसास था। वह अपने हर वस्त्र को ख़ूब सहलाते हुए उतार रही थी, मानो अपनी नग्नता के हर नये चरण का स्वाद चखना चाहती हो।

किन्तु जब वह सचमुच उसके सामने पूरी तरह निर्वस्त्र हो गई, तब सहसा उसके मन में यह विचार कौंध गया कि समूचा खेल यहाँ समाप्त हो जाना चाहिए...कि अपने कपड़ों के साथ उसने अपना रोल भी उतार फेंका है, जिसका मतलब है, अब उसके साथ पुरानी तरह पेश आना चाहिए। कुछ ऐसा करना चाहिए, जिससे पिछली घड़ियों में उनके बीच जो घटा है, उसे एकदम पोंछा जा सके, ताकि वे पूरे विश्वास से एक-दूसरे के साथ प्रेम कर सकें। वह असमंजस में खड़ी थी और तब उसके चेहरे पर मुस्कराहट सिमट आई—उसकी अपनी पुरानी मुस्कराहट—लज्जा और झेंप में भीगी हुई।

किन्तु युवक झुकने के लिए तैयार नहीं था, न ही वह खेल ख़त्म करने को तैयार था। उसने लड़की की विश्वास-भरी चिर-परिचित मुस्कान की तरफ़ कोई ध्यान नहीं दिया। उसके सामने सिर्फ़ अपनी प्रेमिका की परायी, सुन्दर देह थी, जिससे वह नफ़रत करता था—और वह नफ़रत ऐसी थी, जिसने उसके भीतर से हर प्रकार की स्नेह-सहानुभूति को उखाड़ फेंका था, वह झुकने को तैयार थी, किन्तु युवक ने उससे कहा, "जैसे खड़ी हो, वैसे ही खड़ी रहो, मैं तुम्हें अच्छी तरह देखना चाहता हूँ!"

उसके मन में सिर्फ़ यह तमन्ना थी कि वह लड़की से इस तरह पेश आए, जैसे लोग पेशेवर रंडी से पेश आते हैं। फ़र्क़ सिर्फ़ इतना था कि युवक ज़िन्दगी में कभी भी किसी पेशेवर रंडी के सम्पर्क में नहीं आया था और उनके बारे में उसने जो तसवीर बनाई थी, वह महज़ किताबों से, या लोगों की बातचीत से, वही तसवीर अब उसके सामने चली आई—

काली अंडरवियर (और काली जुराब) पहने एक औरत। दीवार से सटी सिर्फ़ एक मेज़ पर पड़ी थी। उसने लड़की से कहा, वह उस पर चढ़ जाए। लड़की ने कातर निगाहों से उसकी ओर देखा और तब युवक ने कहा, "देखती क्या हो, तुम्हारी क़ीमत अदा की जा चुकी है!"

युवक की दृष्टि में एक ठान लेने वाला निर्णय था, जिसे देखकर लड़की के सामने सिवा इसके कोई और चारा न रहा कि वह खेल जारी रखे—हालाँकि खेल अब उसके बस के बाहर हो चला था, आँखों में आँसू भरकर वह मेज़ पर चढ़ गई। मेज़ मुश्किल से एक मीटर लम्बी रही होगी। उसकी एक टाँग ज़रा छोटी थी और उसके ऊपर खड़ी हुई लड़की अपने को डाँवाँडोल-सा महसूस कर रही थी। किन्तु युवक अब सन्तुष्ट था कि उसके सामने लड़की की निपट, नंगी देह खड़ी है। लड़की की संकोचपूर्ण दुविधा ने उसके इरादे को और भी अधिक भड़का दिया। वह उसकी देह को हर दिशा और कोने से देखना चाहता था, जैसा कि उसके विचार में दूसरे पुरुषों ने देखा होगा और भविष्य में भी देखेंगे। उसके हाव-भाव से अश्लीलता और कामुकता टपक रही थी। बीच-बीच में वह उसके सामने ऐसे शब्द कहता था, जो लड़की ने उसके मुँह से पहले कभी नहीं सुने थे। वह चाहती थी कि उसका विरोध करे, खेल छोड़कर भाग खड़ी हो। कई बार उसने युवक को पहले नाम से पुकारा, किन्तु उसने तुरन्त झिड़क दिया, कहा कि इतने आत्मीय ढंग से उसे बुलाने का उसे कोई अधिकार नहीं। आख़िर बदहवास-सी होकर भीतर-ही-भीतर रोते हुए वह युवक के हर आदेश का पालन करने लगी—घुटने टेककर नीचे झुकी, युवक ने जैसे चाहा, वैसे बैठ गई, सलाम किया, नंगे पाँवों पर 'टुइस्ट' नाच किया, पैरों की तेज़ हरकत में मेज़पोश उसकी टाँगों के बीच फँस गया और वह नीचे गिरते-गिरते बची। युवक ने उसका हाथ पकड़कर उसे बिस्तर पर धकेल दिया।

वह उससे जुड़ गया। लड़की ने चैन की साँस ली कि आख़िर अब वह बदनसीब खेल ख़त्म होगा और वे दोनों पुनः अपने में लौट आएँगे—

बिलकुल वैसे ही, जैसे थे, एक-दूसरे के प्रेम में बँधे हुए, उसने अपने होंठ युवक के मुँह की ओर उठा दिये, किन्तु युवक ने अपना सिर मोड़ लिया और अपना पुराना वाक्य दुहराया कि वह केवल उन औरतों को चूमता है, जिनसे प्रेम करता है।

वह दहाड़ मारकर रोने लगी। किन्तु वह जी भरकर रो भी न सकी, क्योंकि युवक की भड़कती वासना ने धीरे-धीरे उसकी देह को भी अपने में लपेट दिया, जिसने अन्त में उसकी आत्मा की कराहट को ढक दिया। बिस्तर पर जल्दी ही दोनों देहें पूरी तरह से एक हो गईं—वासना से भरी हुई और एक-दूसरे के प्रति अजनबी। यह वही था, जिससे लड़की सारी ज़िन्दगी सबसे ज़्यादा डरती आई थी और जिससे उसने अपने को हमेशा छटपटाती आकांक्षा से दूर रखने की कोशिश की थी—बिना प्रेम और चाहना के सम्भोग करना। उसे मालूम था कि वह निषिद्ध सीमा का उल्लंघन कर रही है, सिर्फ़ कहीं दूर आत्मा के कोने में उसे यह चीज़ भयानक रूप से कचोट जाती थी कि पहले उसे कभी इतना आनन्द नहीं मिला था, जितना इस बार—सीमा के दूसरी तरफ़।

फिर सब कुछ ख़त्म हो गया। युवक लड़की के साथ उठ खड़ा हुआ और उस लम्बी रस्सी को खींचा, जो बिस्तर पर लटक रही थी। बत्ती गुल हो गई। वह लड़की के चेहरे को नहीं देखना चाहता था। उसे मालूम था कि खेल अब सचमुच ख़त्म हो गया है। किन्तु फिर भी वह लड़की के साथ पुराने, रसे-बँधे सम्बन्ध की तरफ़ नहीं लौटना चाहता था, वह उस वापसी से डरता था। वह अब अँधेरे में लड़की के साथ लेटा था—इस तरह लेटा था ताकि उनके शरीर एक-दूसरे को छू न सकें।

कुछ देर बाद उसे ख़ामोश सिसकियाँ सुनाई दीं। लड़की के हाथ ने बच्चे की तरह झिझकते हुए उसके हाथ को छुआ फिर वापस खींच लिया, दुबारा छुआ और फिर एक अभ्यर्थना-भरी, सिसकती हुई आवाज़ उसके आत्मीय नाम को पुकारते हुए बार-बार कहने लगी, "यह मैं हूँ...यह मैं... यह मैं..."

और कुछ देर बाद लड़की सिसकियाँ छोड़कर फूट-फूटकर रोने लगी और उसके फड़कते होंठ दुबारा से उस शाब्दिक चक्कर में फँसकर एक ही वाक्य को बार-बार दुहराने लगी—"देखो, यह मैं हूँ...यह मैं हूँ... यह मैं हूँ..."

युवक ने अपने भीतर सहानुभूति बुलाने की कोशिश की (उसे उसको दूर से बुलाना पड़ा, पास वह कहीं भी न थी), ताकि वह लड़की को किसी तरह धीरज बँधा सके।

उनके सामने छुट्टियों के तेरह दिन और पड़े थे।

मैं...एक पीड़ित ईश्वर

मिलान कुन्देरा

क्या आपने संगीत-स्कूल में उस छात्रा को देखा है—एक अत्यन्त सुन्दर लड़की, जो अक्सर बच्चे के साथ दिखाई देती है? अगर देखा है, तो मैं उसे एक दिलचस्प संयोग मानूँगा। आप शायद बर्नो में एक ही दिन रहेंगे, लेकिन अगर आपने उस लड़की को देखा है, तो आप एक अत्यन्त मनोरंजक घटना से परिचित हो सकते हैं...केवल एक नज़र के माध्यम से। वह बच्चा भी बहुत ख़ूबसूरत है। क्या आपने उसे हँसते देखा है?

यों देखा जाए, तो उस बच्चे के साथ मेरा एक रिश्ता है। नहीं...नहीं... ईश्वर के लिए यह मत सोचिए कि मैं उस बच्चे का 'सृजनकर्ता' हूँ। वह मैं नहीं हूँ...दुर्भाग्यवश। अगर मैं उसका सृजनकर्ता हो सकता, तो मुझे बहुत ख़ुशी होती, इसलिए नहीं कि ऐसे सुन्दर बच्चे का पिता बनकर मुझे यश और मान मिलता। नहीं, मुझे कुछ वैसी ही ख़ुशी होती, जो किसी सुन्दर कृति की रचना करने से होती है। मैं अगर उसका अज्ञात स्रष्टा भी बन सकता, तो भी मेरी ख़ुशी में कमी न हो पाती। किन्तु मैं उसका सृजनकर्ता नहीं हूँ। मैं एक ऐसा आदमी हूँ, जो सिर्फ़ पृष्ठभूमि में छिपकर काम करता है...दूसरों की

ख़ुशी और सौभाग्य का निमित्त-मात्र। एक देवता, जो दो प्रेमियों को मिलाने के लिए घटनाओं का जाल बुनता है। अब आप समझ गए, अगर मैं उस बच्चे का स्रष्टा नहीं हूँ, तो कम-से-कम इस घटना का स्रष्टा ज़रूर हूँ। एक लेखक की तरह नहीं, बल्कि एक जीते-जागते व्यक्ति की तरह। मैं लिखता नहीं, सिर्फ़ जीता हूँ। ईमानदारी की बात कहूँ तो मुझे उन लेखकों से काफ़ी नफ़रत है जो काग़ज़ पर ज़िन्दगी की घटनाओं की सृष्टि करते हैं। मैं केवल उन 'लेखकों' को श्रद्धा की दृष्टि से देखता हूँ, जो ज़िन्दगी में जीती-जागती घटनाओं की रचना करते हैं। मैं अपने को ऐसे लोगों में ही गिनता हूँ।

इस दुनिया में दो क़िस्म के लोग आपको मिलेंगे—ज़िन्दगी के स्रष्टा और ज़िन्दगी की कठपुतलियाँ। वे लोग जो अपने निजी स्वप्नों, कल्पनाओं और योजनाओं को ज़िन्दगी में मूर्तिमान करते हैं और दूसरे वे, जो सिर्फ़ इन लोगों के हाथों में यंत्रमात्र हैं। पहली क़िस्म के लोग ज़िन्दगी जीते हैं, दूसरी क़िस्म के लोग—मेरे ख़याल में—सिर्फ़ जीवित हैं। पहली क़िस्म के लोग जो नाटक खेलते हैं, उसका निर्माण भी स्वयं करते हैं। दूसरी क़िस्म के लोग नाटक तो खेलते हैं लेकिन उसके निर्माण में उनका कोई हाथ नहीं है।

क्या आप ऐसा नहीं सोचते? आप शायद सोचते हैं कि मैं अपनी बात को बढ़ा-चढ़ाकर कह रहा हूँ। किन्तु मैं जो कह रहा हूँ, वह अक्षरशः सत्य है। कोई विराट सत्य नहीं, महज़ एक छोटा-सा विनयशील सत्य। इतना छोटा कि मैं उसे न सिर्फ़ कहने का दुस्साहस कर सकता हूँ बल्कि—अगर मैं लेखक होता—तो लिखने का दुस्साहस भी कर सकता था क्योंकि छोटे, विनयशील सत्य मुझे अच्छे लगते हैं...या संक्षिप्त सत्य; आडम्बरहीन और चलते-फिरते।

मैं अपने विचारों से आपको ऊबा रहा हूँ। वह लड़की...हाँ, वह लड़की नहीं है, कोई विवाहित स्त्री नहीं...आपने शायद यह नहीं सोचा था? उस लड़की को मैं एक लम्बे अर्से से जानता हूँ और वह हमेशा मुझे बहुत प्रिय लगती रही है। उसके बारे में ज़्यादा कुछ नहीं कहूँगा...आपने उसे देखा ही है। संगीत-स्कूल में वह गाना सीखने आती थी। उन दिनों मैं अक्सर उन

लड़कियों की कम्पनी में रहता था और उन्हें थोड़ा-बहुत जानने-पहचानने लगा था। आप शायद जानते हैं, कम उम्र की नौजवान महिलाएँ आशा की सबसे ऊँची सीढ़ी पर बैठना पसन्द करती हैं। चौदह वर्ष की आयु से ही उनके स्वप्न यश और ख्याति के सर्वोच्च सितारों को छूने लगते हैं। वे बहुत ऊँचाई पर जीती हैं, मानो आकाश ही उनका घर हो...और चूँकि वे आकाश में ही रहती हैं, उन सुविधाओं का वे ज़्यादा फ़ायदा नहीं उठातीं, जिन्हें सिर्फ़ धरती दे सकती है, जैसे—योग्यता।

जी हाँ, जवान गायिकाएँ और जवान कला-पुजारिनें शायद आशा की सर्वोच्च मंज़िल में ही रहना पसन्द करती हैं और चूँकि लड़कियाँ अक्सर घरेलू-स्वभाव की होती हैं, एक बार उस मंज़िल में पहुँचकर वे उसे अपना घर समझने लगती हैं। सोफ़ा पर लोटती हैं, रेडियो बजाती हैं, आवाज़ों की कसरत करती हैं या कभी-कभी खिड़की के पास आ खड़ी होती हैं और आशा की सबसे ऊँची मंज़िल से नीचे गली की तरफ़ ताकने लगती हैं, अपनी कुहनियाँ हिलाते हुए, हँसते हुए, शहर के उन निचले गहरे कोनों को लापरवाही से देखती हैं, जहाँ हम लोग खड़े हैं।

एक समय था जब मैंने उस लड़की पर, जिसे आपने देखा है—अपनी क़िस्मत आज़माई थी। उजले बालोंवाली उस सुन्दर लड़की की समूची देह एक अविश्वसनीय, नपे-तुले अनुपात में ढली थी। उस लड़की को देखकर अक्सर मुझे एक अनुचित-सा विचार आ जाता था...आत्मा की चीज़ों के प्रति प्रकृति कितनी क्रूर ढंग से उदासीन हो सकती है! ज़रा आप ही सोचिए, आख़िर उस ब्लौंड बालोंवाली लड़की को ही क्यों यह दायित्व सौंपा गया कि वह अपने में मानवीय सौन्दर्य का बेजोड़ आदर्श उपस्थित करे? कितना विचित्र और भयानक विरोधाभास है!

किन्तु मेरे इन विचारों पर ध्यान न दीजिए...आप इन प्रश्नों का लगा-बँधा जवाब मुझसे पहले जानते हैं। हाँ, तो मैं कह रहा था कि मैं उस लड़की को अपनी तरफ़ खींचना चाहता था और इस प्रयत्न में मैंने अपनी पूरी शक्ति लगा दी थी। ईश्वर ही जानता है, उसे थोड़ा-सा हँसाने के लिए मैं

क्या-कुछ नहीं करता था। मैं उसके लिए फूल लाता था। बाद में मुझे पता चलता था कि वह अपनी क्लास की लड़कियों से कहती थी कि ये फूल उसे श्री लैम्ब्रेख़्त ने दिये हैं। श्री लैम्ब्रेख़्त बर्नो-ऑपेरा-थियेटर के ट्रेनर-गायक हैं। अजीब बोदा-सा चेहरा, लेकिन आवाज़ 'अन्तिम जज' की आवाज़ की तरह ऊँची और तीखी। मैंने उस लड़की को रिझाने के लिए ऐसे काम भी किये जिन्हें सोचकर आज मुझे अपने पर शर्म भी आती है...वे काम सचमुच मेरे आत्मसम्मान के नीचे थे। लेकिन आप तो जानते हैं, जब आदमी को चाहना पकड़ लेती है, जब वह अपनी जलाई हुई मिट्टी में ख़ुद जलने लग जाता है, तो उसे आत्मसम्मान की चिन्ता नहीं रहती। मैं इतना नीचे गिर गया कि मैं उसके लिए पियानो पर 'सहवादक' की हैसियत से अपनी सेवाएँ अर्पित करने लगा...उसका प्राइवेट सहवादक। आह...आप कल्पना नहीं कर सकते कि यह कितनी बड़ी बोरियत का काम है! वह रुज़ाल्का[1] का कोई 'आरिया' (ऑपेरा-गीत) गाती थी और मैं उसके साथ पियानो बजाता था। उसे बजाने से पूर्व मैं अपने घर में तीन दिन प्रैक्टिस करता था ताकि वह यह समझे कि मैं सिर्फ़ 'स्कोर' देखकर बजा सकता हूँ। मैं सोचता था, इससे उसकी आँखों में मेरी क़द्र बढ़ेगी। लेकिन क़द्र करना दूर रहा, अगली बार वह किसी दूसरे गीत की धुन पियानो पर बजाने की इच्छा प्रकट करती थी जो द्वोर्शाक के गीतों से ज़्यादा दिलचस्प नहीं होता था। अगर आप मुझे क्षमा करें, तो मैं यह कहना चाहूँगा कि द्वोर्शाक का संगीत मुझे उतना ही कठोर लगता है जितना नदी के किनारे इतवार गुज़ारना अथवा किसी पिक्चर-पोस्टकार्ड पर एल्प्स पहाड़ों का सुन्दर दृश्य देखना।

ख़ैर, छोड़िए...मैं सिर्फ़ यह कहना चाहता था कि वह लड़की मुझे काफ़ी लम्बे अर्से तक उल्लू बनाती रही। सिवाय इसके कि मैं उसके साथ पियानो बजाकर 'असीम ख़ुशी' हासिल कर सकूँ या उसके लिए फूल लाऊँ, जिन्हें लेकर वह दूसरों के सामने गर्व से कहे कि ये फूल उसे सुप्रसिद्ध ऑपेरा-गायक श्री लैम्ब्रेख़्त ने भेंट किये हैं, मुझे कोई विशेष सफलता नहीं मिली।

1. सुप्रसिद्ध चेक संगीतज्ञ द्वोर्शाक का एक ऑपेरा।

इसका परिणाम वही हुआ, जो देर-सबेर होता था। एक दिन उसके साथ बाहर सैर करते समय मैंने अपने हाथ जला लिये, उसके नाम को लेकर। उसका नाम? क्या मैंने अभी आपको उसका नाम नहीं बताया? जी हाँ—मैं अभी तक उसका नाम लेने में कुछ इस तरह घबरा रहा हूँ, जैसे शैतान सलीब को देखकर घबराता है। शायद यही कारण है कि उसका नाम लेने के बजाय मैं उसे 'वह लड़की' कहता आ रहा हूँ।

उसका नाम जोन था। दुर्भाग्यवश मेरी आदत कुछ ऐसी है, जो मज़ाक़ करने पर तुली रहती है। उस दिन सैर करते हुए मैंने हँसी-हँसी में उसे 'जोन ऑफ़ आर्क' के नाम से सम्बोधित कर डाला।

सुनते ही उसने पूछा, "क्या मतलब?"

मैंने समझा, शायद उसने ठीक से सुना नहीं है इसलिए मैंने फिर वह नाम दुहराया, "जोन ऑफ़ आर्क!"

उसने पूछा, "आर्क कौन?"

उसके स्वर में आकाशवासियों का भोलापन था। पता नहीं क्यों, उसके इस प्रश्न को सुनकर मेरे मन में जो ख़ुराफ़ात आई, वही मैंने उसके सामने कह डाली।

"जोन डार्लिंग," मैंने कहा, "फ्रेंच में आर्क का मतलब है पार्क।"

"अहा!" उसने कहा और कुछ सोचने लगी। कुछ देर बाद उसने पूछा, "भला मेरा पार्क से क्या सम्बन्ध हो सकता है?"

"जोन डार्लिंग," मैंने उत्तर में कहा, "यह नाम अक्सर उन लड़कियों को दिया जाता था, जो उस ज़माने में शहर के पार्क के सामने कोठों पर बैठा करती थीं। वे आदमी जो उनसे मिलने आते थे, अक्सर उन्हें उनके क्रिश्चियन नामों से ही बुलाते थे, जैसे—एलन, जोन, एलिस, मार्का वग़ैरह। लेकिन उन आदमियों में जो थोड़े-बहुत सभ्य और शिक्षित थे, वे इन लड़कियों के नामों के आगे कुछ-न-कुछ जोड़ देते थे, जैसे—पार्क की एलन, पार्क की मार्का, पार्क की जोन! इनमें 'पार्क की जोन' ने काफ़ी ख्याति अर्जित की और उसका नाम इतिहास के पन्नों पर लिखा गया।"

आपसे सौगन्ध खाकर कहता हूँ, कि मैंने जो कुछ कहा, वह निरी बकवास थी। किन्तु मेरी बात सुनते ही जोन पत्थर की मूर्ति की तरह खड़ी हो गई, "तुम यह कहना चाहते हो कि मैं कोठे पर रहनेवाली वे...हूँ?"

जोन स्वभाव से इतनी सुशील थी कि वह उस भद्दे और भयानक शब्द 'वेश्या' का पहला अक्षर ही कह सकी।

"ईश्वर के लिए यह बात भी मुँह से न निकालो..." मैंने कहा, "जोन डार्लिंग...तुम और वे...! तुम उन...से बिलकुल उलटी हो। अगर तुम वे... होतीं तो मैं क्या कुछ तुम्हारे ऊपर न्योछावर न कर देता। हर महीने आधी तनख़्वाह तुम्हारे पैरों पर लाकर रख देता।"

मैंने सोचा था कि अपने इस स्पष्टीकरण से—जिसमें मज़ाक़ का हल्का-सा पुट मिला था—मैं उसकी ग़लतफ़हमी को दूर कर सकूँगा। किन्तु मेरी आशा निराधार साबित हुई। मुझे वहीं सड़क पर छोड़कर वह आँखों से ओझल हो गई।

मैं क्या करता? मुझे कुछ भी समझ में नहीं आ रहा था। मैंने उस पार्क में अपनी 'जोन ऑफ़ आर्क' को खो दिया था। बर्नों की सड़कों पर इधर-उधर घूमने लगा। ऐसे ही घूमते हुए मुझे अपने आगे एक सुन्दर भूरे बालोंवाली लड़की दिखाई दी। मैं भी उसके पीछे-पीछे चलने लगा। कुछ देर बाद उसके पास आकर मैंने कहा, "मैं आपकी टाँगों को देख रहा था। वे इतनी ख़ूबसूरत हैं कि मुझे अफ़सोस हो रहा था कि वे सिर्फ़ दो हैं..."

मेरी बात सुनकर वह हँस पड़ी। मैंने कुछ और एक-दो मज़ाक़ किये। उसने भी कुछ कहा...अब मैं भी हँस रहा था। उस शाम मैं उसे अपने साथ सिनेमा ले गया। सिनेमा के बाद हम 'बार' में गए। 'बार' के बाद मैंने उसे अपने कमरे में आने के लिए कहा और वह मेरे साथ कमरे में चली आई।

भूरे बालोंवाली यह लड़की मेरे लिए उतनी ही सुलभ बन गई जितनी संगीत-स्कूल की वह लड़की दुर्लभ थी, जहाँ शारीरिक सौन्दर्य में वह 'जोन ऑफ़ आर्क' से केवल दो-चार डिग्री कम रही होगी। सम्भव है, इन दो-चार डिग्रियों के अभाव के कारण ही मुझे ऐसा महसूस होता था कि मैं

संगीत-स्कूल की छात्रा से पूरा-पूरा बदला नहीं ले सका हूँ। यों मैं अब अच्छी तरह समझ गया था कि उसके साथ समय गँवाने से मेरे हाथ कुछ लगेगा नहीं...इसलिए मैंने उसके लिए फूल ख़रीदना या उसके साथ पियानो बजाना अर्सा पहले छोड़ दिया था। लेकिन फिर भी उठते-बैठते हर क्षण मेरे मन में एक काँटा-सा चुभता रहता था। मुझे मालूम था कि मेरे और मिस जोन के बीच अभी अन्तिम शब्द कहना बाक़ी है।

उन दिनों, जब मैं ऐसे-तैसे अपना समय उस भूरे बालोंवाली लड़की के साथ गुज़ार रहा था, मेरा परिचय एक नये व्यक्ति के साथ हुआ। अपने इस नये मित्र के बारे में बहुत-सी चीज़ें मैं आपको बताना चाहूँगा लेकिन मुझे अपना लोभ संवरण करना होगा क्योंकि उससे मेरी अपनी 'कहानी' की लय और चुभन नष्ट हो जाएगी। मेरा वह नया मित्र ग्रीक था। मैं अपनी सामर्थ्यानुसार जब-तब उसकी मदद करता रहता था और बदले में वह भी—जितना उसके वश में था—मुझे सहायता देने के लिए प्रस्तुत रहता था। वैसे भी मैं आपसे कहना चाहूँगा कि असली मानवीय-सम्बन्ध केवल पुरुषों के बीच ही सम्भव हो सकते हैं—किसी स्वार्थ-भावना, अधिकारों, ईर्ष्या-द्वेष से सर्वथा मुक्त। उनके बीच छिपाव-दुराव का प्रश्न ही नहीं उठता क्योंकि उनमें एक-दूसरे के प्रति ईमानदारी और त्याग-भावना भरी रहती है। मेरा वह ग्रीक-मित्र भी एक लाजवाब आदमी था। लड़ाई के दिनों में वह 'पार्टी जान' था, वहीं घायल हुआ और बाद में चेकोस्लोवाकिया आ गया। यहीं एक फैक्टरी में काम करता था—अपनी धुन का पक्का था। काम ऐसा जी तोड़कर करता था मानो सिर पर भूत सवार हो। लेकिन लड़ाई में जो ज़ख़्म खाया था, उससे उसकी सेहत बिगड़ गई थी। कुछ दिनों में ही पता चला कि वह तपेदिक का शिकार है। लम्बे अर्से तक अस्पताल में रहा। स्वस्थ होने पर जब वह वापस आया,

तो फैक्टरी में काम करने के बजाय उसे पेंशन मिलने लगी थी। वह सिर्फ़ कुछ साल मुझसे बड़ा था। इस बीच वह पूरी तरह से आरामतलबी की कला में पारंगत हो चुका था। एक बार जब उसने मुझे बताया कि वह 'शॉक-वर्कर' रह चुका है, तो मैं सहसा उसकी बात पर विश्वास नहीं कर सका। बाद में मैंने जाना कि वह उन आदमियों में से है जो जी-तोड़कर काम करते हैं और जी-तोड़कर आवारागर्दी। ज़िन्दगी के ये दो बुनियादी और ख़ूबसूरत पक्ष हैं और वह इन दोनों पक्षों से ज़िन्दगी को पहचानता था। जिस समय मैं पहले-पहल उससे परिचित हुआ, वह स्पष्ट ही अपने आवारागर्दी के पक्ष का रसास्वादन कर रहा था। दिनभर शहर की गलियों की मटरगश्ती करता, बीच-बीच में किसी पब में बैठकर बियर पीता और जब उनसे ऊब जाता तो घर में बैठकर धागों और सेल्यूलॉयड से कठपुतलियाँ, सन्दूक़चे और स्टैंड बनाता। यह कला उसने सैनेटोरियम में सीखी थी जहाँ वह ये सुन्दर चीज़ें बनाकर नर्सों को भेंट किया करता था।

आप जानते हैं ऐसी स्थिति में जब आदमी के पास कोई काम न हो और सहसा उसके आगे निकम्मेपन के अनेक वर्ष मुँह खोले आ खड़े हों, उसके पास कुमारियों और महिलाओं के बारे में सोचने के लिए काफ़ी अवकाश बचा रहता है। अक्सर बियर पीते समय वह दिल खोलकर मुझे अपनी आकांक्षाओं के बारे में बताता था। एक दिन जब हम दोनों साथ बैठे थे, मुझे अपनी आत्मा में हल्की-सी खुजली महसूस होने लगी—बिलकुल उसी जगह, जहाँ मिस जोन ने घाव किया था।

"भाई अपोस्तल!" मैंने कहा, "तुम्हारे लिए मेरे पास एक उपहार है।"

"एडोल्फ़ भाई, कैसा उपहार?" उसने पूछा।

"एक ख़ूबसूरत लौंडिया...इतनी ख़ूबसूरत लौंडिया से तुम्हारा पाला न कभी चेकोस्लोवाकिया में, न कहीं और पड़ा होगा।"

मेरे ख़याल में स्त्री से ज़्यादा सुन्दर कोई दूसरा उपहार नहीं है, जो एक पुरुष दूसरे पुरुष को भेंट कर सकता है। मेरे ग्रीक-दोस्त अपोस्तल ने मेरे लिए बहुत कुछ त्याग किया था। मैं उसके प्रति अपने को बहुत अहसानमन्द

मानता था, और यह स्वाभाविक और ठीक था। दोस्तों के बीच ऐसा ही होना चाहिए। प्रेमियों के बीच भी ऐसा ही होना चाहिए लेकिन वहाँ अक्सर इसका उलटा होता है...वे अपने को अहसानमन्द मानने के बजाय एक-दूसरे पर अहसान थोपते हैं। मुझे यह चीज़ हमेशा बुरी और ख़ेदजनक लगती रही है।

मेरे इस सुन्दर उपहार की बात सुनकर वह संकोच में पड़ गया। किन्तु मैं जानता था कि उस संकोच के पीछे एक बहुत स्निग्ध और कोमल-सी ख़ुशी छिपी थी।

"लेकिन प्यारे एडोल्फ़, आख़िर वह लड़की मुझे..."

"भाई अपोस्तल, यह इतना मुश्किल नहीं है, जितना तुम समझते हो। सुनो, मैंने एक तरकीब सोची है।"

हमने एक-एक बियर और मँगवाई और वह ध्यान से मेरी बात सुनने लगा। शुरू-शुरू में उसने आनाकानी की किन्तु शीघ्र ही मैंने उसे आश्वस्त कर दिया। बातचीत के दौरान उसने अनेक बार अपने सन्देह प्रकट किये किन्तु अन्त में अपना हाथ आगे बढ़ाकर बोला, "अच्छा, ठीक है, हाथ मिलाओ।"

इतवार का दिन था। हर इतवार को मिस जोन वेलव्यू कॉफ़ी हाउस में जाकर बैठती थी। कारण स्पष्ट था...बर्नो ऑपेरा थियेटर के कुछ कलाकार उन दिनों वहाँ कॉफ़ी पीने जाते थे। मिस जोन और उसकी कुछ सहपाठिनें भी मौक़ा देखकर उसी समय कॉफ़ी हाउस पहुँच जाती थीं और थियेटर के कलाकारों को उसके नमस्कार के उत्तर में सिर हिलाना पड़ता था। बाद में लड़कियाँ अपनी मेज़ पर गपशप करती रहती थीं, "लैम्ब्रेख़्त की आवाज़ एक ख़ज़ाना है।"

"लेकिन भई, वैसलर के गले का मुक़ाबला नहीं।"

"मुझे ख़ास पसन्द नहीं।"

"लेकिन कल 'आइदा' में उर्बालोवा का पार्ट ख़ासा अच्छा रहा।"

"कितने ख़ूबसूरत कपड़े पहन रखे थे!"

"मुझे ज़्यादा पसन्द नहीं आए...उन कपड़ों में वह मोटी लग रही थी।"

"लड़कियो...मैं ख़ुद बहुत मोटी हूँ, लेकिन आख़िर करूँ क्या?"

"अरी, जा..."

हाँ, तो वह इतवार का दिन था और क़रीब चार घंटों तक वेलव्यू कॉफ़ी हाउस में बातचीत का दौर चलता रहता था। आख़िर नाम भी किसी ने चुनकर रखा था 'वेलव्यू'—'सुन्दर नज़ारा'।

वह इतवार का दिन था...एक दिन पहले मैंने अपने एक शौक़ीन मित्र से, उसका अत्यन्त बढ़िया कोट, नॉयलन की सफ़ेद कमीज़ और बो-टाई माँग ली थी। क़रीब तीन बजे अपोस्तल मेरे कमरे में आया। मैंने उससे झटपट अपने कपड़े बदलने के लिए कहा। उसे मेरी बात अखर गई, "क्या मेरे कपड़े तुम्हें नहीं जँचते?"

"अपोस्तल भाई, यह जँचने की बात नहीं है।" मैंने कहा, "तुम्हारे कपड़े अच्छे हैं लेकिन मैं चाहता हूँ कि तुम ऐसी पोशाक पहनो, जिसकी एक 'स्पेशल' चमक हो। इसके लिए तुम्हें यह कोट पहनना होगा, कोई दूसरा नहीं चलेगा। और यह पतलून...झटपट तैयार हो जाओ।"

"कमीज़ भी बदलनी होगी?"

"हाँ, कमीज़ भी।"

अपोस्तल हँसते हुए अपने कपड़े बदलने लगा।

जब वह नये कपड़े पहनकर सामने आया, मैं दंग-सा रह गया। उसका समूचा व्यक्तित्व निखर आया था। मुझे ख़ेद है कि मैं आपसे उसके व्यक्तित्व के बारे में कुछ भी बताना भूल गया। इस अवसर पर मैं अपनी ग़लती सुधारना चाहूँगा। मेरे ग्रीक-मित्र के घने काले बाल थे, आँखें भी काली थीं। सिर से पैर तक हू-ब-हू ग्रीक नज़र आता था। क्या आप कुछ और अधिक जानना चाहेंगे? माँगे हुए सूट में—सफ़ेद कमीज़ और बो-टाई पहने—वह एक ऐसा रईस इटैलियन 'डैंडी'-सा दिखाई देता था जो सिसली के सबसे महँगे शराबघर से अभी-अभी बाहर निकला हो। मुझे यहाँ एक बात जोड़नी होगी। इटैलियन-रईस वह ज़रूर दिखाई देता था लेकिन सिर्फ़ उस समय—जब वह बिना हिले-डुले, बिलकुल निश्चल-मुद्रा में बैठा हो। अपनी लड़खड़ाती चाल में वह एक प्यारा-सा मज़दूर ही जान पड़ता था। किन्तु फिर भी उसकी चाल और चेहरे-मुहरे में इतना बड़ा अन्तर नहीं था जो हमारे 'कृतित्व' की सफलता पर पानी फेर सके।

क़रीब चार बजे हम 'वेलव्यू' में पहुँच गए। मैं कुछ-कुछ वैसा ही आदमी लग रहा था, जो किसी बनी-ठनी सुन्दरी के साथ चलता है। मेज़ों के सामने बैठे लोगों की निगाहें हमारा अनुकरण कर रही थीं। हमें वह मेज़ भी दिखाई दी, जहाँ जोन अपनी दो सहेलियों के साथ बैठी थी। हमने उनकी ओर ध्यान नहीं दिया और खिड़की के पास एक छोटी-सी मेज़ के आगे बैठ गए। खिड़की से हमें ट्राम-स्टैंड, गन्दे फ़ुटपाथ और फ़ुटपाथ पर चलनेवाले लोगों का मनोरम दृश्य दिखाई दे रहा था। आख़िर उस कॉफ़ी हाउस का नाम 'वेलव्यू' यूँ ही नहीं था।

जब पाँच मिनट गुज़र गए, मैं अपनी कुर्सी से उठकर जोन की मेज़ के सामने आ खड़ा हुआ। हमने एक-दूसरे का अभिवादन किया।

"जोन...मैं तुम्हारे लिए आया हूँ।" मैंने कहा।

"अरे...जाओ भी!" जोन ने कहा।

"नहीं...सच। मैंने सोचा, शायद तुम्हें इसमें कुछ दिलचस्पी हो," मैंने अपनी बात ज़ारी रखते हुए कहा। "यहाँ मेरे साथ एथन्स-ऑपेरा के कंडक्टर आए हैं...ग्रीक हैं। कन्सर्ट-टूर पर पश्चिम-जर्मनी गए थे। अब वापस चेकोस्लोवाकिया से गुज़रते हुए अपने देश लौट रहे हैं। यहाँ बिलकुल व्यक्तिगत रूप से ठहरे हैं। बर्नो में वह यानाचेक के ऑपेरा 'निर्यात' के संगीत-स्कोर का अध्ययन करना चाहते हैं।"

मुझे लगा, मानो मेरे सामने फॉसिल की तीन हंसिनें बैठी हैं, एक जोन और दो उसकी सहेलियाँ। तीनों मेरी बात सुनकर हक्की-बक्की-सी रह गई थीं। मुझे मालूम नहीं, हंसिनों को देखकर आपको कैसा लगता है, उन्हें देखकर कम-से-कम मेरी तबियत फड़क उठती है। बतख़ें नहीं! बतख़ की चोंच से मूर्खता टपकती है...और वह भी घमंडभरी मूर्खता। यों देखा जाए तो हंसिनी की चोंच से भी कम मूर्खता नहीं छलकती लेकिन वह निर्दोष, हृदयस्पर्शी मूर्खता है। जिन दिनों मैं जोन से मिलता-जुलता था, उन दिनों मैं बारी-बारी से कभी उसे बतख़ और कभी हंसिनी की उपाधि देता था। किन्तु आज मैं प्रतिशोध की भावना की ऊँची चोटी पर खड़ा होकर स्नेह और सहानुभूति से उसकी ओर देख रहा था। वह मेरे लिए एक बार फिर हंसिनी में बदल गई थी।

"तुमसे कैसे जान-पहचान हो गई?" जोन ने पूछा।

"भाषा की परेशानी के कारण। मि. अपोस्तल अखिलिस ग्रीक और इटैलियन के अलावा कुछ और नहीं समझते। मैं थोड़ी-बहुत ग्रीक जानता हूँ।"

"तुम ग्रीक जानते हो?" जोन ने तनिक आश्चर्य से पूछा।

"आह...तुम्हें नहीं मालूम? काफ़ी शर्म की बात है। मैं समझता था, तुम मुझे थोड़ा-बहुत जानती हो।"

"तुमने मुझसे कभी कहा नहीं...आख़िर मुझे मालूम कैसे होता?"

उस क्षण मुझे सचमुच उस पर गहरी कोफ़्त हुई। आख़िर उसे मालूम कैसे हो; अपने सिवाय क्या कभी उसने दूसरों के बारे में कोई चीज़ जानने की कोशिश की है? उसे यह भी नहीं मालूम कि मुझे ग्रीक आती है। ईगोइस्ट लड़की, मैंने मन में सोचा। अच्छा हुआ कि मैंने उसे छोड़ दिया। लेकिन तुरन्त मन में झुँझलाहट-भरा ख़याल आया कि मैंने उसे नहीं, उसने मुझे छोड़ा है। दूसरे, अगर उसे अभी तक यह मालूम नहीं था कि मुझे ग्रीक नहीं आती तो उसका कोई दोष नहीं था क्योंकि मुझे सचमुच ग्रीक नहीं आती। किन्तु फिर मैं नये सिरे से उस पर खीज उठा...अगर ग्रीक का ज्ञान मेरा होमर जितना ही गहरा होता, तो भी उसे पता न चलता क्योंकि अपने अलावा वह दुनिया में किसी और को नहीं देखती, और अपनी आवाज़ के बाहर उसे किसी दूसरे की आवाज़ सुनाई नहीं देती।

मैंने तनिक विनम्र-स्वर में उससे कहा, "जोन, अगर तुम चाहो, तो कुछ देर के लिए हमारे साथ बैठ सकती हो। तुम ख़ुद सब कुछ जान लोगी।"

"लेकिन..." उसने इधर-उधर के बहाने खड़े करने शुरू किये—हालाँकि उसे स्वयं उनमें ज़्यादा विश्वास नहीं था, "लेकिन मैं उससे बातचीत कैसे करूँगी?" उसने पूछा।

"मैं तुम दोनों की बातें अनुवाद करता रहूँगा।"

"नहीं भाई, मुझसे नहीं होगा। मैं उसे जानती तक नहीं।"

"मैं तुम्हारा परिचय करवा दूँगा।"

"मैं उसे बोर करूँगी, और नहीं तो क्या!"

"अरे, छोड़ो भी...तुम-जैसी ख़ूबसूरत लड़की से मिलकर वह बहुत ख़ुश होगा।"

जोन धीरे-धीरे अपनी कुर्सी से उठी। चारों ओर दृष्टि घुमाई...गर्व और अभिमान से। पास ही लैम्ब्रेख़्त का टेबल था, जहाँ वह कॉफ़ी पी रहे थे। हाँ—सचमुच लैम्ब्रेख़्त। उन्होंने कॉफ़ी से अपनी आँखें ऊपर उठाईं और ख़ाली, सरसरी निगाह से जोन को देखा। जोन प्रसन्न हो गई और मेरे साथ दूसरी मेज़ की तरफ़ चलने लगी।

इसे मेरा सौभाग्य ही मानिए कि मुझे क्लासिक-भाषाओं के स्कूल में चन्द वर्ष बिताने पड़े थे। वहाँ पुरानी ग्रीक भाषा का अध्ययन आवश्यक विषयों में शामिल किया जाता था। इस ज़बरदस्ती पर मैं अक्सर जलता-भुनता रहता था। आख़िर पुरानी ग्रीक मेरे किस काम आएगी, मैं सोचता था। यह बात सच भी थी...मुझे सचमुच अपनी ज़िन्दगी में कभी उसकी ज़रूरत महसूस नहीं हुई। मैं सब कुछ भूल चुका था, सिवाय दस-बारह शब्दों के, जो मेरी स्मृति में अटके रह गए थे। लेकिन आज...आज वह दिन आया था, जब स्कूल में बिताए चार नीरस वर्षों ने सहसा महत्त्वपूर्ण अर्थ ग्रहण कर लिया, मानो स्कूली दिनों में उठाया हुआ कष्ट सिर्फ़ आज के दिन सार्थक होनेवाला था। शायद ज़िन्दगी में हर चीज़ की अपनी एक नियमित परिपाटी है, जिसके अनुसार दुनिया में कोई वस्तु बेकार में नहीं जाती, हर बीज कभी-न-कभी ज़रूर फूटता है।

अपने मित्र की मेज़ के पास आकर मैंने जोन से कहा, "यह मि. अखिलिस अपोस्तल हैं।" फिर अपने ग्रीक-मित्र की ओर देखते हुए कहा, "अइनाई गार एस्तिन जोन मालातोवा।"

अपोस्तल ने खड़े होकर अपना हाथ जोन की तरफ़ बढ़ा दिया। इस बीच उसने कुछ ग्रीक शब्द कहे, जिन्हें यहाँ लिखना व्यर्थ है क्योंकि मैं एक शब्द भी नहीं समझ सका।

"वह कह रहे हैं कि तुमसे मिलकर उन्हें बहुत ख़ुशी हुई," मैंने जोन से कहा।

जोन का चेहरा गुलाबी-सा हो आया और वह मेरी कुर्सी पर बैठ गई। पास की मेज़ से मैं अपने लिए एक दूसरी कुर्सी उठा लाया।

जोन का चेहरा एकदम सुर्ख़ हो आया था। अपोस्तल उसकी ओर देखता हुआ मुस्करा रहा था।

"जोन, शरमाओ नहीं। इन्हें घमंड छू नहीं गया...हालाँकि इतनी कम उम्र में एथन्स-ऑपेरा का प्रधान कंडक्टर बनना काफ़ी गर्व की बात है।"

"इनसे पूछो, बर्नो इन्हें कैसा लगा!" जोन ने कहा।

मैंने अपना मुँह अपोस्तल की तरफ़ मोड़ लिया, "हो माक्रोबोस ऑफ्तखाय बर्नो?"

अपोस्तल ने चन्द ग्रीक शब्द कहे और मैंने बिना समझे उनका अनुवाद किया, "वह कह रहे हैं कि उन्हें यह शहर बहुत पसन्द आया है और जब से उन्होंने तुम्हें देखा है, उन्हें यह शहर नेपल्स से भी ज़्यादा ख़ूबसूरत लगने लगा है, जहाँ वह अक्सर बचपन में जाते थे।"

जोन के कपोल गहरे लाल हो गए, किन्तु उसने अपनी आँखें नीचे नहीं झुकाईं।

अपोस्तल ने दुबारा चन्द ग्रीक शब्द कहे।

मैंने कहा, "वह पूछ रहे हैं, तुम आजकल क्या कर रही हो?"

"मैं गाना सीख रही हूँ," जोन ने कहा।

"माक्रोस कान्ताते," मैंने अपोस्तल से कहा।

अपोस्तल ने आश्चर्य से अपनी आँखें ऊपर उठाईं और ग्रीक शब्दों में एक वाक्य कहा। ईश्वर ही जानता है, वह बार-बार कौन-सा वाक्य दुहरा रहा था। मेरे लिए वह हमेशा एक रहस्य बना रहेगा।

वह क्या कह रहा था, मैं कभी नहीं जान पाऊँगा और इसीलिए आप भी नहीं।

"वह कह रहे हैं..." मैंने कहा, "कि स्त्रियों के लिए गायन-विद्या से ज़्यादा ख़ूबसूरत कोई दूसरी विद्या नहीं है।"

"उनसे पूछो, आजकल एथन्स-थियेटर में कौन-सा ऑपेरा दिखाया जा रहा है?" जोन ने कहा।

मैंने पूछा, "होप्लीतोय तोय समोय गेलास्तिके अनेर आन्द्रोस?" अपोस्तल ने शब्द कहे।

मैंने अनुवाद किया, "एथन्स के रॉयल-थियेटर में वह आजकल कुछ प्राचीन ग्रीक-ऑपेरा प्रस्तुत कर रहे हैं। प्राचीन ग्रीक-ऑपेरा की नींव पर ही बाद में यूरोपीय-ऑपेरा का निर्माण हुआ। तुम ग्रीक-ऑपेरा के बारे में तो जानती ही होगी—क्यों?"

जोन ने उत्तर दिया, "हाँ...थोड़ा-बहुत जानती हूँ।"

"वह अभी इस बात पर ख़ेद प्रकट कर रहे थे कि हमारे देश में प्राचीन ग्रीक-ऑपेरा बहुत लोकप्रिय नहीं है। तुम इस बारे में क्या सोचती हो?"

जोन एक क्षण के लिए तनिक झिझकी, फिर उसने कहा, "इनसे कहो कि हमारे देश में अच्छी आवाज़ ही नहीं है। हमारे यहाँ ऑपेरा में लोग गाते नहीं, चिल्लाते हैं। ज़्यादातर ऑपेरा-गायकों की आवाज़ें फटे बाँस की तरह हैं और वे इसीलिए बहुत-से पार्ट अच्छी तरह अदा नहीं कर सकते। वाग्नर के ऑपेरा भी यहाँ इसीलिए असफल रहे हैं।"

मेरे लिए हमेशा यह गहरे आश्चर्य का विषय रहा है कि जिन चीज़ों के बारे में जोन को रत्ती-भर ज्ञान नहीं है, या वे चीज़ें जिनका अस्तित्व ही नहीं है, उनके बारे में वह तुरन्त कितनी स्पष्ट और निश्चित धारणाएँ व्यक्त कर सकती है। प्राचीन ग्रीक-ऑपेरा का अस्तित्व नहीं है, वह मेरे दिमाग़ की ही उपज है, बिना इसकी चिन्ता किये उसने उसकी तुलना वाग्नर से कर डाली और वह भी शायद इसलिए कि उसने आज तक वाग्नर का कोई ऑपेरा नहीं देखा था। बर्नो में उसके जीवनकाल में वाग्नर का एक भी ऑपेरा प्रस्तुत नहीं किया गया था।

मैंने उसकी बात 'अनुवाद' कर डाली।

अपोस्तल ने गम्भीर भाव से सिर हिलाया और फिर कुछ शब्द कहे।

"वह कह रहे हैं कि अभी कुछ दिन पहले उन्होंने बर्लिन में प्राचीन ग्रीक कम्पोज़र ऑलिम्पीज़ का ऑपेरा 'अखिलिया' प्रस्तुत किया था। वहाँ लोगों को बहुत पसन्द आया। वह तुम्हें उस ऑपेरा के कुछ संगीत-अंश दिखाना चाहते हैं।"

जोन की आँखें फैल गईं।

"ग्रीक-ऑपेरा में केवल स्त्रियाँ ही गाती थीं क्योंकि प्राचीन एथन्स में पुरुषों को गाने की इजाज़त नहीं थी...यह तो शायद तुम जानती ही हो?"

"हाँ," जोन ने कहा।

अपोस्तल ने फिर कुछ शब्द कहे।

मैंने अनुवाद किया, "प्राचीन ग्रीस में देवियों की बातचीत गायन द्वारा ही होती थी। देवता बोलते थे और देवियाँ गाते हुए जवाब देती थीं। इसीलिए प्राचीन-ग्रीक ऑपेरा में गाने के पार्ट स्त्रियों को ही दिये जाते थे।"

"मुझे मालूम है," जोन ने कहा।

"वह कह रहे हैं कि तुम्हारा चेहरा बहुत-कुछ गाती हुई एफ्रोडाइट से मिलता-जुलता है जिसका चित्र पिंडारस ने बनाया था। एफ्रोडाइट के बाल तुम्हारे बालों की तरह सुनहरे, आँखें तुम्हारी आँखों की तरह नीली और चेहरा तुम्हारे चेहरे की ही तरह छोटा था। वह कहते हैं कि ग्रीक-चित्रकारों की आँखों में सौन्दर्य की कल्पना उसके सौन्दर्य से बिलकुल उलटी थी, जो उन्हें अपने देश की लड़कियों में दिखाई देता था।"

"ग्रीक लड़कियाँ बहुत सुन्दर होती हैं," जोन ने कहा।

"हैलेनोई कालोइ एस्तिन," मैंने अनुवाद किया। अपोस्तल ने कुछ और शब्द कहे।

"वह कह रहे हैं कि तुम्हारा मुँह देखकर उन्हें 'ऑफ्ताकिये' फूल का स्मरण हो आता है। यह फूल ग्रीस के समुद्री-तट पर उगता है।"

जोन ने फिर कुछ कहा, अपोस्तल ने उत्तर दिया और मैं अनुवाद करता रहा। अनुवाद का काम जितना बढ़ता गया, मेरा स्वर भी उतना ही गम्भीर होता गया। अपने मित्र की ओर से मैं जोन की प्रशंसा के पुल बाँधने लगा। मेरी ज़बान पर जो कुछ भी आता, मैं बे-झिझक कह देता। एड़ी से बालों तक मैं उसके अंग-प्रत्यंग की तुलना अजीबोग़रीब चीज़ों से करने लगा। जोन बेसुध-सी होकर मेरा 'अनुवाद' सुनती रही। उसके सौन्दर्य की तुलना मैं ग्रीक देवियों, फूलों, ग्रीक सागर के ऊपर उड़नेवाले बादलों से करने लगा। उपमाओं की इस उड़ान में मैंने ग्रीक जानवरों को भी नहीं छोड़ा, जिनके नाम मैंने

बातों-ही-बातों में खोज निकाले...नामों के अलावा उनकी अन्य विशेषताओं का भी विवरण दिया जिनकी तुलना जोन के सौन्दर्य से की जा सकती थी, जैसे उनकी गहरी, विजयपूर्ण आँखें, उनकी शानदार, गौरवपूर्ण चाल।

मुझे लगा मानो मैं सिरानो[1] हूँ। मेरी ख़ुशी का ठिकाना नहीं था...ज़िन्दगी में पहली बार जोन मेरे एक-एक शब्द को ध्यान से सुन रही थी...बिलकुल खोई हुई, समर्पित, निढाल, मंत्रमुग्ध मुद्रा में।

अन्त में मैंने कहा, "संगीत-आचार्य तुम्हारी आवाज़ सुनना चाहते हैं। क्या तुम उन्हें कुछ गाकर सुनाओगी नहीं?"

जोन की साँस जैसे बीच में ही रुक गई, "मुझे ख़ुशी होगी...लेकिन कहाँ?"

"ओरीखा...मैं काय हा किया?" मैंने अपोस्तल की ओर उन्मुख होकर अनुवाद किया।

अपोस्तल ने शब्द कहे और मैंने 'अनुवाद' किया, "जोन, तुम जानती हो, तुम्हारे लिए मैं सब कुछ कर सकता हूँ। तुम दोनों मेरे कमरे में चलो। वहाँ पियानो भी है। मैं पियानो पर तुम्हारा साथ दूँगा और आचार्य अपोस्तल तुम्हारा स्वर सुनेंगे।"

यही हुआ। हम ट्राम में बैठ गए। आचार्य अपोस्तल ने ख़ेद प्रकट किया कि वह अपनी कार नहीं ला सके। ट्राम के भीड़-भक्कड़ में हम सिकुड़कर खड़े थे। ग्रीक-आचार्य ने कहा कि एथन्स की ट्रामों में यहाँ से भी अधिक भीड़ होती है। जोन ने कहा कि यहाँ की हालत तो भयानक है। स्पष्ट जान पड़ता था कि उसे अपने शहर की बुराइयों पर कितनी शर्म आ रही है, मानो कोई उसके अपने कपड़ों की ही बुराई कर रहा है। किन्तु आचार्य ने कहा है कि उन्हें ख़ुशी है कि चेक लोगों को इतने निकट से देखने का अवसर उन्हें मिल रहा है। वैसे भी उन्हें आम लोग पसन्द हैं।

कुछ देर बाद वे कमरे में विद्यमान थे। जोन कुछ देर तक संकोच में आनाकानी करती रही किन्तु ग्रीक-'आचार्य' उसे बराबर प्रोत्साहित करते रहे।

---

1. स्पेन के एक सुप्रसिद्ध नाटक का नायक।

मैं पियानो के सामने बैठा था। 'रुज़ाल्का' का संगीत-स्कोर मुझे उन दिनों से याद था, जिनकी अब केवल दुःखद स्मृति ही रह गई थी। मैंने पियानो पर धुन छेड़ी और जोन ने गाना शुरू कर दिया।

अपोस्तल आरामकुर्सी पर बैठा था और कान लगाकर सुन रहा था। मुझे आपको यह बताना ही होगा कि मेरे ग्रीक-मित्र ने अपनी ज़िन्दगी में कभी भूलकर भी थियेटर के भीतर क़दम नहीं रखा था। मैं यह बात कोई बुरी मंशा से नहीं कह रहा हूँ। यह स्वाभाविक ही था। अपना छुटपन उसने ग्रीस के एक गँवई-गाँव में बिताया था। अठारह वर्ष की आयु में वह पार्टीज़ान बन गया, एक वर्ष तक पहाड़ों पर लड़ाई में संलग्न रहा, फिर ज़ख़्मी हुआ और यूगोस्लाविया और हंगरी की सीमाएँ पार करता हुआ अन्त में चेक-अस्पतालों में आकर शरण ली। इधर पिछले कुछ वर्षों में ही उसने पढ़ना-लिखना सीखा था। किताबें पढ़ने का शौक़ था। उसके अलावा अगर कोई दूसरा शौक़ था तो वह सिनेमा का। क़िस्से-कहानियों को सुनाने में उतनी ही दिलचस्पी लेता था, जितना उन्हें सुनने में। यही कारण था कि हम दोनों एक-दूसरे के इतने निकट आ गए थे। किन्तु थियेटर ने उसे कभी आकर्षित नहीं किया...ऑपेरा किसे कहते हैं, इस बारे में भी उसकी कल्पना काफ़ी धुँधली थी। शायद यही कारण था कि इस समय वह ज़रूरत से ज़्यादा गम्भीर होकर जोन का स्वर-आलाप सुन रहा था।

गाना ख़त्म हुआ। अपोस्तल ने अपनी राय प्रकट की और मैंने जोन के लिए अनुवाद किया, "आचार्य कहते हैं कि तुम्हारे स्वर में अन्तहीन सम्भावनाएँ भरी हैं। कच्चे माल के रूप में तुम्हारी आवाज़ अद्‌भुत है। दुर्भाग्यवश तुम्हारे शिक्षक ज़्यादा योग्य नहीं हैं।"

जोन का मुँह विस्मय से खुला रह गया, "बिलकुल ठीक है। कितनी जल्दी इन्होंने जान लिया। काश, अगर मुझे कोई अच्छा-सा शिक्षक मिल पाता! लेकिन यहाँ हमारे मुल्क में? यहाँ कुछ भी नहीं।"

"आचार्य की राय में तुम्हारी आवाज़ और आगे जानी चाहिए...सिर तक! समझीं?"

"हाँ..." जोन ने कहा।

"आचार्य कहते हैं कि तुममें गहरी प्रतिभा है...उन्होंने 'रेरॉस म्यूज़िकालोस' शब्द का इस्तेमाल किया है, जिसका मतलब है, संगीत की विलक्षण प्रतिभा।"

"हाँ..." जोन ने कहा।

"वह कहते हैं कि अगर तुम चाहो तो वह एथन्स में तुम्हारे गाने की व्यवस्था करने में मदद कर सकते हैं?"

एक क्षण के लिए जोन साँस नहीं ले सकी। उसकी आँखें अपोस्तल के चेहरे पर उठ आईं—कृतज्ञता और सम्मान से भरी हुई।

"वह कुछ और सुनना चाहेंगे। तुम एक-दो चीज़ें और गा सकती हो?"

"हाँ," जोन का स्वर प्रसन्न आत्मसजगता से भरा था, "मैडलसोहन का वह राग तो ज़रा बजाकर देखो..."

"जोन डियर...मैं अब कुछ नहीं बजा सकूँगा। छह बज रहे हैं और दुर्भाग्यवश मुझे एक ज़रूरी काम से बाहर जाना है।"

"तुम भी कमाल करते हो! इतना क्या ज़रूरी काम आ पड़ा? किसी और दिन के लिए नहीं छोड़ सकते?" उसका स्वर एक मूक किन्तु स्पष्ट नाराज़ी में भरा था।

"जोन डियर, मेरे लिए यह बहुत महत्त्वपूर्ण चीज़ है।"

"मैं जानना चाहूँगी, इस वक़्त तुम कौन-सी ऐसी 'महत्त्वपूर्ण चीज़' के पीछे भागना चाहते हो?" उसके स्वर में गहरी घृणा उमड़ आई थी।

हाँ, समूची अवधि में, जब से वह मुझे जानती आई थी, यह पहला अवसर था जब उसे मेरी उपस्थिति का आभास मिलता था। उसे मेरी ज़रूरत थी। शायद उसे 'उस महत्त्वपूर्ण चीज़' के प्रति एक क़िस्म की ईर्ष्या भी हुई थी, जिसे मैं जोन से अधिक महत्त्व दे रहा था। यह मेरे आत्म-गौरव का क्षण था और मैं यथासम्भव आनन्द उठाना चाहता था क्योंकि मुझे मालूम था कि यह क्षण मुझे ज़िन्दगी में पहली और अन्तिम बार मिला है। वह अधिक देर तक नहीं टिक सकता था।

"जोन, सुनो!" मैंने कहा, "मैं समझता हूँ कि तुम मि. अपोस्तल को

कुछ और गाकर सुनाना चाहती हो। तुम दोनों यहाँ ठहर सकते हो...मुझे इसमें कोई एतराज़ नहीं है। कुछ देर बाद मैं लौट आऊँगा।"

"कार उस्ताखोय होपलेते अफ्रोदिते अथूने उ पार्थो निया। काय गेला खोय ओमनेस तेतराखोय गलाकतेस। उर्शूला मिकरा!" मैंने अपोस्तल से कहा और उन दोनों से विदा लेकर बाहर चला आया।

चार घंटे बाद मैं वापस लौट आया। जोन का चेहरा ख़ुशी से चमक रहा था और अपोस्तल सातवें आकाश में दिखाई दे रहा था। उन्होंने मेरी ओर अधिक ध्यान नहीं दिया और वे जल्दी से बाहर चले गए। अगर आपको यह क़िस्सा एक चुटकुला-सा जान पड़ता है, तो अब इसके समाप्त होने में ज़्यादा देर नहीं है। यों केवल सतही-तौर से देखने पर ही यह चुटकुला प्रतीत होता है। जिस चुटकुले पर आप कभी हँसे हों, उसे कभी आपने भीतर से खोलकर देखा है? आपको वह काफ़ी उदास नज़र आएगा। जिस क़िस्से को मैंने अभी सुनाया है, वह चुटकुला नहीं है। ज़िन्दगी चुटकुला नहीं है, हालाँकि उसके भीतर बहुत-से चुटकुले जन्म लेते हैं। जोन और अपोस्तल का क़िस्सा अभी समाप्त नहीं हुआ और न ही मेरे क़िस्से का अभी अन्त हुआ है।

ज़िन्दगी भी एक विचित्र विरोधाभास है। हमारे कामों का जो अर्थ निकलता है, वह प्राय: उससे बिलकुल उलटा होता है, जो हम शुरू में उन्हें देना चाहते थे। लगता है, हमारे काम हमसे बिलकुल अलग अपनी एक स्वतंत्र ज़िन्दगी जीते हैं, जिनका हमसे कोई सम्बन्ध नहीं। मैं अपने मित्र अपोस्तल को ख़ुश करना चाहता था, जोन से बदला लेना चाहता था और अपने लिए मनोरंजन का साधन ढूँढ़ना चाहता था। लेकिन सफलता मुझे किसी में नहीं मिली, न पहले काम में, न दूसरे में और न ही तीसरे में।

उसी रात अपोस्तल मेरे कमरे में आया था। उसकी ख़ुशी का अन्त नहीं था। आँखें चमक रही थीं, "प्यारे एडोल्फ़, लाजवाब लड़की है! मैं आज तक कभी ऐसी लड़की के साथ नहीं सोया। उसका मांस...आह, जैसे फूल हो।"

"अपोस्तल...क्या हुआ? सारी बात खोलकर कहो," मैंने पूछा।

मेरा स्वर एक अजीब कातर पीड़ा से थरथरा रहा था।

क्या कहा? कातर पीड़ा? हाँ—यह सच था...वह पीड़ा थी। जोन को लेकर मेरे भीतर जो पुराना घाव दबा था, पिछले दिनों वह एक बार फिर से दुखने लगा था। मेरे ख़याल उसकी तरफ़ भटक जाते थे और मुझे लगता था, जैसे मैं किसी आग में झुलस रहा हूँ। शुरू-शुरू में मुझे यह ख़याल बहुत दिलचस्प लगता था कि अपोस्तल अपना वेश बदलकर जोन-जैसी अप्राप्य, आकर्षक लड़की को अपने वश में कर सकेगा...यह ख़याल मेरी बुद्धि को उत्तेजित करता था। किन्तु ज्यों-ज्यों घड़ियाँ बीतती गईं, मेरा मन एक विवश-सी वेदना में डूबने लगा।

यह बात मैंने आपसे नहीं कही। कुछ देर पहले जब मैं इस हास्यास्पद क़िस्से की घटनाएँ आपको सुना रहा था, मैंने सिर्फ़ इतना कहा था कि जोन को अपने मित्र के साथ अकेले कमरे में छोड़ने से पहले मेरे मन में हल्की-सी पीड़ा हुई थी। लेकिन अगर मैं उसे सिर्फ़ 'हल्की-सी पीड़ा' कहूँ, तो वह सच नहीं होगा। मैं काफ़ी पीड़ित हुआ था। मैं बहुत पीड़ित हुआ। मैं भयानक-रूप से पीड़ित हुआ था।

शायद आपको यह जानने में दिलचस्पी हो कि मैं बाहर चार घंटों तक क्या करता रहा? मैं कहीं नहीं गया, न सिनेमा में, न कॉफ़ी हाउस में, भूरे बालोंवाली लड़की के पास भी नहीं और न ही किसी दोस्त को ढूँढ़ने की कोशिश की। मैं सड़कों पर चक्कर काटता रहा। बर्नो का कोई गली-कूचा, कोई मुहल्ला मैंने नहीं छोड़ा। मैं निरन्तर जोन के बारे में सोच रहा था। मेरे मन में कई बार ख़याल आया कि सारी चीज़ को रफ़ा-दफ़ा करके ज़ोर से हँस पड़ूँ। आख़िर मैंने अपने मनोरंजन के लिए ही तो सारा ड्रामा रचा था। किन्तु मुझे हँसी नहीं आ सकी। मुझे लग रहा था कि अगर मैं ज़ोर-ज़बरदस्ती करके हँसने भी लगूँ, तो वह हँसी ख़ुद मेरे चेहरे को विकृत कर देगी, मेरी आत्मा को छीलती जाएगी।

मैं बार-बार अपने को यह आशा दिला रहा था कि जोन अपने को अछूत रख सकेगी। किन्तु दूसरे क्षण ही मेरी आँखों के सामने वे सब तफ़सीलें उभर आतीं जो वे दोनों अकेले कमरे में कर सकते थे...और वह सब कुछ—

जो हमारी योजना के अनुसार उन्हें करना भी चाहिए था। मैं अपने को उन काल्पनिक तफ़सीलों से छुटकारा नहीं दिला पा रहा था। अपने चेहरे पर मुझे एक गहरी पीड़ा और सन्ताप की जलन महसूस हो रही थी। जब वह पीड़ा मेरे लिए असह्य हो जाती, तो मैं दुबारा नये सिरे से आशा करने लगता कि अपोस्तल को उसमें सफलता नहीं मिलेगी, जिसके लिए मैंने ख़ुद इतनी चतुराई से सब तैयारी की थी।

किन्तु जब वापस लौटकर मैंने उन्हें देखा, मुझे अपनी आशा बेकार-सी जान पड़ी। उनके चेहरों पर सब कुछ साफ़ दिखाई दे रहा था। वह मेरे लिए एक अत्यन्त कटु क्षण था। उनकी ख़ुशी कील की नोक की तरह मेरे दिल में घुस रही थी।

आप पूछेंगे, आख़िर मैंने यह सब क्यों और किसलिए किया? इस ऊलजलूल गोरखधन्धे से मुझे क्या हासिल होना था? लेकिन प्रेम का अपना विचित्र तर्क होता है—या अपनी तर्कहीनता। पिछले दिनों मेरे और जोन के बीच एक ख़ामोशी सिमट आई थी...एक असह्य ख़ामोशी। मैं चाहता था, कुछ हो। कुछ भी। कुछ होना कुछ भी न होने से बेहतर था। मैं किसी-न-किसी तरह उस शून्यता को तोड़ना चाहता था, जो हम दोनों के बीच फैल गई थी। मैं उससे बोलना चाहता था, उसे देखना चाहता था, उसे बेवक़ूफ़ बनाना चाहता था, उसे पीड़ा देना चाहता था और अपने को भी पीड़ित करना चाहता था। कोशिश यही थी कि किसी तरह वह ख़ामोशी भंग हो सके। आप समझ रहे हैं, जो मैं कहना चाहता हूँ।

क्योंकि दरअसल आदमी कभी अपने प्रेम का माप नहीं जानता। वह हमेशा छिपा रहता है। कुछ ख़ास क्षणों में जब वह प्रकट होता है तो हम उसकी लघुता या विराटता देखकर हैरान-से हो जाते हैं। मैं स्वयं बहुत हैरान-सा हो गया था, जब मुझे पता चला कि इस दौरान मैं बराबर जोन से प्रेम करता रहा हूँ—एक ऐसा प्रेम, जो कोई उम्मीद नहीं देता।

और अपोस्तल? वह मेरी ही तरह उस जाल में फँस गया था। मैं कभी-कभी सोचता हूँ कि आख़िर ऐसी कौन-सी चीज़ उस लड़की में है?

वह बेवक़ूफ़ है...निरी बेवक़ूफ़, यह मैं अच्छी तरह जानता हूँ। मुझे कई बार इसका प्रमाण मिल चुका है, किन्तु मैंने इससे कभी कोई सबक़ नहीं सीखा। मेरे दिल पर कभी इसका कोई प्रभाव नहीं पड़ा। बेवक़ूफ़ी भावना के दायरे में नहीं आती। कोई व्यक्ति कितना बेवक़ूफ़ है और कितना समझदार...हमारे दिल को इससे कोई सरोकार नहीं। दिल कमोबेश ख़ुद काफ़ी बेवक़ूफ़ होता है और इसलिए ज़्यादातर बेवक़ूफ़ी का साथ देता है। आप सोचते हैं, मैं फिर अपनी बात को बढ़ा-चढ़ाकर कह रहा हूँ? शायद मैं अपने वश में नहीं हूँ।

अपोस्तल भी लगभग वैसा ही है, जैसा मैं हूँ। उस रात ख़ुशी में विभोर होकर उसने समूची घटना का ब्योरा मुझे विस्तार से सुनाया था। जब शब्द साथ छोड़ देते थे, तो वह इशारों से समझाने की कोशिश करता।

"एडोल्फ़, उसने ज़रा भी टालमटोल नहीं की। मैं ख़ामोश रहने में मजबूर था इसलिए उससे कुछ कह नहीं सकता था। मैं चुपचाप उसके पास गया और उसे अपनी बाँहों में बाँध लिया। उसने कुछ नहीं कहा। वह सिर्फ़ मुझे देखती रही। मैं उसे चूमने लगा और उसने कुछ नहीं कहा। उसने अपने को मुझ पर छोड़ दिया था...समझे, एडोल्फ़? उसे नहीं मालूम था कि मैं चेक समझता हूँ और एडोल्फ़, उसने प्यार करते हुए ऐसी-ऐसी बातें कहीं जिन्हें दुहराना नामुमकिन है।"

"कैसी बातें?" मैंने घुटते स्वर में पूछा।

"प्यारे एडोल्फ़...ऐसी बातें, जो आज तक किसी औरत ने मुझसे नहीं कीं। 'मेरे प्राण', उसने कहा, 'मेरे सर्वस्व, मैं ज़िन्दगी भर तुम्हारी प्रतीक्षा करती रही हूँ, सिर्फ़ तुम्हारी प्रतीक्षा...और मैं अब ज़िन्दगी में कुछ और नहीं चाहती, मैं अब किसी दूसरे से प्रेम नहीं कर सकूँगी...' और प्यारे एडोल्फ़... एक बात और...वह किसी दूसरे के साथ कभी नहीं रही...क्या कहते हैं चेक में...यानी अभी तक उसने..."

"कुँवारी..."

"हाँ...मुझे काफ़ी होशियारी से काम लेना पड़ा। कहीं मेरे मुँह से कोई चेक शब्द न निकल जाए, इसलिए मेरी समझ में नहीं आता कि तुम्हें अब क्या बताऊँ? मुझे सचमुच कुछ समझ में नहीं आ रहा है..."

"तुम अब सन्तुष्ट हो गए न?" मैंने रूखे गले से कहा।

"प्यारे एडोल्फ़, तुम असली दोस्त हो! दोस्त हो, तो तुम्हारे-जैसा। वह बराबर बोलती गई...बाद में वह लेट गई और कहने लगी, 'मैं जो कुछ कह रही हूँ, तुम नहीं समझोगे, लेकिन कम-से-कम मैं बोल सकती हूँ।' उसने जो कुछ कहा, उसकी कल्पना तुम नहीं कर सकते। और मैं सब कुछ समझ रहा था। उसने मुझसे कहा कि उसने आज तक कभी दूसरे से प्रेम नहीं किया क्योंकि प्रेम एक महान चीज़ है और वह छोटा-मोटा प्रेम नहीं चाहती, सिर्फ़ महान प्रेम चाहती है और उसने मुझसे कहा कि अखिलिस, मैं जानती हूँ कि तुम मुझे भूल जाओगे लेकिन मुझे इसकी चिन्ता नहीं है क्योंकि मैं तुम्हें चाहती हूँ और वह मुझे अखिलिस के बजाय बराबर 'अखिलिच्कू', 'अखिलिच्कू' कहती रही और प्यारे एडोल्फ़, मैं उससे ग्रीक के कुछ शब्दों के अलावा कुछ नहीं कह सकता था और वह उन्हें नहीं समझती थी।"

अपोस्तल देर तक मुझे अपने रोमांचकारी अनुभव के बारे में बताता रहा, किन्तु मुख्य बातें मुझे पता चल चुकी थीं। जो हुआ था, उसे समझना मुश्किल नहीं था। जोन ने अपनी ज़िन्दगी के सबसे सुन्दर क्षण जिए थे। उसे विश्वास था कि प्यार का स्वर्ण-रथ उसके लिए आएगा। उसने स्वर्ण-रथ को देखा था...और उसके साथ अपने प्यार को भी।

अपोस्तल अपनी बात सुनाता रहा...और अन्त में उसने कहा, "एडोल्फ़, सुनो...मैं उस लड़की से फिर मिलना चाहता हूँ।"

"अपोस्तल भाई...अब यह मुमकिन नहीं है। संगीत-कंडक्टर अखिलिस अपोस्तोलोस कल सुबह प्राग जा रहे हैं और फिर वहाँ से सीधे एथन्स।"

"एडोल्फ़...तुम कोई दूसरी तरकीब नहीं निकाल सकते? मैं सचमुच उससे दुबारा मिलना चाहता हूँ।"

किसी तरह मैंने उसे समझा-बुझाकर विदा किया, किन्तु दो दिन बाद ही वह फिर मेरे कमरे में आ टपका।

"प्यारे एडोल्फ़!" उसने छूटते ही कहा, "मैं उस लड़की, अपनी उस शहज़ादी से फिर मिलना चाहता हूँ। उसके बिना मेरी नींद, खाना-पीना सब छूट गया है। मैं उसके बिना जी नहीं सकता।"

उसके स्वर में गहरी व्यथा भरी थी। उसने मेरे पलंग से तकिया उठा लिया और अपनी बाँहों में उसे जकड़कर धीरे-धीरे कराहने लगा, "प्यारी जोन, मेरी जान...तुम कहाँ हो? देखो, यह अखिलिस है...जिसे तुमने प्यार किया था...और अब मैं तुम्हें बुला रहा हूँ। जोन डार्लिंग..."

अपोस्तल ने तकिया पलंग पर फेंक दिया, "प्यारे एडोल्फ़, तुम ही बताओ, मैं क्या करूँ?"

कुछ भी नहीं किया जा सकता था। ज़्यादा-से-ज़्यादा यह हो सकता था कि मैं किसी तरह संगीत-कंडक्टर अपोलस को दुबारा बर्नो में आमंत्रित करने का 'ड्रामा' आयोजित करूँ, लेकिन यह ख़तरे से ख़ाली नहीं था। इसके अलावा मुझे बेकार अपने को पीड़ित करने में कोई ख़ास दिलचस्पी नहीं रह गई थी।

"मैं उससे मिलूँगा और सारी बात खोलकर उसे बता दूँगा," अपोस्तल ने कहा।

"अपोस्तल," मैंने कहा, "मेरी राय पूछो, तो ऐसा करना अब उचित नहीं होगा।"

किन्तु अपोस्तल पर मेरी राय का कोई प्रभाव नहीं पड़ा। जब प्रेम का ज़हर भीतर-ही-भीतर फैलने लगता है, तो कोई राय काम नहीं देती। एक दिन वह संगीत-स्कूल के सामने जाकर जोन की प्रतीक्षा करने लगा। जब वह बाहर आई, उसका दिल एकबारगी ठहर-सा गया और फिर तेज़ी से धड़कने लगा। वह जोन के पीछे-पीछे भागने लगा, "मिस जोन, मिस... आप मुझे पहचानती नहीं?"

जोन ने सरसरी दृष्टि से उसकी ओर देखा और फिर अपना मुँह मोड़ लिया। और उसने एक क्षण के लिए भी नहीं सोचा कि वह कभी ऐसे आदमी से परिचित हो सकती है, जिसकी पैंट में क्रीज़ नहीं है, भद्दे डील-डौलवाला गँवार, जो लड़खड़ाती चाल से उसके पीछे आ रहा है। नहीं, वह उसे बिलकुल नहीं पहचान सकी। उसने सोचा, कोई आदमी उसे छेड़खानी करने की कोशिश कर रहा है। उसने अपनी चाल तेज़ कर दी। अपोस्तल कुछ देर तक उसके

पीछे-पीछे चलता रहा, किन्तु उसके प्रति जोन की ठंडी उदासीनता बिलकुल स्पष्ट रूप से झलक रही थी। वापस लौट आने के अलावा कोई दूसरा चारा नहीं था।

जब वह मेरे पास आया, तो अत्यन्त दुखी और निराश दीख रहा था।

हम दोनों ही दुखी थे।

हम दोनों प्रेम करते थे।

हम दोनों एक बेवक़ूफ़ और ऊँची आत्मावाली लड़की से प्रेम करते थे।

और जोन?

वह आश्चर्यमय लड़की सुखी थी।

उसके बाद भी मुझे कई बार उससे बातचीत करने का अवसर मिला था। आपको शायद यह जानकर आश्चर्य होगा कि उसने कभी उस घटना के बारे में कोई लज्जा प्रकट नहीं की...मुझे सब कुछ मालूम था, यह जानते हुए भी। प्रेम कैसे एक लड़की को अभिमानपूर्ण, गर्विता नारी में बदल देता है, जोन को देखकर मुझे यह अहसास पहली बार हुआ था। वह अब मुझे कुछ इस तरह देखा करती थी, जैसे पहाड़ की चोटी पर खड़ा आदमी नीचे चलनेवाले आदमियों को देखता है। प्रेम ने सहसा उसे अत्यन्त गौरवपूर्ण बना दिया था। उसे अब हर चीज़ सुन्दर और अस्पृश्यनीय-सी जान पड़ती थी। अपने प्रेम की विराटता के सम्मुख उसे दूसरी चीज़ें इतनी तुच्छ और नगण्य-सी जान पड़ती थीं कि उनके सामने शरमाने का प्रश्न ही उत्पन्न नहीं होता था।

एक महीने बाद ही उसे पता चल गया कि वह माँ बननेवाली है। उसके बच्चा होगा—इस विचार से ही उसकी देह और आत्मा आलोड़ित-सी हो उठीं। बच्चा...उसने कभी उससे छुटकारा पाने का इरादा नहीं किया। उन दिनों ऑपरेशन करवाना ग़ैर-क़ानूनी था और चोरी-चुपके करवाने के लिए तीन-चार हज़ार क्राउन देने पड़ते थे। किन्तु यह मुख्य कारण नहीं था। वह स्वयं ही बच्चे को रखना चाहती थी। एक बार मैंने परोक्ष रूप से उसके सामने इस बात का संकेत किया था कि अगर वह ऑपरेशन करवाना चाहे तो मैं उसकी मदद कर सकता हूँ किन्तु उसने मुझे एक ऐसी गहरी घृणा

और हिक़ारत की दृष्टि से देखा था कि मुझे आगे कुछ कहने का साहस न हो सका।

आशा की सबसे ऊँची मंज़िल में रहनेवाली वह अभिमानी लड़की! वह अभिशप्त सृजन-कामना! सृजन का वह सुखद आह्लाद! अपनी विचित्र बेवक़ूफ़ी में लिपटा वह सुन्दर-सृजन। हाँ, सुन्दर। मेरी इस बात में ज़रा-सा भी व्यंग्य नहीं है। उस लड़की में कुछ था, जो निर्मल था। जब प्रेम किया, तो पहली बार ही अपने को समर्पित कर दिया और जहाँ प्रेम नहीं था, वहाँ कभी समझौता नहीं किया। प्रेम करते समय उसने इस बात की क़तई चिन्ता नहीं की, कि कभी वह महज़ एक झूठा भ्रम या धोखा साबित हो सकता है।

फिर बच्चे का जन्म हुआ। उसने अपनी सहेलियों से कहा कि उस बच्चे के पिता एक महान् पुरुष हैं, वह अक्सर उसे चिट्ठी भेजते हैं, उसे प्यार करते हैं और एक दिन वह अवश्य लौटकर उसके पास आएँगे। पिता के नाम पर ही पुत्र का नामकरण हुआ है—अखिलिस। बच्चे की शक्ल-सूरत भी बिलकुल बाप पर गई है—काले बाल, काली आँखें, दक्षिण-प्रदेशों का निवासी। लेकिन आपने तो उसे देखा ही है। बहुत ख़ूबसूरत लड़का है। माँ को उस पर गर्व हो सकता है—गर्व है भी।

लेकिन मेरी हालत शोचनीय है।

अगर मैं जोन को देखना और उसके बारे में सोचना बन्द कर देता, तो शायद वह घाव धीरे-धीरे भर जाता जो उसने मेरे दिल पर छोड़ दिया था। मैं यूँ उसके बारे में सब कुछ भूल जाता। किन्तु ऐसा हुआ नहीं। जो षड्यंत्र मैंने उसके लिए रचा था, उसने नये सिरे से मुझे उसकी तरफ़ खींच दिया। हर चीज़ रह-रहकर मुझे उसकी याद दिला जाती थी—अपोस्तल का उत्पीड़ित चेहरा, जोन के गर्भ के सम्बन्ध में लोगों की कानाफूसी, मेरी आत्मा की दुत्कारें। अपने मस्तिष्क से उसकी स्मृति उखाड़कर फेंक देना मेरे वश के बाहर था। वह मेरे और निकट चली आई थी। घटनाओं के रहस्यपूर्ण कुचक्र ने मुझे उसकी ज़िन्दगी, उसकी नियति का एक अदृश्य सहभोक्ता बना दिया था। वह अब सचमुच 'मेरी' जोन बन गई थी। बेवक़ूफ़ी और अभिमान से

जुड़ी उसकी नियति एक अजीब ढंग से मेरी नियति का ही हिस्सा बन गई थी। मैं उसे प्यार करता था, लेकिन पहले से कुछ अलग ढंग से—उस प्यार में अब पश्चात्ताप और सहानुभूति भरी थी। उसे अपना बनाने की कामना भी अब पहले से कहीं अधिक तीव्र और प्रबल हो उठती थी।

मैं जानता था कि एक अविवाहित माँ की स्थिति बहुत-कुछ असुविधाजनक हो सकती है और मैं उसे बदलना चाहता था। इसके लिए मैं सब कुछ करने के लिए तैयार था। मैं इसके लिए भी प्रस्तुत था कि विवाह के बाद मैं उसके लड़के को भी अपने साथ रखूँगा। अगर आप मुझ पर हँसना चाहें, तो हँस सकते हैं, लेकिन मैं सचमुच उससे विवाह करना चाहता था और उस दिन की कल्पना में डूबा रहता था, जब हम एक-दूसरे के साथ रह सकेंगे। लोगों की नज़रों में मैं एक हास्यास्पद दूल्हा दिखाई दूँगा, इस बात की मुझे रत्ती-भर चिन्ता नहीं थी। न मुझे इस बात की चिन्ता थी, कि हमारा विवाह-मंडप लोगों की दृष्टि में एक हास्य-मंडप बन जाएगा। आख़िर विवाह-मंडप मेरी आँखों में हमेशा से ही अत्यन्त पवित्र और मानवीय रहा है—इसके नीचे हम एक-दूसरे के हो सकें, इससे बढ़कर मेरे लिए कोई दूसरी चीज़ महत्त्व की नहीं थी।

किन्तु जोन मुझे यह 'हास्यास्पद' उपहार देने को भी राज़ी नहीं हुई। वह अब मुझसे पहले से भी अधिक रूखे और रिक्त भाव से पेश आने लगी थी। कभी-कभी मैं बच्चे की 'प्रैम' उठाने में उसकी मदद कर देता था—इसके अलावा मुझे कोई सफलता नहीं मिली।

अब आप सब कुछ जान गए। देखिए, अपने मनोरंजन के लिए मैंने सब कुछ बिगाड़ दिया। समूचा खेल मैंने ही रचा था। मैं स्वयं इस घटना का 'ईश्वर' हूँ। लेकिन कैसा पीड़ित ईश्वर...!

पाखंडी

बोहुमिल हराबाल

बोहुमिल हराबाल*

[जन्म : 1914; निधन : 1997]

प्राग में क़ानून की शिक्षा समाप्त करने के बाद अनेक ऐसे धन्धे किये जिनका क़ानून या साहित्य से कोई सम्बन्ध नहीं था। समय-समय पर लोहे के कारख़ाने में मज़दूरी, पुराने काग़ज़ों के बंडल बाँधने का काम, कचहरी में क्लर्की, इंश्योरेंस कम्पनी के एजेंट की हैसियत से शहर-शहर की दौड़-धूप कर चुके हैं। वह एक ऐसे लेखक हैं जिन्होंने सचमुच सात घाट का पानी पिया है। उनके पहले कहानी-संग्रह 'गुदड़ी के लाल' (1963) ने ही उन्हें साहित्य की अग्रिम-श्रेणी में ला खड़ा कर दिया। उम्र में बुज़ुर्ग होने के बावजूद आज वह चेक-कथाकारों में सबसे अधिक नये और प्रयोगशील हैं। उनकी कथा-शैली, व्यंग्य और विषाद का अद्‌भुत सम्मिश्रण, लोकभाषा का अभूतपूर्व जीवन्त स्पर्श बरबस हाशेक का स्मरण करा देता है। अभी तक उनके दो लघु उपन्यास और दो कहानी-संग्रह प्रकाशित हो चुके हैं।

---

* सितम्बर, 1990 की प्राग-यात्रा में निर्मल जी ने सुप्रसिद्ध चेक लेखक बोहुमिल हराबाल को मुझे दिखाया। वह चार्ल्स स्क्वॉयर की एक बियर बार में बैठे थे, जहाँ का वह कोना बरसों से उनके लिए सुरक्षित रखा जाता रहा था। लम्बे-ऊँचे, गहर-गम्भीर, बुज़ुर्ग हराबाल को देखकर कोई उनके साहित्य में व्यंग्य की कल्पना नहीं कर सकता था। सन् 1977 में समाचार मिला, हराबाल नहीं रहे। बुढ़ापे की गफ़लत में वह अपने कमरे की खिड़की को दरवाज़ा समझकर कूद गए थे...।

—गगन गिल

"...आपने गिलास उठाकर दे मारा? फियाकरो बार में?"

"जी हाँ...फियाकरो बार में।"

"यह बार रटू पार्टस्का में तो नहीं है?"

"जी हाँ, वहीं है। जब तक मुझे किसी बात पर गुस्सा नहीं आ जाता था, मैं अख़बारों में एक लाइन भी नहीं लिख सकता था। आप विश्वास करें, कभी-कभी मुझे कुछ समझ में नहीं आता था कि मैं लिखूँ तो क्या लिखूँ...इसलिए मैं कभी-कभी ख़ुद दुर्घटनाओं को पैदा कर देता था। बाबी पिगालो में मैंने जानबूझकर एक आदमी को चाँटा दे मारा ताकि मैं उसके बारे में अख़बार के लिए एक छोटा-सा लेख लिख सकूँ। ज़रा देखिए, मैं जो किसी मुर्ग़ी को भी डरा नहीं सकता! 'ओरियंट बार' में एक बार मैंने एक तवायफ़ के साथ ख़ूब धुत्त होकर शराब पी ताकि 'प्राग-रात्रि' में अपना रिपोर्ताज छपवाकर कुछ पैसे कमा सकूँ। लेख का शीर्षक था : 'एक शराबी औरत की ट्रेजेडी'। प्राग की वेश्याओं के बारे में 'बाल नेगरे' में मेरा जो लेख प्रकाशित हुआ था, उसके एवज़ में मुझे जो कुछ मिला,

उसके बारे में मैं आपसे कुछ नहीं कहूँगा लेकिन अब मुझे याद आ रहा है कि एक बार 'टुनल' में..."

"वह 'टुनल' तिन शहर में तो नहीं थी?"

"हाँ...तिन शहर में?"

"अजी जनाब, वहाँ मुझे शानदार कामयाबी हासिल हुई थी। वहाँ मैंने जोहॉन स्ट्रास के ऑपेरा में दोस्तावेनिटको का पार्ट अदा किया था। उन दिनों मेरी आवाज़ में अजीब रंगीला सोज़ था।"

"आपको बधाई! हाँ—मैं आपसे कह रहा था कि उस रात मुझे अख़बार के लिए कोई माकूल चीज़ नहीं मिल सकी थी, हालाँकि 'पब' के बन्द होने का वक़्त नज़दीक आता जा रहा था। अचानक मेरी नज़र एक दाढ़ीवाले शख़्स पर जा पड़ी। मैंने उसके पास जाकर कहा—जनाब, आप बिलकुल जीसस क्राइस्ट दिखाई दे रहे हैं। मेरे यह कहने की देर थी कि उसने झट मुझे एक थप्पड़ रसीद किया। फिर आँखें तरेरकर ज़ोर से चिल्लाया, 'सूअर के बच्चे, जानता है, मैं कौन हूँ? मेरा नाम वर्बा है—वर्बा! मैं चेक-अराजकतावादी-संघ का प्रेसीडेंट हूँ।' मैंने फ़ोन करके पुलिस को बुला भेजा और मेरा लेख तैयार था : 'मशहूर पब में एक अराजकतावादी की एक पत्रकार के साथ मारपीट'। आपका सबसे प्रिय पार्ट कौन-सा था?"

"जी...'स्ताम्बुल का गुलाब' नामक ऑपेरा में मुझे अपना रोल हमेशा याद रहेगा। काश, आप मुझे उस समय देख सकते जब मैं रानियों के 'हरम' में खड़ा था! मेरी पोशाक का रंग आसमान के रंग की तरह नीला था। चारों तरफ़ गुलाबों को बिखेरता हुआ मैं जा रहा था... ख़ैर, छोड़िए...आप अपनी अख़बारनवीसी का कोई क़िस्सा सुनाइए।"

"आपको दिलचस्पी है?"

"क्यों नहीं! अख़बारों की दुनिया से थोड़ी-बहुत मेरी भी वाकफ़ियत है। आप जानते हैं, ऑपेरा में गायक होने के नाते मुझे कई बार चेक ऑपेरा की नुमाइन्दगी करनी पड़ी थी। चेक ऑपेरा में मेरा नाम थोड़ा-बहुत माने ज़रूर रखता था।"

"अगर आपको दिलचस्पी है तो सुनिए। एक बार मुझे अख़बार के एडीटर से आदेश मिला कि वेश बदलकर मुझे जुआरियों के अड्डे पर जाना होगा। उस रात पुलिस वहाँ छापा मारनेवाली थी। मुझे लेख के लिए मसाला जुटाना था, अतः मैं तैयार हो गया। एक आवारागर्द आदमी की वेशभूषा में मैं जुए के अड्डे पर जा पहुँचा। शाम के धुँधलके में कुछ लोग मोमबत्तियाँ जलाकर ताश खेल रहे थे। वहाँ कुछ भिखमंगे थे, जो दाँव पर वे सब चीज़ें लगा रहे थे, जिन्हें पिछले दिन उन्होंने इकट्ठा किया था। उनके अलावा कुछ चोर-लुटेरे वहाँ जमा थे, जो क़ीमती हीरे-जवाहरात दाँव पर लगा रहे थे। ख़ज़ाने का मालिक हर चीज़ की क़ीमत आँककर उनके एवज़ में लोगों को पैसे दे देता था। उन्हें मेरी मौजूदगी खटकने न लगे, इसलिए मैंने अपने थैले से जूते निकालकर चिड़ी के नहले पर रख दिये।"

"चिड़ी के नहले पर?"

"जी हाँ...लेकिन मैं हार गया। उसके बाद मैंने अपना कोट थैले से बाहर निकाला। ख़ज़ांची ने उसके बदले में मुझे पैंतीस क्राउन दिये लेकिन मैं उन्हें भी हार गया। उन्हें वापस जीतने की ख़ातिर मैंने अपनी घड़ी हुकुम के नहले पर रख दी।"

"हुकुम के नहले पर?"

"जी हाँ, और मैं वह दाँव भी हार गया। अब मैं प्रार्थना करने लगा कि कहीं पुलिस छापा न मार बैठे...कम-से-कम घर लौटने से पहले मैं अपनी कुछ चीज़ें वापस जीतना चाहता था। लेकिन उसी क्षण सीटी सुनाई दी। खज़ांची ने सारी मोमबत्तियाँ बुझा दीं। चारों तरफ़ अँधेरे में कुछ दिखाई नहीं देता था। पुलिस के पहुँचने तक वहाँ सिर्फ़ कुछ लुटे-पिटे चोर और भिखारी बचे थे। खज़ांची और उसके साथी माल-पैसे समेत नौ-दो-ग्यारह हो चुके थे। पुलिस का एक गुप्तचर मुझे पहचान गया। बोला, 'क्यों, लेख का मसाला तैयार हो गया?' मैं क्या कहता? मेरे पास सिर्फ़ अपनी जुराबें बची रह गई थीं...सो उन्हें पहनकर मैं आख़िरी ट्राम से अपने घर पहुँच गया।

अपने कमरे में बैठते ही मैंने झटपट एक लेख तैयार कर डाला : 'प्राग के अंडरवर्ल्ड का मोंटे कार्लो'। आप पर ड्रेस-कोट ख़ूब फबता होगा—क्यों?"

"जी, क्यों नहीं। कपड़े-लत्तों की मेरे पास कमी नहीं थी। दो ड्रेस-कोट, तीन अलग-अलग क़िस्म की वर्दियाँ। पिछले साल मैंने अपने सब कपड़े कोयलों और लकड़ियों के लिए बेच दिये।"

"दोस्त, कहो तो सिस्टर को बुला भेजूँ?"

"नहीं-नहीं, ऐसा मत कीजिए। अब मुझे याद आ रहा है...मैंने चार्दाशोव के युवराज का पार्ट भी अदा किया था। मैंने शादी भी की थी—बोनी की तरह। लड़ाई के बाद जब गोश्त राशन पर मिलता था, एक भद्र महिला ने मुझे राशन के साठ कार्ड दे डाले थे। मुझ पर गोश्त के उन साठ राशन-कार्डों का ऐसा ज़बरदस्त असर हुआ कि सब लोगों के सामने मैंने काग़ज़ का नैपकिन उठाकर सौगन्ध खाई थी कि मैं उस महिला से विवाह कर लूँगा...और मैंने विवाह कर भी लिया। 'स्वर्ग में देवदूत हज़ार...करता हूँ तुझसे प्यार...' "

"नहीं...गाइए नहीं। बाद में जब आप स्वस्थ हो जाएँगे, तो कभी कुछ सुनाइएगा।"

"यूँ ही कुछ याद आ गया था...आप मुझे ताश के पत्तों का कोई क़िस्सा सुनाइए...मेहरबानी होगी।"

"जब पुलिस ने पिसक के जुआघर पर छापा मारा, तो मैं वहाँ मौजूद था। उसके बारे में मैंने एक बड़ा ही सनसनीखेज़ रिपोर्ताज लिखा था : 'पाप की दौलत'। उस रिपोर्ताज की शुरुआत भी मैंने बड़े ख़ूबसूरत ढंग से की थी—पिसक के जुआघर से सिर्फ़ तीन रास्ते बाहर जाते हैं—स्टेशन, जेल और क़ब्रगाह। मैंने जोड़-जमा करके यह भी दिखाया था कि पिछले बीस वर्षों के दौरान उस जुआघर में लगभग बीस करोड़ क्राउनों का लेन-देन हुआ है—इतनी रक़म से हम एक दूसरी मैजिनोट लाइन तैयार कर सकते हैं। देखिए, इन दिनों यहाँ बिस्तर पर लेटे-लेटे मुझे अक्सर ख़याल हो आता है कि मैंने पत्रकारिता के पेशे को कला का रूप दिया था—जितना कुछ मैंने उससे कमाया,

उससे कहीं अधिक उसे बदले में दे ड़ाला। एक दफ़ा मैं हरे पेड़ के स्क्वॉयर से निकल रहा था..."

"शिशकोव में या कोशित्से में?"

"शिशकोव में। वहाँ गली में मुझे जुआ खेलने की एक नई मशीन दिखाई दी। जनाब, मशीन क्या थी, एक फोल्डिंग-मेज़ रखी थी और घूमते हुए तवे पर कुछ चीज़ें चिपका दी गई थीं। पत्रकार होने की हैसियत से मैं अपनी उत्सुकता नहीं दबा सका। सोचा, ज़रा इसे भी आज़माकर देखूँ। मैंने उसमें पाँच क्राउन डाले और पहली ही बार मैंने सबसे बड़ा इनाम जीत लिया। लेकिन उसके बाद मैं बराबर हारता गया—यहाँ तक कि मैंने अपनी सगाई की अँगूठी भी दाँव पर लगा दी और उसे भी हार गया। क़िस्मत मुझे अपनी अँगुलियों पर नचा रही थी..."

"बड़े मार्के की चीज़ रही होगी।"

"अब आपसे क्या कहूँ! आदमी में नज़र होनी चाहिए। ख़ैर, मैं खेलता गया और आख़िर में ख़ुद मेरी इज़्ज़त पर बन आई। मैंने मशीन के मालिक से विनती की, कि कम-से-कम एक ट्राम के लिए मुझे कुछ पैसे उधार दे दे। लेकिन जनाब, उसने मुझे जो उत्तर दिया, मुझे लगा, जैसे वह मेरी क़िस्मत की ही आवाज़ है, 'आज के दिन उधार देना मना है।' मुझे घिसटते हुए पैदल ही घर जाना पड़ा। घर पहुँचते ही मैंने एक ज़बरदस्त लेख तैयार किया : 'भद्र लोगों की क़िस्मत का फैसला करनेवाले शहर के रक्तपिपासी साँप'! उसे पढ़कर स्वयं प्रधान सम्पादक ने मेरे कन्धे को थपथपाते हुए कहा, 'आपने तो यह रिपोर्ताज आपबीती घटना की तरह लिखा है। ऐसे ही लिखना चाहिए।' "

"लेकिन यह आपने अच्छा नहीं किया...बदला लेने की भावना बुरी चीज़ है। मैंने भी कई बार अपनी क़िस्मत आज़माई है और मैं सब कुछ हारता गया हूँ...सब कुछ। मैंने दाँव पर अपनी टाई, अपने क्रेप-सोल के जूते तक लगा दिये हैं...कई बार मुझे ख़ौफ़नाक हालत में पैदल घर लौटना पड़ा है,

लेकिन मैंने किसी के ख़िलाफ़ अँगुली तक नहीं उठाई। मैंने अपनी नियति को ख़ुद बुलाकर प्रलोभन में फँसाया है।"

"आप थोड़ी-सी लीजिए...क्यों?"

"नहीं...ऐसे ही ज़रा खाँसी आ जाती है...थोड़ा आराम करने से...मुझे आदमियों की आवाज़ सुननी बहुत अच्छी लगती है...।"

"लेकिन आप पसीने से तर-ब-तर हो रहे हैं...कुछ पिएँगे? मैं घंटी बजाकर सिस्टर को बुलाता हूँ।"

"नहीं...ऐसा मत कीजिए। पता नहीं, वह क्या सोचने लगेगी...बेहतर होगा, आप मुझे अख़बारों के बारे में कुछ बताएँ...कोई उदास कर देनेवाली चीज़।"

"उदास कर देनेवाली चीज़? जनाब, अगर आप अख़बारनवीसी करें, तो आपको लगभग हर चीज़ उदास कर देनेवाली मिलेगी। उन दिनों मैं बर्नो में रिपोर्टर था। पुलिस ने एक रात लुजान्का के मकानों को घेर लिया। नई गली के एक घर में रंडियों का डेरा था..."

"फ्लेडिंका का चौक तो नहीं?"

"आप बर्नो में भी रह चुके हैं?"

"अहा—क्यों नहीं! मैंने अपना एक्टिंग-कैरियर वहीं से तो शुरू किया था। जानते हैं, दर्शक मुझे देखकर फड़क उठते थे जब मैं 'मेरी विंडो' ऑपेरा में ड्रेस-कोट और सफ़ेद रेशमी अस्तरवाला चोग़ा पहनकर मंच पर आता था। दस्तानों से ढके अपने हाथों को इस तरह उठाकर जब मैं गाता था...'जा रहा हूँ मैं मैक्सिम के पास, होगा वहाँ ख़ूब हास-विलास...'"

"अहा...कितनी ख़ूबसूरत है आपकी आवाज़! लेकिन थोड़ा-सा पानी पी लीजिए....सिर्फ़ बूँद-भर...बस, अब खाँसी धीमी पड़ जाएगी।"

"शुक्रिया...अच्छा, फिर आपने फ्लेडिंका में क्या देखा?"

"पुलिस-इंस्पेक्टर उन रंडियों के पासपोर्ट जाँच रहा था। उसके बारे में मैंने सब कुछ अपने रिपोर्ताज में लिखा था...उस इंस्पेक्टर ने पूछा,

'कहो मारिया, क्या हाल है?' और मारिया ने कहा, 'अजी, हाल क्या होगा! एक मुसीबत हो तो आपसे कहूँ...मैं तो मुसीबतों से घिरी हूँ।'—'कैसी मुसीबतें?' और तब उसने कहा, 'देखिए इंस्पेक्टर जी, उन्होंने पहले मुझे सोकोलनि से जाने का ऑर्डर दिया। वहाँ गई तो एक आवारा मेरे गले पड़ गया। कहने लगा कि वह बर्नो से आया है, लेकिन था वह बर्कोवित्स का रहनेवाला। और देखिए...अगर आप मुझे निकाल देंगे तो मैं बर्कोवित्स जाऊँगी और वहाँ मुझे कोई जानता नहीं।' पुलिस-इंस्पेक्टर ने उसका पासपोर्ट उसे वापस दे दिया। उस रात मैं उसके घर ही सोया। बड़ा धर्मात्मा पुरुष था वह पुलिस-इंस्पेक्टर। रात भर चश्मा लगाकर बाइबल पढ़ता रहा। जब मैं सुबह उठा, उसने मुझ पर सलीब का बड़ा-सा निशान किया।"

"आपको सब कुछ याद है?"

"दोस्त, जब किसी चीज़ के बारे में लिखते हो, तो वह मौत के दिन तक याद रहती है। बस, उस घटना का असर ज़रूर आप पर पड़ना चाहिए।"

"अब मुझे याद आता है..."

"भाई...बैठो नहीं!"

"नहीं...अब मैं सोचता हूँ कि मैंने अपना सबसे शानदार पार्ट ऑस्कर स्ट्रॉस के ऑपेरा 'अन्तिम वॉल्स' में अदा किया था। मैं सिर्फ़ एक लेफ़्टिनेंट था और ख़ुद राजकुमारी मुझसे मुहब्बत करने लगी थी... ज़रा सोचिए!"

"बैठे रहिए...मेहरबानी करके बिस्तर से मत उठिए।"

"नहीं, ज़रा सोचिए, भला यह कैसे मुमकिन हो सकता था? क्या सिर्फ़ इसलिए कि मैंने राज-नृत्य के सगय वह गीत गाया था...'मुहब्बत महज़ एक सपना है'? मैं जानता हूँ, उसके साथ रेज़िमेंट के कप्तान को नाचना चाहिए था...लेकिन जनाब, जब ख़ुद राजकुमारी ने मुझे चुना तो मैं क्या कर सकता था? और बाद में...ज़रा मेरी शर्म का अन्दाज़ लगाइए... कप्तान ने तैश में आकर मेरी यूनिफ़ॉर्म को फाड़ दिया, मेरी तलवार को तोड़ दिया..."

“भाई...शान्ति से लेटे रहो...मैं अभी घंटी बजाकर नर्स को बुला भेजता हूँ।”

“नहीं...नहीं...ऐसा मत कीजिए। राजकुमारी से विदा लेते समय मैं स्टेज पर ही रोने लगा। बैकग्राउंड में ‘अन्तिम वॉल्स’ का संगीत धीमे-धीमे बज रहा था...स्टेज का नज़ारा धीरे-धीरे धुँधला पड़ता जा रहा था...सिर्फ़ पहाड़ी के मोड़ पर एक छोटी-सी रेलगाड़ी दिखाई दे रही थी...समाप्त... सिर्फ़ एक वॉल्स के लिए...उसे अपना देश छोड़ना पड़ा, सिर्फ़ एक वॉल्स के लिए...”

“लेट जाइए...आप पसीने से तर-ब-तर हो रहे हैं।”

“कौन...मैं? अच्छा... ख़ैर, आपने इधर सबसे नई चीज़ कौन-सी लिखी थी?”

“मैंने? जनाब, जब तक मुझे किसी पर ग़ुस्सा नहीं आता, मैं एक शब्द भी नहीं लिख सकता। आख़िरी बार मैं ब्रान्दीस के पास नदी में नहा रहा था। पास ही एक लड़की धूप सेंक रही थी। कुछ देर बाद वहाँ एक घुड़सवार जाता हुआ दिखाई दिया। लड़की ने घुड़सवार से प्रार्थना की, कि वह भी घुड़सवारी सीखना चाहती है। उस घुड़सवार ने लड़की को घोड़े की गद्दी पर बिठा दिया। कुछ ही देर में घोड़ा बिदकने लगा। आव देखा न ताव, सरपट दौड़ने लगा। इस आपाधापी में बेचारी लड़की की ‘स्वीमिंग-ड्रेस’ देह से उतरकर नीचे गिर गई। ज़रा सोचिए, शहर की मार्केट के बीचोबीच भागता हुआ घोड़ा और उस पर बैठी हुई एक नंगी लड़की। आख़िर वह घोड़ा लड़की को लेकर सिपाहियों के बैरक में जा घुसा...वहीं, जहाँ सैनिकों का मेस था। मैंने अपने रिपोर्ताज का शीर्षक ख़ूब चुनकर रखा : ‘ब्रान्दीस शहर में लेडी गोदीवा’। लेकिन रिपोर्ताज के अन्तिम हिस्से में मैं गड़बड़ कर बैठा। मैंने सुझाव दिया कि धूप सेंकती लड़कियों, ढीली-ढाली स्वीमिंग-ड्रेसों और बिदक जानेवाले घोड़ों के ख़िलाफ़ सरकार को कार्यवाही करनी चाहिए। उस शाम मैंने एक फ़िल्म देखी : ‘मैं एंजिल नहीं हूँ’। फ़िल्म की मुख्य भूमिका अन्ना मई वेस्ट ने अदा की थी।

फ़िल्म देखते हुए अचानक मुझे महसूस हुआ कि न मैं...न कोई दूसरा—हममें से कोई भी एंजिल नहीं है। फिर हमें क्या हक़ है कि हम दूसरे लोगों के शब्दों और कामों पर नुक्ताचीनी करते हुए अख़बारों में शोर मचाते फिरें कि दुनिया पाप के गड्ढे में डूब रही है? मैंने खिड़की खोल दी और उस पुलिस-इंस्पेक्टर की तरह, जिसने बर्नो की रंडियों के ऊपर क्रॉस किया था, मैंने भी सड़क पर गुज़रते सब लोगों पर क्रॉस का निशान किया...लेकिन भाई, तुम तो सो रहे हो...कहो, तो सिस्टर को बुला दूँ?"

"नहीं...नहीं...मैं सिर्फ़ ऊँघने लगा था...बोलते जाओ...मुझे आदमियों की आवाज़ अच्छी लगती है।"

कुछ दिनों बाद जब अस्पताल का नाई मुरदों की हज़ामत बना रहा था, शव-कक्ष से कर्मचारी ने शिकायत-भरे स्वर में कहा, "हत्तेरे की...यहाँ इस जगह मुझे हमेशा दर्द होता है।"

"कहाँ?" नाई ने उस्तरे को तेज़ करते हुए कहा, "इस जगह तो नहीं? अरे, यह कुछ नहीं है...सिर्फ़ पीठ का दर्द है।"

"इसकी कसर अभी बाक़ी रही थी!" कर्मचारी ने अपनी पीठ सीधी करते हुए कहा।

"हाँ..." नाई अपनी ऐनक आगे खिसकाता हुआ बोला, "लेकिन यह दर्द कभी-कभी तुम्हारी रीढ़ की हड्डी से गुज़रकर घुटनों में तो नहीं उठने लगता?" नाई ने अपने सवाल पर ज़ोर डालते हुए पूछा।

"नहीं," कर्मचारी ने कहा, "यह साला दर्द मेरी पीठ में ही कुंडली मारकर बैठा है..."

"यह अच्छी बात है, भाई, यह बहुत अच्छी बात है," नाई ने हाथ से हाथ रगड़ते हुए कहा, "बहुत मामूली-सी बीमारी है...ख़ून की एक छोटी-सी बूँद तुम्हारे पुट्ठे पर जमा हो गई है। अस्पताल में तुम्हें एक इंजेक्शन देंगे या ज़रा-सी मालिश कर देंगे और चार-पाँच दिनों में तुम जवान दिखाई दोगे... पूरे जवान!"

नाई फिर ख़ुशी-ख़ुशी मुरदों की हज़ामत बनाने लगा। कुछ देर बाद अपना काम ख़त्म करके उसने हाथ धोए और फिर तुष्ट भाव से अपने 'कृतत्व' को देखने लगा।

"लौंडों ने ख़ून-पसीना एक करवा दिया...मुलायम खाल और सख़्त दाढ़ी। मरने के बाद क्या इतनी जल्दी शरीर गलने लगता है?"

"यह कमरा इन दोनों का ही था।" कर्मचारी ने नाक खुजलाते हुए कहा, "ये दोनों ही—ईश्वर इनको स्वर्ग में जगह देगा, अगर कहीं स्वर्ग है—दोनों ही एक-दूसरे से बढ़कर खब्ती थे। जैसा यह (कर्मचारी ने पहले कफ़न को छुआ), वैसा यह (दूसरे कफ़न को छुआ)। यह कहता था कि वह ऑपेरा में प्रधान गायक है लेकिन जब अस्पताल के डॉक्टर ने ऑपेरा-संघ के दफ़्तर में फ़ोन किया कि उनकी तरफ़ से अन्त्येष्टि-क्रिया में शामिल होने कौन आ रहा है, तो वहाँ से जवाब आया कि इस आदमी ने किसी ऑपेरा में प्रधान गायक का पार्ट अदा नहीं किया। हाँ, इस नाम का कोई आदमी कभी-कभी कोरस में ज़रूर गाता था। लेकिन ज़रा देखिए, इस भले आदमी की मौत के बाद मेरे हाथ में उसका फ़ोटो-एलबम पड़ गया। एलबम के हर फ़ोटो में यह शख़्स ऑपेरा के नायकों की पोशाक पहने खड़ा है... शायद नायकों की पोशाक पहनकर उसने अपने फ़ोटो खिंचवाए होंगे। मैंने यह एलबम उसके कफ़न में रख दिया है...लोग उसे देखकर न जाने क्या भला-बुरा कहते फिरेंगे!"

"ज़रूर कहेंगे...और कहना चाहिए!" नाई ने अपनी ऐनक उठाकर कहा, "मुझे ख़ुद ऐसी धोखाधड़ी से नफ़रत है...इसी तरह चलता रहा तो इनसानियत का ख़ात्मा समझो। क्यों, ग़लत कहता हूँ?"

"अरे, छोड़ो भी! मैं जब कभी अपने आसपास लोगों को देखता हूँ तो लगता है, जैसे हर आदमी अपनी असली ज़िन्दगी को एक ख़्वाबी ज़िन्दगी से उलझा देना चाहता है—एक ऐसी ज़िन्दगी से, जो उसकी अपनी नहीं है लेकिन जिसे वह अपनी बनाने का स्वप्न देखता है," कर्मचारी ने कहा।

नाई ने अपना उस्तरा और कैंची बक्से में डालते हुए कहा, "मुमकिन है...लेकिन मानव-समाज के लिए ऐसे आदमी ख़तरनाक हैं। वरना एक को दूसरे से अलग करना असम्भव हो जाएगा। आख़िर योग्यता भी तो कोई चीज़ है... ख़ैर, यह दूसरा कौन था?" नाई ने दूसरे कफ़न की ओर अपनी ठुड्डी उठाकर पूछा।

"पत्रकार-संघ से पता चला कि इस नाम का एक आदमी अख़बारों में लिखता ज़रूर था—लेकिन सिर्फ़ छोटी-मोटी चोरियों और लड़ाई-झगड़ों के बारे में। इस आदमी के तकिये के नीचे से एक एलबम बाहर निकला जिसमें बड़े-बड़े लेखों की अख़बारी कतरनें जमा की गई थीं। जनाब, उसमें ऐसे मज़ेदार लेख थे कि मैं यादगार के लिए उन्हें अपने घर ले गया।"

"ख़बरदार!" नाई ने अँगुली उठाकर कहा, "गले के तपेदिकवाले मरीज़ की छूत बुरी होती है! ख़ैर, जनाब, आज मैंने दो पाखंडियों की हज़ामत कर डाली!

"अब उन्हें ले जा रहे हैं।"

"पाखंडी!" नाई ने दुबारा कहा और धमाके से शव-कक्ष के दरवाज़े खोल डाले।

कुछ देर बाद अस्पताली सफ़ेद कोट पहनकर वह नाई अस्पताल के गलियारे से गुज़र रहा था। खिड़की से उसे एक लड़का दिखाई दिया जिसके पैर में पट्टी बँधी थी और जो लाठी के सहारे खड़ा था। गलियारे को ख़ाली देखकर नाई खिड़की के पास आया और लड़के के घुटने को छूने लगा जिस पर पलस्तर चढ़ा था।

"हड्डी का फ्रैक्चर?" उसने पूछा।

"हाँ, डॉक्टर साहब," लड़के ने कहा।

"बैठे रहो, भाई...बैठे रहो। पहले से तो बेहतर है न? पट्टी बँधवाने आए हो?"

"हाँ, डॉक्टर साहब।"

"दूर से देखने पर तो ठीक लगता है। टाँग पर सूजन तो नहीं है?"

"अब नहीं है, डॉक्टर साहब।"

"बस, अब फ़िक्र की बात नहीं है। ऊपर चले जाओ, वहाँ तुम्हारा इन्तज़ार हो रहा है।" नाई ने हाथ हिलाया और बक्से को झुलाता हुआ आगे बढ़ गया।

अस्पताल के गलियारे में चलते हुए उसे अपने पीछे लड़के की आवाज़ अब भी सुनाई दे रही थी, "शुक्रिया, डॉक्टर साहब!"

एक टुकड़ा

अर्नोश्त लुस्तिग

अर्नोश्त लुस्तिग

[जन्म : 1926; निधन : 2011]

यहूदी होने के कारण उन्हें युद्ध के दौरान अनेक वर्ष टेरेज़िन और वुखनवाल्ड के कंसन्ट्रेशन-कैम्पों में गुज़ारने पड़े। युद्ध के उपरान्त पत्रकार की हैसियत से उन्होंने अनेक देशों की लम्बी यात्राएँ कीं। लुस्तिग की कहानियों में मनुष्य की यातना और उस यातना का अतिक्रमण करनेवाले अति-मानवीय साहस के दर्शन होते हैं। उनकी अधिकांश रचनाओं की पृष्ठभूमि भी युद्ध—और यातना—शिविर हैं जिनके कटु-अनुभव उन्होंने स्वयं अपनी ज़िन्दगी में भोगे थे। उनकी अनेक कहानियों का अनुवाद जर्मन, रूसी और अंग्रेज़ी भाषाओं में हो चुका है। अंग्रेज़ी साप्ताहिक 'ऑब्ज़र्वर' की कथा-प्रतियोगिता में उनके कहानी-संग्रह को सर्वोच्च पुरस्कार प्राप्त हुआ था। हाल ही में उनकी एक लम्बी कहानी 'रात के हीरे' के आधार पर एक प्रयोगवादी चेक फ़िल्म का निर्माण भी हुआ है। उनके कुछ प्रसिद्ध कथा-संग्रहों के नाम हैं : 'रात और उम्मीद', 'खोए हुए भाइयों की गली', 'दिता साक्सोवा' इत्यादि।

एर्विन ने मुँह सिकोड़ लिया। लम्बे चेहरे पर उसकी बिल्ली-सी दो आँखें पलकों के नीचे घूम रही थीं—बेचैन और अस्थिर। उसके कसे, क्रुद्ध होंठ एक नीली रेखा में खिंच गए थे। उसने चिकी के अभिवादन का ठीक से जवाब भी नहीं दिया। उसकी एक बाँह पर पतलून का मुड़ा-तुड़ा बंडल लटक रहा था।

"इसके बदले में तुम मुझे क्या दोगे?" कुछ देर बाद उसने चिकी से पूछा।

पतलून की तह खोलकर उसने उसे लम्बा छोड़ दिया था। वह एक अखरोटी रंग की पतलून थी, जिसका पिछला हिस्सा घिसकर झीना पड़ गया था।

एक कुटिल मुस्कान में चिकी के दाँत खुल गए।

"यह चिथड़ा कहाँ से उठा लाए?" उसने कहा और फिर वह पतलून के अस्तर और जोड़ों को उलट-पलटकर देखने लगा।

"ख़ुद ईसा मसीह भी शायद इस चिथड़े को पहनकर लोगों के बीच जाना पसन्द नहीं करेंगे।"

"इस वक़्त यह सब रहने दो।" एर्विन ने उसके मज़ाक़ को टालते हुए कहा, "मैं सिर्फ़ यह जानना चाहता हूँ कि इसके बदले में मुझे क्या मिल सकता है?"

वह तेज़ी से बोल रहा था...शायद अनावश्यक तेज़ी से, उसने सोचा।

"नहीं...ईसा मसीह भी नहीं..." चिकी लापरवाही से बोलता जा रहा था, "इस पतलून में तो कोई लॉज (पोलैंड का एक शहर) के गन्दे से गन्दे मुहल्ले में भी जाना पसन्द नहीं करेगा।"

किन्तु एर्विन के काँपते जबड़े को देखकर उसने अपना स्वर बदल दिया, "घुटनों की तरफ़ कपड़ा बुरा नहीं है। कहाँ से मिली यह पतलून?"

चिड़ियों का झुंड बहुत नीचे उड़ रहा था। एर्विन उसे स्वप्निल अनमनी आँखों से देख रहा था। उसने कोई उत्तर नहीं दिया। वह इस प्रश्न की प्रतीक्षा कर रहा था और उसने उसके लिए अपने को प्रस्तुत कर लिया था। वह अपने को उससे बचाना भी चाहता था।

वह धीरे-धीरे अपने 'माल' को, जो ज़्यादा आकर्षक नहीं था, बंडल में बाँधने लगा।

गली के नुक्कड़ पर सन्तरी की छाया दिखाई दी। पास आने पर उसने उन दोनों लड़कों की कृशकाय देहों को घृणा से देखा। "उल्लू के पट्ठे...!" उसने रूखे स्वर में कहा, "भाग जाओ यहाँ से...!"

लड़कों ने उपेक्षा से उसकी तरफ़ अपनी पीठ फेर ली।

उसने पतलून का बंडल कसकर पकड़ रखा था, "मैं इसे बेचना चाहता हूँ," उसने कहा।

"इस कूड़े को!" चिकी ने कहा, मानो सहसा उसने अपनी एक स्पष्ट राय बना ली हो।

"यह कूड़ा नहीं है!" एर्विन ने तने स्वर में कहा, "तुम बकवास कर रहे हो। बढ़िया, फ़र्स्ट क्लास अंग्रेज़ी कपड़ा है।"

"ख़ैर...अगर तुम चाहो तो मैं इसे कहीं-न-कहीं बेचने की कोशिश कर सकता हूँ," चिकी ने कुछ रियायती-भाव से कहा, "लेकिन आधा साझा रहेगा।"

"क्या मतलब?"

"मतलब तुम जानते हो," चिकी ने इस बार अफ़सरी अन्दाज़ में कहा, "तुमने चुराया है, मैं बेचूँगा।"

एर्विन ने पतलून का बंडल चिकी को दे दिया। चिकी ने जेब से धागा निकाला और बंडल को कलात्मक ढंग से बाँधने लगा।

चिकी अब उस भूरी धारीदार पतलून को उतनी ही सतर्कता से पकड़कर खड़ा था, जितनी कुछ देर पहले एर्विन। "देखो, बाद में मुकर मत जाना।" उसने सन्दिग्ध स्वर में एर्विन से कहा, "मैं फ़िज़ूल में ही अपने जूते नहीं घिसाना चाहता।"

"डरो नहीं," एर्विन ने जल्दी से कहा।

पतलून से छुटकारा पाने के बाद अब वह बहुत आश्वस्त-सा दीख रहा था। उसके जबड़े का कम्पन ख़त्म हो गया था।

"नहीं, मैं सिर्फ़ तुम्हें याद दिलाना चाहता था," चिकी ने बना-बनाया उत्तर दिया, "और अगर तुम पतलून का भेद नहीं बताना चाहते तो मत बताओ। मुझे एतराज़ नहीं है।"

"पिताजी मर गए।" एर्विन ने अचानक कहा।

"आह...यह बात है!" चिकी ने कहा, "मैंने सिर्फ़ इसलिए पूछा था कि अगर कोई पतलून के बारे में पूछताछ..."

"मैं जानता हूँ," एर्विन ने कहा। उसकी आँखें ज़मीन पर गड़ी थीं।

"अगर तुम न कहते, तो मुझे कुछ भी मालूम नहीं होता।" चिकी के स्वर में नक़ली शिकायत भरी थी।

"अगर तुम इस पतलून के बदले में कुछ पा सको।" एर्विन फिर तेज़ी से बोल रहा था। उसकी निगाहें चिकी के चेहरे पर गुज़रती हुई पतलून पर ठिठक गई थीं। "लेकिन जल्दी...मुझे बहुत जल्दी चाहिए।"

"हाँ...हाँ...मुझे मालूम है।" चिकी ने तत्परता से कहा, "तुम फ़िक्र मत करो।"

उसे सहसा लगा कि एर्विन साझे में अपना हिस्सा बढ़ाना चाहता है क्योंकि पतलून उसके पिता की है और...इसका सम्बन्ध सिर्फ़ एर्विन से है।

"कहाँ बदलोगे इसे?" एर्विन ने पूछा।

"मोशे बाबा की दुकान में," चिकी ने झूठ बोला।

"कौन है वह?" एर्विन ने पूछा, "मैंने उसका नाम पहले कभी नहीं सुना।"

"इस शहर का सबसे बड़ा ठग।"

चिकी की आवाज़ में सचाई की खनक थी। एर्विन को आश्चर्य में डालकर उसे आनन्द आ रहा था।

"बातें मत बनाओ," एर्विन ने घुमड़ती आवाज़ में कहा। उसे इस तरह सड़क पर खड़े होकर झगड़ना बुरा लग रहा था।

"तुमने उसके बारे में नहीं सुना, इससे कोई फ़र्क़ नहीं पड़ता," चिकी ने कहा, "वह एक नम्बर का बदमाश है। सच, एर्विन...उसके जैसा लुटेरा लॉज में कोई दूसरा नहीं।"

"पतलून के बदले में वह मुझे क्या देगा?" एर्विन ने अनमने-भाव से पूछा।

"तुम्हारा मतलब है, हमें क्या देगा?" चिकी ने उसकी ग़लती सुधारते हुए कहा।

"बेशक," एर्विन ने कहा, किन्तु उसे अपना स्वर विचित्र-सा सुनाई दिया। उसे डर लगा कि उसका रुआँसा स्वर सुनकर ही कहीं चिकी उस पर सन्देह न करने लगे।

"वह शायद हमें आधा पौंड रोटी या तीन-चार छटाँक आटा दे सकता है," चिकी ने कुछ सोचते हुए कहा। पतलून की तह खोलकर उसने उसे अपनी बाँह पर लटका लिया। "देखो, घुटनों पर इसकी सीवन उधड़ गई है। शायद एकाध रोटी ज़्यादा मिल सके, लेकिन पहले से ही मैं इसकी कोई गारंटी नहीं दे सकता।"

"मुझे एक नीबू चाहिए।" ये शब्द सहसा उसके मुँह से निकल पड़े।

उसकी आँखें उसके समूचे चेहरे पर फैल गई थीं। कितनी देर से ये शब्द उसके गले में अटके हुए थे, बड़ी मुश्किल से वह उन्हें बाहर निकाल पाया था।

"सुनो, अगर पूरा नीबू नहीं, तो आधे से भी मेरा काम चल जाएगा।"

"अगर मुझसे पूछो, तो मुझे भी ज़रूरत है...एक चाचा की, जो फ्लोरिडा से मुझे ख़त भेज सके!" चिकी ने अपना मुँह आकाश की तरफ़ मोड़ लिया।

"मैं अपने लिए नहीं माँग रहा," एर्विन ने कहा।

"तुम्हारी अक्ल तो नहीं मारी गई?" चिकी ने कहा।

"बूढ़ा मोशी या कोई भी आदमी तुम्हारे लिए नीबू ढूँढ़ने शहर के चक्कर नहीं काटेगा। नीबू मिलना उतना ही मुश्किल है, जितना..." तुलना के लिए उसे तत्काल कोई उचित शब्द नहीं मिल सका।

सहसा चिकी का चेहरा ख़ुशी से चमकने लगा। उसे अचानक चॉकलेट का ध्यान हो आया था। उसे उस क्षण यह भी महसूस हुआ कि एर्विन की हालत बुरी नहीं है। जिस लड़के को पतलून मिल सकती है, उसकी हालत बहुत ख़राब नहीं हो सकती। उसके होंठों के कोर कटुता में झुक गए। किन्तु अपने इन ख़यालों को उसने एर्विन के सामने प्रकट नहीं किया।

"अगर मेरी बहन को नीबू नहीं मिला तो..." उसका गला सूख गया, "तो...वह बच नहीं सकेगी।"

"उसे क्या तकलीफ़ है?" चिकी ने लापरवाही से पूछा।

"मुझे ठीक-ठीक नहीं मालूम।" एर्विन ने उत्तर दिया, "शायद विटामिन की कमी या कुछ ऐसा ही। लेकिन उसकी हालत ठीक नहीं है। आज सुबह डॉक्टर उसे देखने आया था...उसने माँ को भी देखा था। हमें चिन्ता थी... क्योंकि पिताजी वहाँ बाहर लेटे पड़े थे।"

"सुनो," चिकी के स्वर में सहानुभूति का हल्का-सा स्पर्श था, "ज़्यादा से ज़्यादा मैं रोटी का एक टुकड़ा ला सकता हूँ। हम दोनों उसे बाँट लेंगे। वह ठीक रहेगा, क्यों?" उसने पतलून के बंडल की गाँठ बाँधते हुए कहा, "लेकिन अगर तुम इस चिथड़े का साझा हम दोनों के अलावा अपनी माँ और बहन के साथ भी करना चाहते हो, तो हमें उतना ही हिस्सा मिलेगा जितना चिड़िया की चोंच में घोड़े की लीद! उसका कोई फ़ायदा नहीं।"

"अगर मुझे ज़रूरत न होती, तो मैं तुमसे न कहता।" एर्विन ने ज़िद्दी भाव से आग्रह किया।

"बहस मत करो," चिकी ने कहा, "वरना सारी चीज़ पर पानी फिर जाएगा। हम प्रलय के दिन तक एक-दूसरे से सहमत नहीं हो सकेंगे।"

और फिर चिकी आसपास फैली छतों को देखने लगा। वह एर्विन की तरफ़ मुड़ा।

"तुम्हारी बहन को कोई ऐसी-वैसी बीमारी तो नहीं है..." उसका स्वर खीज़ में भरा था, "कौन ऐसा है, जिसमें विटामिन की कमी नहीं है? तुम उसके भाई ठहरे...कम-से-कम तुम्हें तो उसकी बीमारी के बारे में सब पता होना चाहिए। वैसे तुम्हें काफ़ी होशियार रहना चाहिए...हो सकता है, उसे कोई छूत की बीमारी हो! और मैं यहाँ तुम्हारे इस गन्दे चिथड़े को हाथ में पकड़कर खड़ा हूँ...अगर मुझे कोई बीमारी लग गई..."

"डरने की कोई बात नहीं," एर्विन ने कटुता से कहा।

उसने मन-ही-मन निश्चय कर लिया था कि वह किसी चीज़ से भयभीत नहीं होगा...इस तरह की बातों से भी नहीं। वह इस पतलून को मुफ़्त में ही अपने हाथों से नहीं जाने देगा, हालाँकि वह उसके बारे में चिकी को अपने मन की बात नहीं बताना चाहता था।

"मुमकिन है, उसे कोई बीमारी हो।" उसने स्वीकारते हुए कहा, "लेकिन वह छूत की बीमारी नहीं है...असल में उसके रोग के बारे में मैं ठीक से कुछ नहीं कह सकता।"

"ज़ाहिर है, तुम्हें कुछ मालूम नहीं है," चिकी उलाहने-भरे स्वर में बड़बड़ा उठा।

"मैं घर जा रहा हूँ," एर्विन ने कहा।

"मेरी बात सुनो," चिकी ने अचानक कहा, "हम दोनों उस नीबू के लिए कोशिश कर सकते हैं।"

"नहीं," एर्विन ने संजीदा स्वर में कहा।

"क्यों नहीं?"

"नहीं...मैं नहीं जाऊँगा," उसने धीरे से कहा।

उसे दुबारा वह बात याद हो आई, जिसे यहाँ आने से पहले वह कई बार सोच चुका था—किस तरह...किस तरह उसने पिताजी की टाँगों से वह पतलून उतारी थी। कितनी बार वह दृश्य उसकी आँखों के सामने घूम चुका था।

उनकी देह अकड़ गई थी...अजीब ढंग से। वह बार-बार अपने से ही कह रहा था, 'देखो, यह तुम्हारे पिता थे...कल वे ज़िन्दा थे, शायद रात को भी। लेकिन अब वह तुम्हारे पिता नहीं हैं।'

"मैं तुम्हारे घर आकर तुम्हें दे दूँगा," कुछ देर बाद चिकी ने कहा।

"कितनी देर में?" एर्विन ने पूछा।

"दोपहर को...चार बजे से पहले-पहले।"

"चिकी..."

"क्या?"

"माँ के सामने कुछ मत कहना।"

"तुम सोचते हो, मैं पागल हूँ।"

वे अलग हो गए। चिकी उस दिशा की ओर चलने लगा, जहाँ से ट्रामों की गड़गड़ाहट सुनाई दे रही थी—और एर्विन घर की ओर। कहीं पीछे की तरफ़ छोटी-छोटी दुकानों का तीखा भद्दा शोर सुनाई दे जाता था। सब काम पूर्ववत् चल रहा है—उसने सोचा—अगर मैं चाहता, तो ख़ुद जाकर उस पतलून को किसी दुकान में बदल सकता था। किन्तु उसमें इतना साहस नहीं था...कम-से-कम आज नहीं। हर घटना एक असह्य बोझ की तरह उसके भीतर बैठ गई थी। वह क्षण, जब उसके पिता के साथ वह रहस्यमय चीज़ हुई थी, और अभी कुछ देर पहले का क्षण, जब उसने उनकी पतलून चिकी के हाथों में रख दी थी, इन दोनों क्षणों के बीच जो कुछ गुज़रा था, वह उसके बारे में सोच रहा था। वह एक सँकरी गली की तरफ़ मुड़ गया...यह गली उससे भी अधिक सँकरी थी, जहाँ वह अभी कुछ देर पहले चिकी के साथ खड़ा था। वह एक बौनी-सी दुकान में घुस गया, जो अब दुकान नहीं थी। उसका दरवाज़ा न ऊपर जाता था, न नीचे। यहाँ जो लोग पहले रहते थे, वे अपने पहले घैटो की ऊँची दीवार के पीछे लुप्त हो गए थे। जब वे यहाँ आए थे, वह उजाड़ पड़ी थी। चारों तरफ़ ख़ाली पार्सलों के बक्स खड़े थे, जिसके कारण बहुत कम धूप भीतर आ पाती थी। यह वह जगह थी, जहाँ वह रहता था।

बार-बार एक विचार उसके दिल को सालने लगता था...मैंने सब कुछ ख़ुद किया किन्तु मुझमें इतना साहस नहीं आ सकता कि मैं स्वयं अपने हाथों से पतलून बेच सकूँ। जब वह भीतर आया, तो भी इसके बारे में सोच रहा था। उसने अपनी साँस रोक ली थी, ताकि कोठरी की बासी हवा एक संग उसके फेफड़ों में न घुस सके। कमरे के धुँधले आलोक से उसकी आँखें परिचित थीं...एक अजीब-सा धुँधलका, जो न अँधेरा था, न गोधूलि का आलोक।

उसकी माँ ने रुँधी-सी आवाज़ में उसको बुलाया। माँ की शक्ल-सूरत इतनी अधिक बदल गई है कि कभी-कभी उसे विश्वास नहीं होता कि यह वही स्त्री है, जिसके साथ अर्सा पहले वह यहाँ आया था। पिछले दिनों में उनका एक पैर भी सूज गया था। वह बिस्तर से ज़रा भी हिल-डुल नहीं सकती थीं और हर छोटे-से-छोटे काम के लिए उसका मुँह ताका करती थीं।

"कहाँ गया था?" कुछ देर बाद उन्होंने पूछा।

"ज़रा बाहर," उसने टालते हुए कहा।

वह दीवार की ओर ताक रहा था। जब कभी वह भीतर आता था, कोठरी के इस कोने में दुबककर बैठ जाता था ताकि उसे किसी का मुँह दिखाई न दे—अपनी बहन का भी नहीं, जो वहाँ लेटी रहती थी। उसने कम्बल का एक सिरा अपनी टाँगों के इर्द-गिर्द लपेट लिया और बिना उसकी ओर देखे हुए उसकी सलवटों को सीधा करने लगा।

"अपने साथ कुछ लाया है?" माँ ने पूछा।

"नहीं," उसने उत्तर दिया।

"एर्विन, ऐसे कब तक चलेगा?"

"मुझे कुछ नहीं मिल सका।" वह फिर दीवार की ओर उन्मुख होकर बोल रहा था, "शायद दोपहर तक कुछ मिल सके।"

"मरियम, खाँसो नहीं!" माँ ने उसकी बहन से कहा, "तुम थक जाओगी।"

"मरियम!" एर्विन ने उसे बुलाया।

"मरियम!" उसने दुबारा बुलाया, लेकिन वह चुपचाप लेटी रही।

"यह बोलती क्यों नहीं?" उसने माँ से पूछा।

"थक जाती है," माँ ने कहा, "ज़रा कोशिश करके देख, अगर कुछ मिल सके।"

"कहीं कुछ नहीं है...मैं देख आया।"

"फिर भी तुझे कोशिश करनी चाहिए," उसकी माँ ने ज़िद्दी बच्चे की तरह अनुरोध किया। कुछ देर तक वे चुपचाप लेटे रहे...फिर उसकी माँ ने कहा, "बाहर जाकर देख—शायद कुछ मिल सके।"

"मैंने कहा न, बाहर कुछ भी नहीं है," उसने गुर्राते हुए कहा।

"ज़रा कोशिश करके देख...शायद कुछ हाथ लग जाए।" उसकी माँ ने अपनी पुरानी ज़िद को एक बार फिर दुहराया, "देखता नहीं, मरियम की हालत कैसी हो गई है?"

"हाँ," उसने कहा, "लेकिन कोई ऐसी जगह नहीं है, जहाँ मुझे कुछ मिल सके।"

"एर्विन!" उसे फिर माँ का स्वर सुनाई दिया, "मरियम ने आज कुछ भी नहीं खाया।"

"मैंने भी नहीं।" उसने व्यंग्य किया।

वह फिर दीवार के धब्बों को देखने लगा। उसे कहीं कोने में दीवार कुरेदने की खड़खड़ाहट सुनाई दी—चूहे। वे उसके बहुत निकट चले आए थे, हालाँकि वह उन्हें देख नहीं सकता था। वह चाहता था कि उनमें से एक को पकड़ सके। वह पहले उसे सहलाएगा, फिर मार डालेगा।

"क्या वे आए थे?" उसने लम्बे अन्तराल के बाद पूछा।

"अभी नहीं," उसकी माँ ने कमज़ोर स्वर में कहा।

कुछ देर बाद माँ ने फिर कहा, "तू बाहर जाकर थोड़ी-बहुत कोशिश नहीं करना चाहता?"

"चाहता हूँ..." उसने विनम्र स्वर में कहा, "लेकिन उसका फ़ायदा कुछ नहीं है।"

"प्यारे एर्विन..."

"माँ, अब चुप रहो!"

वे ख़ामोश हो रहे। कुछ देर बाद मरियम को खाँसी का दौरा आया। वह चुपचाप खाँसती रही। उसने एक शब्द भी मुँह से नहीं निकाला। खाँसी ख़त्म हो जाने के बाद भी वह ख़ामोश रही और कुछ सोचते हुए छत की ओर टकटकी लगाकर देखती रही।

उसे हल्की-सी ख़ुशी हुई कि मरियम ने कुछ नहीं कहा, कुछ नहीं माँगा। उसने अपना सिर घुटनों के बीच दबा लिया और अपने कान ढक लिए। बाहर दहलीज़ में पिताजी अब भी लेटे हैं...उसे सहसा ख़याल आया। बिना पतलून पहने लेटे हैं (माँ को यह बात नहीं मालूम)। उनकी देह एक बहुत ही गन्दे, जीर्ण-शीर्ण कम्बल से ढकी है। सम्भव है, माँ को जब वह कम्बल घर में दिखाई नहीं देगा, तो वह पूछताछ करेंगी। जब उन्हें कम्बल मिलेगा तो मेरी करतूत उनकी आँखों के सामने खुल जाएगी। सौभाग्य से वह अपने बिस्तर से उठ नहीं सकतीं...पैरों की सूजन के कारण। फिर उसे सहसा ख़याल आया कि जब वे पिताजी को उठाने आएँगे, तो शायद अपने साथ उस कम्बल को भी ले जाएँगे। वे अब किसी भी क्षण आ सकते हैं। लेकिन शायद काम का बोझ ज़्यादा हो और वे शाम से पहले न आएँ। वह सबसे अच्छा रहेगा। माँ लँगड़ाते हुए बाहर जाएँगी और कम्बल उठाकर भीतर ले आएँगी।

"कहते हैं, यहीं घैटो में कोई रब्बी (यहूदियों का पादरी) रहता है..." माँ ने धीमे स्वर में कहा, "उसमें चमत्कार करने की शक्ति है। उसके पास जाकर कहो कि मैं उसे घुटने टेककर बुला रही हूँ। सिर्फ़ एक बार वह यहाँ आकर हमें देख जाए।"

"मुझे नहीं मालूम, वह कहाँ रहता है।" उसने कहा, "अगर उसमें चमत्कार करने की शक्ति है, तो वह कहीं नहीं जाएगा।"

उसे सहसा लगा कि अगर माँ और मरियम भी बाहर दहलीज़ में पिताजी के साथ लेटी होतीं, तो बेहतर होता क्योंकि यह ज़िन्दगी उनके लिए नहीं है।

"बाहर जाकर देख, शायद कुछ मिल जाए," उसकी माँ ने कुछ देर बाद फिर कहा।

"बाहर कुछ नहीं है," उसने कहा, "बेकार में दौड़-धूप करने से कुछ हाथ नहीं लगेगा। शाम तक मैं कुछ ले आऊँगा।"

"शाम तक मरियम ज़िन्दा नहीं रह सकेगी।"

"रहेगी," उसने धीमे स्वर में कहा।

"तुम्हारे पिता भी ज़िन्दा नहीं रह सके," माँ ने विरोध किया।

"वह बूढ़े थे।"

"एर्विन..." उसकी माँ ने दुबारा कहा।

"तुम सब भाड़ में जाओ!" वह उबल पड़ा, "मैं कहीं नहीं जाऊँगा।"

वह देर तक दीवार के धब्बों पर सरकती छायाओं को देखता रहा। दीवार पर जगह-जगह से पलस्तर उखड़ आया था।

अगर वे दोपहर तक पिताजी को उठा ले जाएँ, तो ठीक रहेगा...उसने सोचा, किन्तु दीवार के छिद्रों और धब्बों से उसे एक दूसरी सम्भावना भी झाँकती दिखाई दे रही थी। अगर वे नहीं आते, तो पिताजी की लाश सड़ने लगेगी और चारों तरफ़ दुर्गन्ध फैलने लगेगी। माँ अपनी टाँगों को लेकर पड़ी है और मरियम अपनी खाँसी से लाचार है। जब कभी वह मरियम को खाँसते देखता है, तो लगता है, मानो वह अपनी छाती से समूची पीड़ा बाहर उगल देना चाहती है। वे इस तरह ज़्यादा देर नहीं घिसट सकेंगी और लड़ाई का अन्त अभी बहुत दूर है...उसने सोचा।

उसका पेट भूख से कराह उठा। उसने चुपचाप अपना चेहरा हाथों से ढक लिया। उसे डर था, माँ दोबारा अपना राग अलापने लगेंगी। किन्तु वह ख़ामोश लेटी थीं। उसके मन में इच्छा हुई कि माँ कुछ बोलें, इतनी चुप्पी उसे अखर रही थी। फिर वह दुबारा बाहर दहलीज़ के बारे में सोचने लगा...उस 'स्याह चीज़' के बारे में, जो कम्बल में लिपटी वहाँ लटकी थी। उसका ध्यान आते ही उसे वह पतलून याद हो आई जो कुछ देर पहले उसने चिकी को दी थी। अन्तिम दिनों में पिताजी अक्सर बीमार रहते थे... उसे अचानक ख़याल आया...यह अच्छा ही है कि वह कम्बल में लिपटकर बाहर लेटे हैं।

उसका पेट फिर कराह उठा। अपने पेट की गुड़गुड़ सुनता हुआ वह उन मरदूद चूहों की आवाज़ों को भूल-सा जाता था। उसने सोने की कोशिश की किन्तु माँ इतनी ज़ोर से हाय-हाय कर रही थीं कि उसे नींद नहीं आ सकी।

उसे लगा, गली की तरफ़ से कोई लोहे का दरवाज़ा खटखटा रहा है, उस आवाज़ की ठोस प्रतिध्वनि उसके भीतर गूँजने लगी।

"क्या तुम हो?" एर्विन ने आवाज़ लगाई।

"नहीं," किसी ने बाहर से उत्तर दिया, "मैं जादूगर रब्बी हूँ...तुम्हारे लिए दूध की बालटी लाया हूँ।"

"मैं बाहर जा रहा हूँ," एर्विन ने माँ से कहा।

"ज़्यादा देर मत लगाना," माँ ने कहा।

"देर लगाने को बाहर है क्या!" उसने बड़बड़ाते हुए उत्तर दिया।

फिर वह एक छोटे-से खोखले से बाहर निकलने लगा, जहाँ दीवार टूट गई थी। बाहर जाते हुए उसे लग रहा था, मानो माँ की याचनाभरी आँखें उसकी पीठ पर जमी हैं।

बाहर आँगन में आकर उसने अपनी पीठ सीधी की...हड्डियों के जोड़ कड़क उठे। चिकी वहाँ नहीं था। वह शायद बाहर गली में उसकी प्रतीक्षा कर रहा था।

"यहाँ खड़े क्या कर रहे हो?" छूटते ही वह चिकी पर झपट पड़ा, "कुछ मिला?"

"हाँ...मैं अपने साथ लाया हूँ," चिकी ने गर्व से कहा।

"क्या लाए हो?"

"पतलून की सीवन बिलकुल ख़राब हो गई थी..." चिकी ने बात बनाते हुए कहा, "मुझे उम्मीद नहीं थी कि उसके एवज़ में वह मुझे इतना-कुछ दे सकेगा। आधी मैंने अपने लिए रख ली है, जैसा तय हुआ था...आधी यह रही, तुम्हारे लिए।" मैले-कुचैले रूमाल में बँधी रोटी की एक स्लाइस अपनी जेब से बाहर निकालकर उसने उसके सामने रख दी।

"सिर्फ़ यह एक स्लाइस?"

"पतलून की सीवन ख़राब थी," किसी ने सतर्कता से अपनी बात दोहराई।

"सिर्फ़ रोटी का एक टुकड़ा?"

"तुम समझते हो, मैंने अपना हिस्सा तुमसे ज़्यादा लिया है?" उसने तनिक आहत स्वर में कहा, "मैंने तुमसे पहले ही कह दिया था कि पतलून फटी-पुरानी है...और वह आदमी लॉज का सबसे बदनाम ठग है।"

"कोई बात नहीं," एर्विन ने रुँधे स्वर में कहा।

उसके मुँह से कोई और शब्द नहीं निकला। शुरू में जब उसने चिकी को गली में देखा था, तो उसे लगा था कि शायद उसे नीबू मिल गया है, इसीलिए वह गली में खड़ा है, ताकि दूसरे लोगों को नीबू दिखाकर डींग मार सके। यह चिकी की पुरानी आदत थी।

हताश-भाव से चिकी के हाथों से रोटी का टुकड़ा ले लिया और अपने घर की तरफ़ चलने लगा।

कोठरी के धुँधले आलोक में उसने माँ का बिस्तर टटोलने की कोशिश की।

"लो," उसने ग़ुस्से में रोटी का टुकड़ा माँ के बिस्तर पर फेंक दिया।

टुकड़ा माँ के मुँह पर जा गिरा और वह भयभीत-सी होकर कराह उठी। फिर वह अपने अवश हाथों से उस समय तक टुकड़े को खोजती रही जब तक वह उसे मिल नहीं गया। वह उसे तीन हिस्सों में तोड़ने लगी।

"यह तेरे लिए है।" उन्होंने एक टुकड़ा एर्विन की तरफ़ बढ़ा दिया।

"मुझे नहीं चाहिए!" उसने गुर्राते हुए कहा।

"एर्विन!" माँ ने आश्चर्य से कहा।

"मेरे पास है।" उसने एक-एक शब्द अपने भीतर से खींचकर बाहर निकालते हुए कहा।

"कितनी रोटी है तेरे पास?"

उसे लगा, जैसे उसके गले में एक गोला अटक गया हो। वह अधिक कुछ नहीं बोल सका। चूहे अब उसके बिलकुल नीचे दौड़ रहे थे।

"घबराओ नहीं," वह धीरे से बड़बड़ाया।

उसके मन में एक भयंकर-सी इच्छा उठी कि वह नीचे से एक चूहा निकालकर माँ के बिस्तर पर फेंक दे और उस समय तक फेंकता रहे जब तक समूचा बिस्तर चूहों से भर न जाए।

वह दीवार के खोखल से फिर बाहर निकल आया...उसका मन एक अजीब कड़वाहट से भर गया था। उसे मालूम था, माँ क्या सोच रही है।

कुछ देर तक वे दोनों चुपचाप चलते रहे। सब कुछ उसके भीतर जमा हो गया था। किन्तु चिकी के साथ चलते हुए धीरे-धीरे सब कुछ झरने लगा... वे एक-दूसरे के बहुत निकट चल रहे थे और उनकी कुहनियाँ और कन्धे बार-बार एक-दूसरे से टकरा जाते थे। चिकी उसका दोस्त था...भाई से भी अधिक निकट। कभी-कभी वह उसके कन्धों पर झुक जाता था।

"एर्विन, सुनो।" चिकी ने मौन तोड़ते हुए कहा।

"क्या?"

"जिस बूढ़े को मैंने तुम्हारी पतलून दी थी, उसने मुझे बढ़िया बात सुनाई थी।"

"तुम्हें उसका शुक्रगुज़ार होना चाहिए।"

"तुम नहीं सुनना चाहते?"

"क्यों नहीं! क्या कहा था उसने?"

"उसने मुझसे कुछ पूछा था।"

"क्या?"

"उसने पूछा था कि क्या तुम्हारे पिता के..."

"क्या?"

"कोई चीज़..."

"मेरे पिता के पास कोई चीज़ नहीं थी। वह भूख से मरे थे...किसी बीमारी से नहीं। तुम्हारा वह बूढ़ा पागल है।"

"मेरा मतलब यह नहीं था," चिकी ने कहा, "सम्भव है, तुम्हारे पिता के पास कोई अँगूठी या ऐसी कोई चीज़...?"

"नहीं, उनके पास अँगूठी नहीं थी," एर्विन ने क्लान्त-स्वर में कहा, "माँ के पास भी नहीं है।"

"तुम नीबू चाहते थे न...इसीलिए उसने कहा था," चिकी ने तनिक सतर्क होकर कहा।

"क्या कहा था?"

"उसने कहा था कि वह नीबू दे सकता है, अगर उसके बदले में उसे सोने की कोई चीज़..."

"पिताजी के पास सोने की कोई चीज़ नहीं थी।"

"सम्भव है, उनके पास रही हो..." चिकी ने कहा, "बूढ़े को इन चीज़ों का अता-पता मालूम रहता है। उसने उसके बारे में मुझे बताया भी था..."

"क्या बताया था?" एर्विन ने गुर्राते हुए कहा।

उसे लगा मानो उसे पहले से ही मालूम हो, जो चिकी उससे कहेगा।

"उनके मुँह में..." चिकी ने कहा।

"क्या?" एर्विन चीख़ उठा।

"सम्भव है, उनके मुँह में सोने का कोई दाँत हो।"

"क्या मतलब है तुम्हारा?"

"मतलब तुम समझते हो...उनके मुँह में..."

"क्या तुम इतनी आसान-सी बात भी नहीं समझते?"

एर्विन ठहर गया और चिकी भी। एर्विन उसे घूर रहा था...उसका मुँह खुला रह गया था।

"इस तरह आँखें फाड़कर मेरी तरफ़ घूर क्या रहे हो?" चिकी ने ग़ुस्से में कहा, "तुम चाहते तो उसके बदले में तुम्हें नीबू मिल सकता है।"

एर्विन ने खींचकर उसे घूँसा मारा। चिकी का चेहरा काफ़ी छोटा था, आगे से नुकीला और ऊपर से चौड़ा। एर्विन ने एक और घूँसा मारा। फिर वह ताबड़तोड़ उसके मुँह और सीने पर घूँसे मारने लगा। उसे लगा, वह अपने पिता को देख सकता है...बाहर दहलीज़ में वह फटे-पुराने कम्बल में लिपटे लेटे हैं और वह उनकी टाँगों से पतलून खींच रहा है। यह मेरे पिता हैं...

वह बार-बार अपने को याद दिलाने की कोशिश कर रहा है...कुछ देर में वे उन्हें उठाकर ले जाएँगे। उसने अपने पिता को ही लूट लिया है...उनकी लाश को...और अगर वह माँ से रोटी का टुकड़ा ले भी लेता, तो वह उसे खा न पाता, उसका एक कौर भी निगल पाना असम्भव होता क्योंकि उसे डर था कि कहीं माँ को पता न चल जाए कि वह रोटी कैसे प्राप्त की है। उसे सहसा माँ का ध्यान हो आया। माँ ने उसकी बात पर विश्वास नहीं किया था और तब चिकी को पीटते हुए उसे लगा था कि वह उसके साथ-साथ अपनी माँ को भी घूँसे से पीट रहा है। फिर उसके घूँसे कमज़ोर और धीमे पड़ते गए और उसे लगा, जैसे उसकी शक्ति धीरे-धीरे ख़त्म होती जा रही है। जब जवाब में चिकी ने उसे एक-दो घूँसे मारे, तो उसे भी कुछ महसूस हुआ... दो घूँसे ठुड्डी पर और एक पेट के नीचे। लेकिन फिर लोगों ने बीच-बचाव करके उन दोनों को अलग कर दिया। जब वह अपने कपड़े झाड़ता हुआ सड़क से उठा, चिकी अकेला ही जा चुका था।

उसने कुत्ते की तरह अपनी देह हिलाई और घर की ओर चल पड़ा।

"एर्विन!" उसकी माँ ने कहा।

"हाँ।"

"क्या कुछ और मिला?" उसने कोई उत्तर नहीं दिया। भूख के मारे उसकी समूची देह काँप रही थी। वह कम्बल लपेटकर बैठ गया। कोठरी का सिर्फ़ यह कोना ऐसा था, जिसे वह अपना कह सकता था। यहाँ वह अपने में निमग्न होकर चुपचाप बैठ सकता था। उसने अपना चेहरा दुबारा हाथों में छिपा लिया। और दुबारा पहले की तरह अपनी माँ की पुकार की प्रतीक्षा करने लगा...लेकिन इस बार भी वह चुप रहीं। कोठरी का धुँधला आलोक, जो दोपहर के धुँधलके से भी अधिक बोझिल था, धीरे-धीरे उसकी देह को

अपने में लपेटने लगा। उसकी इच्छा हुई कि माँ कुछ बोले ताकि उसका स्वर किसी तरह बोझिल धुँधलके को तोड़ सके। उसे आश्चर्य हुआ कि माँ अब उसे तंग क्यों नहीं कर रहीं। अँधेरे ने उसकी समूची देह को ढक लिया था। कोठरी का मौन एक छोटा-सा रास्ता बनता हुआ बाहर दहलीज़ में जाकर ख़त्म हो गया था, जहाँ वह लेटे पड़े थे। जब कोई मर जाता है तो फिर कुछ भी शेष नहीं रह जाता, उसने सोचा। फिर पीड़ा से कराहने की ज़रूरत नहीं है, न ही दूसरों का मुँह जोहने की ज़रूरत है, भीख माँगना भी ज़रूरी नहीं है। जब आदमी मर जाता है तो उसके लिए चीज़ों को देखना आवश्यक नहीं रह जाता, न वह उन्हें देखता है, न उन्हें सुनता और न ही उनसे डरता है।

मरियम...सहसा यह विचार उसके मस्तिष्क में कौंध गया...शीघ्र ही मरियम भी ऐसी अवस्था में पहुँच जाएगी। उसे अचानक मरियम से ईर्ष्या होने लगी...उसे सहसा ध्यान आया कि वह पहली बार इस चीज़ के बारे में सोच रहा है। इस भद्दे ख़याल से छुटकारा पाने के लिए उसने चारों तरफ़ देखा। मरियम कम्बल के नीचे दुबकी हुई चुपचाप खाँस रही थी...खाँसी अब उतनी तेज़ नहीं थी, जितनी सुबह। उसमें अब ज़्यादा शक्ति नहीं बची थी। उसका मन हुआ कि वह अँधेरे कोने से उठकर ज़ोर से चीख़ उठे और उन सब आशंकाओं को धकेल दे, जो बार-बार उसे अपने में घेर लेती थीं।

वह सहसा रोना चाहता था अपने पिता के लिए, जो मर चुके थे और अब उनमें किसी प्रकार की मोह-ममता बाकी नहीं रह गई थी। वे कुछ देर में उनकी लाश उठाने आएँगे...उससे पहले क्या वही करना बेहतर नहीं होगा, जिसका सुझाव चिकी ने उसे दिया था? उसकी आँखों के सामने उसका छोटा-सा नुकीला चेहरा घूम गया। अगर वह नहीं करेगा, तो वे लोग अवश्य ही करेंगे, जो उसके पिता को उठाने आ रहे हैं। किन्तु उनसे कहीं ज़्यादा अधिकार उसका, मरियम का और माँ का है, क्योंकि वह उनके पिता थे।

उस क्षण उसे ख़याल आया कि पिताजी के मुँह में पीछे की तरफ़ सोने का दाँत था और तब उसे पिता की मुस्कराहट याद हो आई क्योंकि जब वह मुस्कराते थे, तो सोने का वह दाँत चमकने लगता था।

एक अजीब-सा डर उसे घेरने लगा...वह एक अलग क़िस्म का डर था। उसे डर था कि वे उसके पिता को उठाकर ले जाएँगे और फिर मरियम का वही हाल होगा, जिसकी तरफ़ माँ ने इशारा किया था। शायद बूढ़े ने चिकी को इस काम के लिए रिश्वत दी है और अब वह बाहर खड़ा होकर उन लोगों की प्रतीक्षा कर रहा है, जो पिता को उठा ले जाने के लिए टब लेकर आएँगे...और फिर वे सब मिलकर वही करेंगे, जो उसे करना चाहिए था।

अँधेरे में उसने माँ का चेहरा टटोलने की कोशिश की। पता नहीं, वह क्या सोच रही थीं! अपने बिस्तर पर आधी लेटी, आधी बैठी हुई वह अपना सूजा हुआ पैर सहला रही थीं। उनकी आँखों में गहरा धुँधला-सा आलोक टिमटिमा रहा था और एकटक आँखों से वह अँधेरे को निहारे जा रही थीं।

वह हड़बड़ाकर उठ खड़ा हुआ।

"मैं बाहर जाकर देखता हूँ...शायद कुछ मिल सके," उसने घुटती आवाज़ में कहा।

किन्तु माँ कुछ नहीं बोलीं।

"मैं बाहर जा रहा हूँ।"

वह तेज़ी से बाहर दहलीज़ की तरफ़ भागने लगा।

माँ को उसका व्यवहार काफ़ी विचित्र-सा लगा होगा, लेकिन अब वह सब चीज़ों के प्रति विरक्त-सी हो चली थीं। पहले वह दहलीज़ से कतराकर निकल जाता था ताकि उसे कम्बल में लिपटी उस चीज़ का सामना न करना पड़े। यही कारण था कि दीवार के खोखल से बाहर निकलते और भीतर घुसते हुए उसने अपने कपड़े फाड़ लिये थे। उसे ध्यान आया कि अगर कभी उसे भी पिताजी की तरह बाहर दहलीज़ के ठंडे पत्थरों पर लेटना पड़े, तो माँ के लिए उसके कपड़ों की क़ीमत कितनी कम हो जाएगी। वह सीधा दहलीज़ की तरफ़ चलने लगा। उसे डर था कि कहीं चिकी और दूसरे लोग टब लिये उससे पहले ही वहाँ न पहुँच जाएँ...शायद वे दहलीज़ के दूसरे छोर पर, जहाँ अँधेरा कम था, खड़े होंगे। इस ख़याल से ही उसका जबड़ा तेज़ी से काँपने लगा था।

दहलीज़ से एक अजीब तरह की बदबू आ रही थी—ठंडी सीलन, पुरानी ढहती दीवारों और चूहों की दुर्गन्ध। नहीं, निश्चय ही वह दुर्गन्ध पिताजी की देह से नहीं आ रही थी। वह कुछ देर तक प्रतीक्षा करता रहा। एक क्षण वह झिझका, फिर वह लाश पर झुक गया।

अब यह तुम्हारे पिता नहीं हैं, उसने मन-ही-मन अपने को समझाते हुए कहा...तुम्हारे पिता यह कल ज़रूर थे, लेकिन अब नहीं, अब यह कुछ भी नहीं हैं, महज़ एक लाश, एक बोझ, जिसे उठाकर सिर्फ़ फेंका जा सकता है। उसने मन-ही-मन निश्चय किया कि अब वह उसके बारे में ज़्यादा नहीं सोचेगा...या इतना ही सोचेगा जिससे उसका मन आश्वस्त हो सके कि कुछ भी नहीं हुआ है।

उसने एक झटके से कम्बल उठा दिया। फिर उसने अपनी आँखें मूँद लीं। उसने अपने से ही कहा, आँखें बन्द करने का कोई फ़ायदा नहीं है और फिर सहसा आँखें खोलकर वह चारों ओर देखने लगा। वह अब भी झिझक रहा था।

इस बार भी जो कुछ मिलेगा, मैं खा नहीं सकूँगा...उसे ख़याल आया किन्तु उसने इस ख़याल को बहुत जल्दी दबा दिया। उसे लगा, इस क्षण उसे सब ख़यालों को अपने भीतर दबा देना होगा, सिवाय इस एक चीज़ के और यह चीज़ भी नहीं। उसने याद करने की कोशिश की...और फिर उसे सहसा याद हो आया, वह कौन था, कहाँ था। फिर वह जुट गया। वह स्वयं अपने भीतर लपलपाती लिप्सा को देखकर भयभीत-सा हो गया और उसे दबाने की चेष्टा करने लगा। किन्तु फिर सहसा एक नया डर उसे कचोटने लगा—शायद वे लोग टब लेकर चिकी के साथ आ रहे हैं...और फिर दूसरा डर...वे उसे रँगे-हाथों पकड़ लेंगे। और कहीं बहुत दूर यह नीबू था। वह धीरे-धीरे दूर होता हुआ दहलीज़ के अन्तिम छोर पर जाकर ठिठक गया...एक नन्हा-सा पीला नीबू...और फिर वह ओझल हो गया। उस क्षण वह ठीक-ठीक याद नहीं कर सका कि नीबू कहाँ से आते हैं...पेड़ों पर लगते हैं या पौधों की तरह ज़मीन से उगते हैं। वह याद करने की कोशिश करने लगा...लेकिन शायद उसे उनके बारे में कुछ भी मालूम नहीं था।

सहसा उसकी दृष्टि एक काले पत्थर पर जा पड़ी। उसे ध्यान आया कि बिना पत्थर की मदद लिये वह शायद सफल नहीं हो सकेगा। एक अप्रीतिकर-सी भावना अब भी उससे चिपटी थी, जैसे वह छिपकर चोरी कर रहा है। आख़िर उसे वह ढीला होता दिखाई दिया। उसने एक लम्बी साँस खींची और पत्थर को नीचे फेंक दिया।

वह धीरे-धीरे अपने पैरों पर खड़ा हुआ...उसे लगा, जैसे उसकी देह, देह पर टिका हुआ सिर, बहता दरिया हो। उसने अपने हाथ पतलून से पोंछ डाले। उसने अभी उसे देखा नहीं था लेकिन उसे मालूम था कि वह उसके हाथ में है और वह उसे अपने हाथ से नीचे नहीं गिरने देगा। कुछ देर बाद वह अँधेरी दहलीज़ से रेंगता हुआ बाहर उजाले में चला आया।

बाहर गली में जो चीज़ उसे सबसे पहले दिखाई दी, वह चिकी का नुकीला चेहरा था। आख़िर मेरी आशंका ग़लत नहीं थी...उसने सोचा। वह बाहर मँडरा रहा है। किन्तु उसे ग़ुस्सा नहीं आया। उसे मालूम था कि वह अब चिकी से कहीं अधिक बेहतर स्थिति में है, क्योंकि उसने वह काम ख़ुद अपने हाथों पूरा कर लिया था।

"कहो...कैसे हो?" एर्विन ने उसकी ओर देखा।

"तुम पाजी हो!" चिकी ने सहज स्वर में कहा, "अब शायद मुझसे माफ़ी माँगने आए हो, क्यों?"

एर्विन ने अपनी हथेली में वह चीज़ भींच रखी थी।

"बस, दो घूँसे खाते ही तुम ज़मीन पर लोटने लगे," चिकी ने दाँत फाड़ते हुए कहा।

किन्तु चिकी को लगा कि एर्विन की आँखों के नीचे जो नीली छायाएँ उभर आई हैं, उनका उसके घूँसों से कोई सम्बन्ध नहीं है। उसके चेहरे का रंग बिलकुल पीला पड़ गया था और उसने अपनी जेब में कोई चीज़ पकड़ रखी थी।

"ख़ैर...कोई बात नहीं," एक क्षण बाद उसने तनिक उदार-भाव से कहा।

"अच्छा...यह लो," एर्विन ने धीरे से कहा।

उसने जेब से अपना हाथ बाहर निकाल लिया था, "इसके बदले में तुम्हें वह नीबू लाना होगा। मैं पूरा नीबू चाहता हूँ और सुनो...तुम्हें उसमें से कुछ नहीं मिलेगा...एक छोटा-सा टुकड़ा भी नहीं।"

उसने अपनी हथेली खोल दी...उस पर सोने की एक भद्दी फाँक रखी थी जिसका रंग ताँबे के एक बहुत पुराने और गन्दे टुकड़े की तरह मलिन हो आया था।

"अगर यह चौबीस कैरट का है, तो तुम्हें चिन्ता नहीं करनी पड़ेगी," चिकी ने कहा।

"तुम कब तक वापस आओगे?" एर्विन ने व्यावहारिक स्वर में पूछा।

"पहले इसे मेरे हाथ में रख दो," चिकी ने अधीर-भाव से कहा और फिर सोने के उस टुकड़े को अपनी अँगुलियों से सहलाने लगा।

"सुनो...पहले की तरह आधा-आधा हिस्सा रहेगा।"

"बकवास मत करो!" एर्विन ने कठोर स्वर में कहा, "अगर मरियम को पूरा नीबू नहीं मिलता, तो वह शाम तक नहीं बच सकेगी।"

"आधा हिस्सा मेरा रहेगा!" चिकी ने तीखे़ स्वर में कहा।

"अगर तुम उसमें से एक टुकड़ा भी लोगे, तो तुम्हारी जान ख़ैरियत में नहीं रहेगी।"

"मैं मुफ़्त में मशक़्क़त नहीं करूँगा," चिकी ने कहा।

"एक टुकड़ा भी नहीं मिलेगा।" एर्विन का स्वर आक्रोश और निराशा में काँप उठा, "जल्दी करो...अगर तुम उसे देर से लाए, तो कुछ फ़ायदा नहीं होगा।"

उसे लगा, जैसे गले और छाती में कोई चीज़ बर्फ़ की तरह जम गई है और फिर सहसा पिघलकर एक उफनती बाढ़ की तरह उसकी देह में बहने लगी है। वह यह सोचकर सहसा काँप उठा कि कहीं चिकी नीबू के बजाय दुबारा रोटी का एक टुकड़ा लाकर उसके सामने न रख दे...उसकी सारी मेहनत पर पानी फिर जाएगा। उसके गले में गोला-सा अटक गया और वह कुछ नहीं बोल सका।

“मुझे उल्लू बनाने की कोशिश मत करो,” चिकी ने कहा, “अगर तुम मुझे आधा हिस्सा नहीं दोगे, तो मैं तुम्हारी माँ के सामने तुम्हारी पोलपट्टी खोल दूँगा।”

“ईश्वर के लिए जल्दी करो,” एर्विन ने फूत्कारते हुए कहा। फिर उसका स्वर सहसा बहुत छोटा और धीमा-सा हो आया, मानो वह स्वयं अपने को विश्वास दिला रहा हो, “सुनो...यह बहुत-बहुत ज़रूरी है।”

चिकी गली में खड़े लोगों के गुच्छों के बीच रास्ता बनाता हुआ चलने लगा। उसने जल्दी में उन दो आदमियों की ओर भी ध्यान नहीं दिया, जो एक गन्दे चिथड़े से ढके हुए टब को अपने साथ ला रहे थे। उन्हें रास्ता देने के लिए गली के लोग किनारे की तरफ़ हट जाते थे...उन्हें मालूम था, वे वहाँ किसलिए आए हैं।

एर्विन लौटकर घर नहीं जाना चाहता था। वह अँधेरी, सँकरी दहलीज़ में आकर खड़ा हो गया। वहाँ सिर्फ़ उसका लम्बा, पतला सिर दिखाई देता था। वह एकटक निगाहों से सामनेवाली तंग गली को देखने लगा, जहाँ चिकी को वापस लौटकर आना था। उसकी आँखें बरबस आकाश की ओर उठ गईं...चिड़ियों का एक झुंड हवा में चक्कर काट रहा था।

और तब उसके भीतर कोई चीज़ बहुत धीरे-धीरे रोने लगी।

इतने बड़े धब्बे

यारोस्लाव पुतीक

यारोस्लाव पुतीक

[जन्म : 1923; निधन : 2013]

कम्यूनिस्ट पार्टी के सदस्य होने के कारण जर्मन अधिकारियों ने उन्हें 1940 में कंसन्ट्रेशन-कैम्प में भेज दिया। युद्ध के बाद चेक फिल्हार्मोनिक ऑर्केस्ट्रा के साथ उन्होंने न्यूज़ीलैंड, भारत, चीन और जापान की यात्राएँ कीं, जिनके संस्मरण उनकी प्रथम पुस्तक 'दूरियाँ' में संगृहीत हैं। उनके प्रथम उपन्यास 'दीवार' ने सबसे पहले आलोचकों का ध्यान उनकी अद्भुत मनोवैज्ञानिक अन्तर्दृष्टि की ओर आकर्षित किया था। हाल में ही उनका पहला कहानी-संग्रह 'जज का बुलावा' प्रकाशित हुआ है। इस संग्रह की लगभग सभी कहानियाँ एक ऐसे स्तर पर लिखी गई हैं, जो ऊपर से काफ़ी 'संगतिहीन' प्रतीत होता है, किन्तु जिनका अन्दरूनी तर्क किसी भी दृष्टि से अविश्वसनीय अथवा विचित्र नहीं जान पड़ता। 'इतने बड़े धब्बे' में उनकी कथा-शैली के समस्त असाधारण तत्त्व मौजूद हैं।

तीन सप्ताह पहले जब मैं सुबह उठा, मुझे लगा कि मैं मर गया हूँ। आप ग़लत न समझें...मैं पूरी तरह नहीं मरा था। साँस लेता हूँ, हृदय की धड़कन नियमित-रूप से क़ायम है, अपनी इच्छानुसार मैं दायाँ या बायाँ पैर उठा सकता हूँ, हाथ की अँगुलियों को बन्द कर सकता हूँ, नाक सिकोड़ सकता हूँ, आँखें झपका सकता हूँ और लोगों को घूर सकता हूँ। सब कुछ पहले-जैसा ही है किन्तु फिर भी मैं सही मानों में मृत हूँ। मुझे यह भेद कैसे पता चला? शेव करते समय मैं ग़लती से अपने को काट बैठा। ख़ून की बूँदें मेरी क़मीज़ पर टपकने लगीं, किन्तु मैंने उस ओर कोई ध्यान नहीं दिया। मेरी पत्नी ने जब मुझे देखा तो चीख़ पड़ी कि मैं यह क्या कर रहा हूँ...तब मुझे पता चला कि मैं सचमुच लहूलुहान हो गया हूँ, किन्तु मुझे महसूस कुछ भी नहीं हो रहा था। पेट्रोल में रुई का फ़ाहा भिगोकर मैंने घाव पर लगा दिया। उस समय मुझे पीड़ा होनी चाहिए थी और बाद में मुक्ति का अहसास..किन्तु मुझे न पीड़ा हुई, न उससे मुक्त होने का हल्कापन। कोई बहुत धुँधली-सी अनुभूति हुई थी, जो शायद पीड़ा से मिलती-जुलती थी किन्तु मैं पूर्ण रूप से निश्चित

नहीं था कि मुझे सचमुच पीड़ा हो रही है या सिर्फ़ पीड़ा होने का भ्रम हो रहा है। अपना आश्चर्य छिपाने के लिए मैंने जानबूझकर पीड़ा से अपना चेहरा सिकोड़ लिया। पत्नी कह रही थी...मैं कई बार तुमसे कह चुकी हूँ कि ज़रा होश सँभालकर काम किया करो।

फिर नाश्ता करने बैठा। रोटी के एक टुकड़े पर मक्खन लगाया। पहला लुकमा लिया तो जान पड़ा कि मेरे लिए रोटी या मक्खन का स्वाद नहीं के बराबर है। चाय के प्याले को मुँह से लगाते ही मैं सचमुच भयभीत-सा हो गया। मुझे कुछ भी पता नहीं चल सका कि चाय ठंडी है या गर्म, कड़वी है या मीठी। मेरी पत्नी तनिक विस्मय से मेरी ओर देखती हुई सिर हिलाने लगी। 'इतनी गर्म चाय मैं क्यों पिए जा रहा हूँ?' उसने पूछा। मैंने अपने कन्धे हिला दिये। उसे क्या जवाब दूँ, मुझे कुछ समझ में नहीं आया।

और इस तरह सारे दिन चलता रहा। घर से बाहर आकर मैंने पुरानी आदत के अनुसार सिगरेट जलाई और यथासम्भव गहरा कश लिया। किन्तु मुझे कुछ भी महसूस नहीं हुआ। लगा, मानो मैं गुनगुनी-सी हवा अपने भीतर खींच रहा हूँ। फुटपाथ पर चलता हुआ मैं ट्राम-स्टैंड की ओर बढ़ने लगा। चारों तरफ़ धूप फैली थी। मैंने दस्ताने उतारकर अपने हाथ सूरज की किरणों की तरफ़ फैला दिये। मुझे ज़्यादा आश्चर्य नहीं हुआ जब मैंने देखा कि मेरे हाथों में गर्मी का ज़रा भी स्पर्श नहीं हुआ। एक अजीब-सी घुटन मुझे घेरने लगी किन्तु वह घुटन मेरे लिए असहनीय नहीं थी—अप्रीतिकर भी नहीं।

काम करते समय मैं थोड़ा-बहुत प्रकृतिस्थ हो चला था। मशीनों के साथ उलझना मुझे पहले की तरह कठिन नहीं जान पड़ा। यंत्रचालित हरकतें, शारीरिक-क्रियाओं की नियमित लय और मशीनों से जुड़ा समूचा कार्य-कलाप मुझे सहसा बहुत सुगम और सुविधाजनक जान पड़ा।

लंच-टाइम में मैं फैक्टरी के रेस्तराँ में खाना खाने नहीं गया। मुझे आशा थी कि इस तरह रात के भोजन के लिए मेरी भूख बढ़ जाएगी। खाने के समय पत्नी ने मेरे आगे सूप की प्लेट रख दी। खोई-खोई-सी मनःस्थिति

में मैंने बिना किसी स्वाद के सूप ख़त्म कर डाला। घर में शान्ति बनाए रखने के लिए मैंने यह भी कहा कि सूप सचमुच बहुत बढ़िया था।

"और पोर्क-चॉप कैसी लगी?" पत्नी ने पूछा।

"पोर्क-चॉप?" मैंने पूछा, "पोर्क-चॉप के बारे में मुझे कुछ पता नहीं।"

मैंने बिना कोई ध्यान दिये पोर्क-चॉप निगल डाली थी। पत्नी मुझे सन्देह की दृष्टि से देखने लगी।

मुझे लगभग पक्का निश्चय हो गया था कि रात को अच्छी तरह सोने के बाद मैं फिर से अपनी पुरानी स्वस्थ स्थिति में लौट आऊँगा। किन्तु सोने के बजाय मैं अलस-तन्द्रा की अजीब-सी स्थिति में लेटा रहा। जब सुबह उठा, मेरी हालत काफ़ी ख़स्ता और हास्यास्पद थी। मैं यह निश्चय नहीं कर पा रहा था कि मुझे और अधिक देर तक सोना चाहिए या मैं काफ़ी देर तक सो चुका हूँ और अब मुझे उठ जाना चाहिए।

नाश्ते के समय मैं अख़बार पढ़ने लगा ताकि खाने के प्रति अपनी विरक्ति छिपा सकूँ। पूरा अख़बार पढ़ डाला और आख़िर स्पोर्ट के पन्ने पर आ पहुँचा। किन्तु जब पत्नी ने पूछा कि क्या कोई नई ख़बर आई है, मुझे सहसा पता चला कि मैं एक भी ख़बर याद नहीं रख सका हूँ।

"नहीं, कुछ भी नहीं...हमेशा की तरह कुछ भी नहीं," मैंने कहा।

मुझे महसूस हुआ कि अब वह सचमुच सन्दिग्ध दृष्टि से मेरी ओर देख रही थी। हे ईश्वर, कहीं वह मुझे डॉक्टर के पास जाने के लिए आग्रह न करने लगे! और वही हुआ भी। उसने काफ़ी चतुरता से घुमा-फिराकर बात शुरू की।

"छुट्टियों में हम कहाँ जाएँगे?" उसने प्रसन्न-भाव से पूछा।

बेशक, लम्बे अर्से से वह जानती थी कि छुट्टियों में हम कहाँ जाएँगे... वहीं, जहाँ हमेशा जाते थे। किन्तु उसका प्रश्न केवल एक छल था ताकि उसे लेकर वह मुझसे आराम करने के फ़ायदे, स्वास्थ्य और डॉक्टरों के बारे में चर्चा छेड़ सके। मैंने बहाना किया कि मुझे देर हो रही है और मैं झटपट घर से भाग खड़ा हुआ।

मुझे अचानक अहसास हुआ कि छुट्टियों में बाहर जाने की उमंग मेरे मन में बिलकुल नहीं है। नहीं, इसलिए नहीं कि वह शहर मुझे अच्छा लगता था, किन्तु मुझे वहाँ रहना ज़्यादा सुविधाजनक जान पड़ रहा था—ख़ास कर अब जब गर्मी, धूल, सूखापन और गलियों के शोर ने मुझे परेशान करना बन्द कर दिया था। हाँ, अगर पत्नी ज़िद पर अड़ जाएगी, तो विवश होकर जाना ही पड़ेगा—और ज़िद वह ज़रूर करेगी।

ईमानदारी की बात कहूँ तो मुझे लगता है कि उन दिनों मुझ पर जो गुज़र रही थी, उसे मैं उचित सन्तुलन के साथ नहीं समझा सका हूँ। यह सही है कि मुझे काफ़ी थकान और तनाव-सा महसूस होता रहता था किन्तु मैं इसका कारण नहीं समझ पाता था। पिछले दिनों मैंने कोई ऐसा भारी-बोझिल काम भी नहीं किया था, जिससे मैं अपनी थकान को जोड़ सकूँ। आख़िर मैं इस तर्कसंगत निर्णय पर पहुँच गया कि देह का अपना उतार-चढ़ाव होता है और बिना अँगुली हिलाए भी थकान उत्पन्न हो सकती है। मेरे मन में यह आशा भी बँधी थी कि एक बार मिलेना से मिलूँगा, तो सब कुछ ठीक हो जाएगा। वह ऑफ़िस के काम से बाहर गई हुई थी और किसी भी दिन वापस लौट सकती थी।

किन्तु असली संकट मिलेना से मिलने पर ही उत्पन्न हुआ। उस शाम उसके साथ रहकर मुझे अच्छा या बुरा कुछ भी न लगा। सिर्फ़ ऊबता रहा—और वह भी ज़्यादा नहीं। समूचा प्रेम-व्यापार—कपड़े उतारना, चूमना इत्यादि मुझे सहसा बहुत अर्थहीन-सा जान पड़ा, किन्तु इतना अर्थहीन नहीं कि वह मेरे भीतर सचमुच की कड़वाहट या जुगुप्सा जगा सके। मिलेना तत्काल भाँप गई कि कहीं कुछ गड़बड़ है। मैंने बहाने बनाए, टालमटोल की किन्तु सब व्यर्थ। आख़िर उसकी ज़िद के सामने हथियार डालकर मैंने उसे सब कुछ बता दिया। मुझे उससे सहायता पाने की कोई आशा नहीं थी...मैं सिर्फ़ उसके ऊबा देनेवाले अन्तहीन प्रश्नों से छुटकारा पाना चाहता था।

वह सहसा बहुत गम्भीर हो गई। मुझे आशा नहीं थी कि वह मेरी बात को इतनी गम्भीरता से लेगी। अपने प्रति उसकी चिन्ता को देखकर मैं भी

कुछ-कुछ अपने प्रति चिन्तित-सा हो गया। क्या मैं सचमुच बीमार हूँ? उसने निर्णय किया कि मुझे तुरन्त किसी डॉक्टर...साइकेट्रिस्ट के पास जाना चाहिए। मैंने उसे समझाने की कोशिश की कि मैं पागल नहीं हूँ—और अगर हूँ—तो भी मैं किसी के पास नहीं जाऊँगा।

उसने अधिक आग्रह-अनुनय नहीं किया किन्तु इस बात पर मुझे राज़ी ज़रूर करवा लिया कि मुझे कुछ-न-कुछ अवश्य करना चाहिए। क्या करना चाहिए, इस बारे में हम दोनों ही अँधेरे में थे।

उस रात मैं अपनी समस्या के बारे में सोचता रहा। बार-बार मैं बिस्तर से उठकर कमरे के चक्कर लगाता था, आदत से मजबूर होकर सिगरेटें फूँकता रहा किन्तु उनसे न मुझे कोई ख़ास थकान हुई, न मैंने अपने में ख़ास ताज़गी महसूस की। आख़िर मैं इस नतीजे पर पहुँचा कि मेरे सामने सिर्फ़ दो राहें खुली हैं—किसी हिंसात्मक कार्यवाही की मदद से अपने में बुनियादी परिवर्तन लाना या—धीरे-धीरे एक-एक क़दम रखकर अपने को पुनर्जीवित करना। किन्तु हिंसात्मक क़दम कैसा हो?—पुल से नीचे कूदना? अपने अफ़सर को चाँटा रसीद करना? फैक्टरी के रेस्तराँ में सूप का जो कटोरा मिलता है, उसमें मूतना? पब्लिक-पार्क में नंगे दौड़ना? अन्धाधुन्ध शराब पीना?

मैंने अन्तिम रास्ता अपनाया। किन्तु उससे कुछ ख़ास फ़ायदा नहीं हुआ। कई लिटर शराब और अनेक पैग वोदका पीने के बाद मुझ पर एक सूनी-सी जड़ता छा जाती। मैं उम्मीद करता कि कम-से-कम मेरा सिर दुखने लगेगा, लेकिन मुझ पर कोई असर न होता। मैंने कभी होश-हवास नहीं खोया। हमेशा ही मैं अपने को शान्त और स्थिर पाता और अगले दिन प्रकृतिस्थ-भाव से अपने काम पर निकल पड़ता। फैक्टरी की यंत्रचालित गतिविधियों में मुझे राहत-सी मिल जाती और अपनी मन:स्थिति मुझे काफ़ी दिलचस्प-सी लगने लगती।

दूसरे रास्ते भी थे, लेकिन उन्हें अपनाने का साहस मुझमें नहीं था। अपनी समस्या को लेकर मैं अक्सर मिलेना से सलाह-मशविरा किया करता था। उसने मेरी हर बात को बड़ी संजीदगी से लेना शुरू कर दिया था।

ऐसे मौक़ों पर कभी-कभी मुझे यह अहसास होने लगता कि शायद वह सचमुच मुझसे प्रेम करती है किन्तु इस विचार से न मुझे ज़्यादा अफ़सोस हुआ और न कोई ख़ास ख़ुशी। हाँ, मुझे भीतर-ही-भीतर वह बात दिलचस्प ज़रूर मालूम हुई हालाँकि वास्तव में मुझे उसमें कोई ख़ास दिलचस्पी नहीं थी। फिर भी मैंने सोचा कि कम-से-कम मुझे उसे दिलचस्प मानना चाहिए।

मिलेना ने मुझे धीरे-धीरे उपचार करने की सलाह दी और बड़े क्रूर भाव से उन सब उपायों को अस्वीकार कर दिया जिनमें पुल से कूदना, थूकना और नंगे होकर सड़कों पर घूमना शामिल थे। उसने उन्हें गुंडागर्दी कहकर रफ़ा-दफ़ा कर दिया। यह भी कहा कि मेरी उम्र में ये सब काम मुझे शोभा नहीं देते।

मेरे प्रति उसकी गहन सहानुभूति और मदद देने की भावना को देखकर कभी-कभी मैं अभिभूत-सा हो जाता। हमने यह तय किया कि उपचार की समूची व्यवस्था उसकी व्यक्तिगत देखरेख के नीचे रहेगी और कम-से-कम इलाज के दिनों में मैं पूर्ण रूप से उसके प्रति कर्तव्यनिष्ठ और ईमानदार रहूँगा। यह काफ़ी नेक विचार था क्योंकि असलियत में मैं कुछ भी महसूस नहीं करता था—मेरी ऊपरी प्रतिक्रिया सिर्फ़ दिखावा और बहाना थी—कुछ उसी तरह, जैसे कोई गूँगा-बहरा बोलने और सुनने का बहाना करता हो। मुझे लगता था कि धीरे-धीरे जीने-जानने की सब कसौटियाँ और उपचार मेरे लिए लुप्त हो जाएँगे।

इलाज की शुरुआत हमने बदन में सुई घुपोने से की। इलाज का यह तौर-तरीक़ा किसी अनभ्यस्त दर्शक के लिए अवश्य हास्यास्पद होता, किन्तु मिलेना इस बारे में अत्यन्त गम्भीर थी। उसे यह देखकर गहरी निराशा हुई कि पहली, दूसरी और तीसरी बार सुई चुभोने के बावजूद मेरी देह में किसी प्रकार की कोई प्रतिक्रिया नहीं हुई।

ख़ून का फ़व्वारा बह निकला—मिलेना ने यंत्रवत् पूछा, "अब?"

"कुछ भी नहीं।" मैंने अपना ज़ख़्मी हाथ टिंक्चर की बोतल में डाल दिया लेकिन मुझे ज़रा-सी भी चिड़चिड़ाहट महसूस नहीं हुई।

हम दोनों किंकर्तव्यविमूढ़-से होकर बैठे रहे।

अगली शाम मिलेना ने संगीत की सहायता ली। उसने बहुत-से रिकॉर्ड बजाए—लेकिन सब व्यर्थ। उन रिकॉर्डों ने भी मेरी भावना को नहीं छुआ, जो पहले कभी मुझे अच्छे लगते थे। मुझे लगा, जैसे मैं कुछ ध्वनियाँ सुन रहा हूँ जो न प्रीतिकर हैं, न अप्रीतिकर, जिनके प्रति मैं सर्वथा उदासीन हूँ। जैज़ के रिकॉर्डों के प्रति भी मैं तटस्थ रहा। पहले उन्हें सुनता था तो मुझे काफ़ी झुँझलाहट-सी होती थी किन्तु अब उन्होंने मुझ पर कोई असर नहीं किया।

काफ़ी ग़मगीन-भाव से हमने एक-दूसरे से विदा ली। सच कहूँ, तो मिलेना बहुत उदास थी हालाँकि वह निराश नहीं हुई थी। मुझे अपने पर ग्लानि हुई। मैं उसे किसी प्रकार की पीड़ा या यातना नहीं पहुँचाना चाहता था। यों भी वह बेचारी कम परेशान नहीं थी।

आश्चर्य है, घर में मेरा अभिनय काफ़ी सफल रहा। मैं सदैव इस कोशिश में रहता था कि हर चीज़ के प्रति अपनी सही प्रतिक्रिया प्रदर्शित करने का बहाना कर सकूँ। फलस्वरूप मैं एक सहृदय, आदर्श पति की तरह पेश आने लगा। आप ही सोचिए, इससे बड़ी व्यंग्यात्मक स्थिति और क्या हो सकती है!

मिसाल के तौर पर बिना पूछे ही मैं भोजन की तारीफ़ करता था। यह कहना नहीं भूलता था कि घर की सफ़ाई-सजावट बहुत अच्छी है। अपनी पत्नी से नागरिक-कमेटी के प्रोग्रामों के बारे में पूछताछ करता था...यहाँ तक कि मैं पड़ोसियों की बातों में भी दिलचस्पी दिखाने लगा जबकि पहले मैं उन्हें एक कान से सुनकर दूसरे कान से निकाल देता था।

हालत यह हो गई कि मैं अब कूड़े की टोकरी साफ़ करने लगा और खाने के बाद बर्तन धोने लगा। मेरी पत्नी अक्सर उलाहना देती कि मैं बिना सोचे-समझे उन्हें ठंडे पानी से धो डालता हूँ। मैं उसे कैसे विश्वास दिलाता कि जो कुछ मैं करता हूँ, सचमुच उसके बारे में मुझे कुछ नहीं मालूम।

इस बीच मिलेना के साथ उपचार के प्रयोग चलते रहे। एक बार उसने मेरे लिए तेज़ और तगड़ी 'ब्लैक' कॉफ़ी बनाई। मैंने एक के बाद एक तीन प्याले पी डाले। मुझे लगा, मेरा हृत्-स्पन्दन तेज़ हो गया है लेकिन इसके

अलावा मुझे कुछ और नहीं हुआ। अत्यधिक 'कोपीन' पीने का असर जो दूसरे लोगों पर होता है...पसीना आना, हाथों में कँपकँपी छूटना—उसके कोई आसार मुझ पर दिखाई नहीं दिये। उस रात मैं उसी तरह सोया—या नहीं सोया—जैसा किसी दूसरी रात को।

हमने एक बार फिर मद्यपान का सहारा लिया—किन्तु व्यर्थ में। मुझ पर कोई असर नहीं हुआ लेकिन बेचारी मिलेना धुत्त हो गई। गहरी निराशा में वह इस तरह ज़ार-बेज़ार रोने लगी कि मेरे लिए उसकी सुबकियाँ सुनना असह्य हो गया।

मैंने दवा की गोलियाँ खानी शुरू कीं—नींद लाने के लिए और नींद भगाने के लिए—लेकिन सब व्यर्थ। फिर मैंने जासूसी उपन्यास पढ़ने शुरू कर दिये—मिलेना उन्हें अपने मित्रों से माँगकर मेरे पास छोड़ जाती थी। कोई नतीजा नहीं। वे मुझे सिर्फ़ ऊबा देते थे...सच कहूँ तो मुझे उसमें रत्ती-भर दिलचस्पी नहीं थी। आख़िर हारकर वह बेचारी मेरे लिए अश्लील क़िस्म की तसवीरों को जमा करने लगी। उन्हें देखकर मेरे मन में जुगुप्सा या लज्जा का भाव ज़रूर उत्पन्न हुआ—लेकिन कोई तीव्र प्रतिक्रिया नहीं हुई।

फिर हमने सैर-सपाटा करने का नया प्रयोग आज़माया। अपनी शिफ़्ट ख़त्म करने के बाद मिलेना शहर के बाहर मेरी प्रतीक्षा किया करती थी। हम देर तक जंगलों में घूमा करते थे, बादलों को देखा करते थे। किन्तु इससे मुझे जो आराम मिला, वह बहुत अल्पकालीन था और वह 'आराम' ही था, यह कहना भी बहुत मुश्किल है। यह प्रयोग यद्यपि अन्य प्रयोगों की अपेक्षा सबसे अधिक सफल रहा, फिर भी उसका कोई स्थायी परिणाम दृष्टिगोचर नहीं हुआ। सिर्फ़ मिलेना की निराशा और अधिक गहरी हो गई।

सबसे बुरी बात यह थी कि वह अब भी प्रेम-व्यापार नहीं छोड़ना चाहती थी। कल्पना कीजिए, वह प्रेम कितना भयंकर हो सकता है, जिसका उद्देश्य उपचार या सुधार करना हो! सोद्देश्यतापूर्ण प्यार न केवल जीवित व्यक्ति के लिए, बल्कि मृत प्राणी के लिए भी घिनौना हो सकता है। किन्तु दूसरी तरफ़ मेरा मन उसके प्रति सहानुभूति से भर जाता था जिसके परिणामस्वरूप घृणा

और कटुता की भावना ज़्यादा नहीं उभर पाती थी। और फिर से एक शान्त बिन्दु पर आकर टिक जाता था।

मैं देख रहा था कि दिन-प्रतिदिन उसकी बेचैनी बढ़ती जा रही है किन्तु मुझे यह समझ में नहीं आता था कि इससे मुझे ख़ुश होना चाहिए—या उदास। ऐसी स्थिति में एक दिन अवश्य ही हमारा सम्बन्ध-विच्छेद हो जाएगा और उससे मुझे तसल्ली मिलेगी, यह मैं जानता था। लेकिन क्या इससे मुझे दुःख नहीं होगा? दुःख अपने लिए और मिलेना के लिए—जो मुझे छोड़कर कहीं नहीं जा सकती थी?

किन्तु इस ऊहापोह के बावजूद मेरे सामने एक चीज़ बिलकुल साफ़ थी। मैं जानता था कि जिस दिन मिलेना को सचमुच खो दूँगा, उस दिन से मैं अपने बहानों और आत्म-छलनाओं के जाल में फँसता जाऊँगा... एक ऐसी कृत्रिम दुनिया का सदस्य बन जाऊँगा जिसमें झूठी और बनावटी मुस्कानें, अनुभूतियाँ और नाराज़गियाँ दिन-रात मुझे घेरे रहेंगी। धीरे-धीरे मैं इस कृत्रिम ज़िन्दगी का इस बुरी तरह आदी हो जाऊँगा कि मुझे कोई पहचान नहीं सकेगा और मैं अपनी दैहिक मृत्यु की घड़ी तक इसी तरह दिन-रात घिसटता रहूँगा। लेकिन बेचारी मिलेना का क्या होगा? क्या उसकी क़िस्मत में यही लिखा है कि वह आजीवन एक मुर्दे के इर्द-गिर्द मँडराती रहे—एक ऐसे व्यक्ति का पल्ला पकड़े रहे, जो साँस लेता है, बोलता है लेकिन महसूस कुछ भी नहीं करता—जो जीवित नहीं है? इसकी तुलना में क्या भुस-भरे भालू या प्लास्टर के गुड्डे के साथ रहना ज़्यादा बेहतर नहीं है? पत्नी की बात अलग है, लेकिन मिलेना के साथ यह सरासर अन्याय था।

आख़िर वही हुआ, जो शायद कभी-न-कभी होना था। मिलेना दिन-पर-दिन घुलती जा रही थी। मुझे जीवित करने के नये-नये प्रयोगों की असफलता उसकी यातना को और अधिक भयानक बना देती थी। उसे अब यह असम्भव नहीं लगता था कि मैं किसी दिन 'पब' में मार-पीट कर बैठूँगा या पुल से कूदकर नदी में डूब जाऊँगा।

किन्तु मैं जानता था कि अब वह समय गुज़र गया जब इस तरह की हिंसात्मक कार्यवाहियाँ मेरी मदद कर सकती थीं। अब उनका कोई फ़ायदा नहीं था। ऐसी स्थिति में बेहतर यही होता कि मैं मिलेना से अपना सम्बन्ध-विच्छेद कर लेता, किन्तु न जाने क्यों, मैंने ऐसा नहीं किया। शायद कमज़ोरी के कारण या शायद अब भी मेरे भीतर कहीं सहानुभूति का एक अंश जीवित बचा रह गया था।

एक दिन सहसा मैंने पूरी शक्ति से उसे अपने आलिंगन में कस लिया। पहले क्षण तो मेरी उद्दीप्त-भावना ने उसे आश्चर्य में डाल दिया, किन्तु दूसरे ही क्षण असीम आनन्द में विभोर-सी हो गई। अब? उसने प्रश्न-भरी दृष्टि से मेरी ओर देखा। हाँ...मैंने कहा, अब मैं पहले की अपेक्षा बेहतर महसूस कर रहा हूँ...ज़्यादा नहीं, फिर भी काफ़ी। उसने बड़े उत्साह से मेरे झूठ पर विश्वास कर लिया। मुझे हल्का-सा सन्देह हुआ कि उसका उत्साह ज़रूरत से कुछ ज़्यादा ही है। सम्भवत: वह भी मेरी बात पर विश्वास करने का बहाना कर रही थी ताकि मुझे प्रसन्न कर सके, मेरी नियति के दारुण-बोझ को कुछ कम कर सके। वह मुझसे आग्रह करने लगी कि मैं जो कुछ भी महसूस कर रहा हूँ, उसे बड़े विस्तार से बताऊँ...बिना किसी दुराव-छिपाव के सब कुछ कह डालूँ। मैंने टालते हुए उसे उत्तर दिया कि जब मैं अपनी आँखें मूँदता हूँ तो अपने सामने इतने बड़े-बड़े धब्बे देखता हूँ—इतने बड़े धब्बे!

"कितनी प्यारी बकवास है," उसने कहा। "बड़े धब्बे! कितनी दिलचस्प चीज़...सुनो, डार्लिंग, तुम्हारी कल्पना-शक्ति लौट रही है। तुम जीवित हो।"

शायद उसकी बात में कुछ सत्य हो।

एक रात के प्रेमी

ईवान क्लीमा

ईवान क्लीमा

[जन्म : 1931]

क्लीमा ने अपना साहित्यिक-जीवन रिपोर्ताज लिखने से आरम्भ किया। उनकी प्रथम पुस्तक 'तीन सीमाओं के बीच' स्लोवाकिया के सम्बन्ध में अत्यन्त गहन अध्ययन और साधारण जनजीवन के प्रति सूक्ष्म अन्तर्दृष्टि का परिचय देती है। आधुनिक कथा-साहित्य में क्लीमा का एक विशिष्ट स्थान है और उसका श्रेय उनके प्रथम उपन्यास 'ख़ामोश घड़ी' को जाता है। वह शायद पहला उपन्यास था जिसने चेकोस्लोवाकिया में होनेवाली समाजवादी क्रान्ति के उजले-काले पक्षों पर इतने निर्भीक और निर्मम ढंग से प्रकाश डाला है। उनके दर्शन पर कारेल-चापेक का गहरा प्रभाव दिखाई देता है—अत: यह आश्चर्य की बात नहीं कि उनकी पुस्तक 'कारेल-चापेक : एक अध्ययन' अपने में एक नितान्त मौलिक दृष्टिकोण प्रस्तुत करती है। ईवान क्लीमा उन चेक लेखकों में हैं जो बराबर मार्क्सवाद और अस्तित्ववाद के बीच एक 'व्यक्तिगत' समन्वय खोजने का प्रयत्न करते रहे हैं। उपन्यास के अतिरिक्त उनके दो कथा-संग्रह 'एक ख़ूबसूरत दिन' और 'एक रात के प्रेमी' प्रकाशित हो चुके हैं।

आकाश में साफ़ बैंगनी रंग की विद्युत-रेखा। उसकी आँखें खुल गईं। आँधी... आज सुबह से ही आँधी आएगी, उसने सोचा। खिड़कियाँ धीरे-से काँप जाती थीं। उसके भीतर एक घुटी-घुटी-सी पीड़ा उमड़ने लगी। काश, मैं माँ के आँचल में अपना सिर छिपा सकती, लेकिन नहीं; अब वे दिन गुज़र गए, जब मैं ऐसा कर सकती थी। उसने कसकर आँखें मूँद लीं। सहसा अर्सा पहले की याद हो आई, जब वह अपने को बचाने के लिए कहीं-न-कहीं आश्रय खोज लेती थी। उसके मन में हल्का-सा आश्वासन भर आया—शायद आँधी के कारण, या शायद इसलिए कि वह अभी तक रात के सपनों में उलझी थी, या शायद वह समय अभी पूरी तरह से 'अतीत' नहीं बन पाया था, जब वह दुःख से छुटकारा पाने का सहारा खोज लेती थी।

उससे नहीं रहा गया। उसने अपना हाथ उठाया...एक अजीब-सा शून्य और कुछ नहीं। इतना गहरा कि उसकी हथेली उसे छू सकती थी, उसकी नीरव साँस सुन सकती थी। न जाने यह दिन कैसा होगा जो आँधी से शुरू हुआ है?

जब वह दुबारा जागी, तो सचमुच सुबह हो चली थी। उसे अपनी पलकों पर हल्की-सी गरमाई महसूस हो रही थी। दीवार के पीछे लड़ाई-झगड़े का शोर सुनाई दे रहा था...प्रतिदिन का लड़ाई-झगड़ा।

उसने अपनी टाँगें बिस्तर पर सिकोड़ लीं। दिन...एक फैला हुआ दिन... धीरे-धीरे उसकी अँगुलियों में सिमट रहा था। आज मैं ख़ाली हूँ—उसने सोचा और फिर उसके भीतर वही घुटी-घुटी-सी पीड़ा जगने लगी। क्या मैं सचमुच उससे छुटकारा नहीं पा सकूँगी? लेकिन छुटकारा पाने की कोशिश क्यों? मैं उसके बारे में सोचूँगी ही नहीं। मैं ख़ुद वही चाहती थी, जो हुआ है। अगर उसने वह कुछ न किया होता, जो उसने किया है...तो भी हम साथ न रह पाते।

फिर भी रह-रहकर एक पछतावा-सा उभर आता है। आख़िर उसने ऐसा क्यों किया...? वह आख़िर तक मुझे झुठलाता रहा, जब मैं उसे इतना चाहती थी और वह स्वयं बार-बार मुझे अपने प्यार के बारे में विश्वास दिलाता था। क्या मैं कभी कोई सबूत दे सकती हूँ...?

सुना है, प्रेम अगर वह सचमुच सच्चा है, बाँटा नहीं जा सकता। वह सम्पूर्ण है...और स्थायी है। मैं उसे पहचान न सकूँ, यह दूसरी बात है। आख़िर हर आदमी के भाग्य में असली प्रेम को जी पाना शायद नहीं लिखा। शायद हर कोई उसे मुकम्मिल तौर से महसूस नहीं कर सकता।

इस ख़याल से सहसा उसका मन आकुल हो उठा। खिड़की के बाहर एक सूखी टहनी दिखाई दे रही थी, जिस पर कुछ बूँदें चमक रही थीं। तुम सोचते हो...मैं ऐसा प्रेम कभी अनुभव नहीं कर सकूँगी। आज के दिन की तरह मैं हमेशा उससे वंचित रहूँगी। लेकिन सुनो—मैं प्रतीक्षा कर सकती हूँ। किसी दिन ऐसी ही सुबह होगी, कोई मेरे ऊपर झुकेगा, अपने हाथ से मुझे खींचेगा—पास, बहुत पास और मैं उसे पूरा-का-पूरा पा लूँगी और उसकी गरमाई मुझे अपने में घेरती जाएगी।

फिर उसे ख़ालीपन-सा लगा—गहरा ख़ालीपन। वह किसी के बारे में नहीं सोचेगी, लेकिन यह ख़ालीपन उसके भीतर था। वह कपड़े पहनेगी,

फिर चुपचाप दबे क़दमों से सँकरी, टेढ़ी-मेढ़ी सीढ़ियों पर उतरते हुए मकान के छोटे दरवाज़े तक चली जाएगी। यह उसका कमरा है—जहाँ छिपा जा सकता है। देखा जाए, तो असल में यह कमरा नहीं था। पहले यह एक गोदाम था...झुकी हुई छत, ऊँचाई पर एक छोटी-सी खिड़की जो गले के निचले हिस्से से शुरू होती थी और माथे पर जाकर ख़त्म हो जाती थी। आसपास दुकानें थीं, जिन्हें वह बचपन से देखती आई थी। कमरे में टीन का एक बेसिन था, जिसमें गलियारे से पानी लाकर भरना पड़ता था। एक अलमारी थी और इस्तरी करने का एक लम्बा पट्टा था, जिसका कपड़ा जगह-जगह पर जल गया था। एक कोने में ढुलमुल कुर्सी और नीली सुतली का गोला पड़ा था, जिसे पार्सलों या बक्सों को बाँधने के लिए काम में लाया जाता था—यों उसे कपड़े टाँगने या जीवन से पराजित लोग अपने गले में बाँधने के लिए भी इस्तेमाल कर सकते थे। खिड़की और दरवाज़ा बन्द रहने के कारण कमरा तनिक भयावह-सा दिखाई देता था। किन्तु उसे अपनी ढुलमुल कुर्सी पर बैठकर बहुत धीरज मिलता था। खिड़की से बाहर देखते हुए लगता था मानो किसी पिक्चर-पोस्टकार्ड पर समूची दुनिया ऊपर से नीचे डोल रही है।

सुबह...आँखों में तिलमिलाती धूप। ऊपर नीला आकाश फैला था, दो-तीन बादल धूप में धीरे-धीरे रेंग रहे थे। लगता था, वह एक झील है, जिसका कोई ओर-छोर नहीं और जिस पर कुछ नावें बह रही हैं...या एक नीला रेगिस्तान, जिसमें सफ़ेद हाथियों का कारवाँ चुपचाप चल रहा है। मैं भी वहाँ जाऊँगी और भटकती रहूँगी। सम्पूर्ण नीरवता में काम-काज की आवाज़ें, एक जगह से दूसरी जगह तक उड़ती नीली रेत, एक मीनार या चिमनी की सिलहट जो मरीचिका की तरह आकाश में उठती है, एक विराट मंच पर विराट मूर्ति की तरह...लेकिन वहाँ मूर्ति नहीं है, सिर्फ़ एक सुन्दर स्मृति का आभास, फिर नीचे, छतों के नीचे—जहाँ मेरा शहर है—नदी से सटा हुआ, और नदी पर रंग-बिरंगे हाशिए, ट्रामें और लोग, जो छोटे-छोटे बिन्दुओं की तरह अलस-गति में चल रहे हैं। जब मैं सीढ़ियाँ उतरूँगी, तो मैं भी इन्हीं लोगों की तरह हो जाऊँगी और सम्भव है, कोई ख़ुशी की झोंक में आकर

मुझसे कहेगा—बस, अब यहीं रहो, वापस मत जाओ। लेकिन नहीं, मैं यहीं ठीक हूँ, हालाँकि इन सबके बीच भी मुझे बुरा नहीं लगेगा, लेकिन फिर भी यहाँ मैं बिलकुल ठीक हूँ। यहाँ मैं जब चाहूँ, अकेली रह सकती हूँ और जब न चाहूँ, तो नहीं। मेरी इस कोठरी से आकाश बहुत पास दिखता है, पेड़ की नंगी डाल भी, धीरे-धीरे ऊपर सरकती हुई अन्तिम मीनार और चिमनी की आख़िरी सिलहट; अभी सिर्फ़ सुबह है और धूप चढ़ रही है। इस दिन की शुरुआत कितनी स्वप्निल थी! लेकिन अब...यह दिन उष्ण मिट्टी में एक पेड़ की तरह उग रहा है...एक खेत की तरह...शहर से बाहर निकलती हुई एक छत की तरह। यह एक ऐसा दिन है, जिसमें कुछ किया जा सकता है। मैं अवश्य कुछ करूँगी...कुछ भी। पहले मैं अपनी यह तह की हुई सफ़ेद स्कर्ट पहनूँगी, फिर मार्केता के साथ नदी में नहाने जाऊँगी। नहीं...शायद अकेले घूमना ज़्यादा बेहतर होगा। अकेलेपन में कोई बुराई नहीं। निश्चय ही रास्ते में किसी युवक से मुठभेड़ हो जाएगी। वह कहेगा...मैं ख़ास कहीं नहीं जा रहा, यूँ ही आज के दिन बाहर निकलने की इच्छा हुई थी। मैं उत्तर में कहूँगी...मैं भी ऐसे ही घूमने निकली थी। लेकिन शायद यह होगा नहीं। शायद इसका बिलकुल उलटा हो। सम्भव है, शायद मैं किसी ऊबे हुए विवाहित सज्जन से टकरा जाऊँ। लेकिन इससे कोई अन्तर नहीं पड़ता। मैं किसी ऐसी जगह निकल जाऊँगी, जहाँ बहुत-सी चट्टानें हों। मैं एक-एक करके उन पर चढ़ूँगी और मुझे लगेगा कि वह भी मेरे साथ है। लेकिन आज के दिन मैं सब रास्तों को छोड़कर अकेली ही नर्म, गुनगुनी घास पर लेटी रहूँगी। लेटी रहूँगी और प्रतीक्षा करूँगी। अपने इस गोदामनुमा कमरे का दरवाज़ा चुपचाप बन्द करके बाहर चली जाऊँगी। बन्द दरवाज़ों और खिड़कियों के पीछे इस कोठरी में सिवाय सुतली के काँपते सिरे के कुछ भी नहीं बचा रहेगा।

सफ़ेद स्कर्ट और हरे रंग का ब्लाउज़ पहनकर वह ट्राम की लाइनों के संग-संग चल रही थी। पुराने मकानों की दीवारों पर मोटे-मोटे अक्षरों में लिखा था : 'सावधान...पत्थर गिर रहे हैं।' आख़िर वह एक लम्बी इमारत के सामने खड़ी हो गई—गेट के दोनों ओर देवदूतों की दो भद्दी मूर्तियाँ खड़ी थीं। एक क्षण वह बाहर झिझकी-सी खड़ी रही। फिर दरवाज़ा खटखटाकर भीतर चली आई। दफ़्तर के कमरे में टाइपराइटरों की आवाज़ें भिनभिना रही थीं। पीले और नीले लट्टुओं का मद्धिम प्रकाश फैला था। चारों ओर से सिगरेटों और सस्ती कॉफ़ी की गन्ध आ रही थी।

"क्या बात है, कार्तेनो?" माँ ने उसकी ओर देखा।

"कुछ नहीं।"

माँ ने पीले चेहरे पर पाउडर थोप रखा था। होंठों को बड़ी सावधानी से रँगा था। बालों को हाल में ही काले शेड में बदलवा लिया था। माँ अब भी प्यार की भूखी हैं।

"मैं बाहर जा रही हूँ, माँ!"

"किसके साथ?"

"अकेली।"

"झूठ मत बोल!"

"हाँ, अकेली। डरो नहीं।"

माँ ने चारों ओर देखा, फिर ज़रा दरवाज़े से हटकर खड़ी हो गईं।

"फिर झूठ! आख़िर तू भी झूठ बोलने से बाज़ नहीं आएगी!"

"मैं झूठ नहीं बोल रही। हम दोनों अलग हो गए हैं।"

"लड़की...ज़रा होशियारी से रहो।"

"माँ...तुम मुझ पर विश्वास क्यों नहीं करतीं?"

"मुझे तंग मत कर...कार्तेनो!"

दरवाज़े खुलते हैं। कमरों से बिजली का फीका पीला आलोक बाहर बह आता है। टाइपराइटरों की कर्णभेदी खड़खड़ाहट सुनाई दे जाती है।

"कार्तेनो...तू मुझसे कुछ कहने आई थी?"

"नहीं, माँ, कुछ भी नहीं।"

माँ की आँखों के इर्द-गिर्द झुर्रियाँ हैं, जिन्हें पाउडर ने दबा दिया है। उसे मालूम है, ये झुर्रियाँ इधर-उधर निरर्थक चक्कर काटने का परिणाम हैं। लेकिन माँ के सामने दूसरा चारा भी क्या है? बाबू हमेशा उनसे कतराने की कोशिश में लगे रहते हैं।

"नहीं, माँ...कुछ भी नहीं। आज बाहर बहुत अच्छा है।"

"कार्तेनो...आज तू मुझे बड़ी बहकी-बहकी-सी लग रही है...रात को जल्दी लौट आना।"

"अच्छा, माँ।"

बाहर चकाचौंध धूप फैली थी। अजीब-सा ख़ाली आलोक। जल्दी करने की घड़ी बीत चली थी। वह अभी बिस्तर से उठा होगा।

होस्टलों में रहनेवाले यों भी दिन-चढ़े उठते हैं। काश, मैं भी आगे पढ़ सकती—बायोलॉजी या साहित्य! लेकिन बाबू और माँ दोनों मुझे चार साल तक अपने हाथों में कैसे रख पाते? बाबू की अपनी प्रेमिका है और माँ के अपने आदमी। माँ अपने लिए पैसा जोड़ती हैं। छिः, गले में फन्दा लगाकर मर क्यों नहीं जातीं?

ट्राम का कहीं अता-पता न था। ट्राम नहीं, तो कम-से-कम टेलीफ़ोन कर सकती हूँ, उसने सोचा।

टेलीफ़ोन-बूथ ख़ाली पड़ा था। साइड-बोर्ड पर कुहनी टिकाकर वह आराम से खड़ी हो गई। टाँगों को बूथ की दीवार तक पसार लिया। मेरी टाँगें काफ़ी ख़ूबसूरत हैं...मुझे मालूम है, दूसरी लड़कियों को मुझ पर क्यों इतनी ईर्ष्या होती है, जब कभी मैं अपने कपड़े उतारती हूँ? सिर्फ़ पचीस हैलर...एक कॉल के लिए। मैं उसे फ़ोन कर सकती हूँ। लेकिन होगा क्या? सम्भव है, वह टेलीफ़ोन पर कहेगा...कौन है? कार्तेनो...क्या तुम हो? या दूसरी लड़की का नाम लेकर कहेगा—लिबूशे, क्या तुम हो? आख़िर उसने ऐसा किया क्यों? अगर वह मुझसे सिर्फ़ यह कह देता कि देखो...बदला कुछ भी नहीं है। मैं मार्केता को फ़ोन कर सकती हूँ। मैं कहूँगी...मार्केता, कुछ पता चला?

मैं और ओटा अलग हो गए हैं। ज़रा सोचो तो, पिछले दो सालों से वह किसी दूसरी लड़की के साथ जा रहा था और मुझे इस बारे में कुछ भी पता नहीं था। जानती हो, पिछली गर्मियों में जब उसने मुझसे कहा था कि वह 'बोटिंग-टूर' पर जाएगा, तो वह उसी लड़की के साथ गया था। मैंने उससे कह दिया कि इस तरह नहीं चल सकेगा—मैं कभी उसके साथ इस तरह नहीं जा सकती। वैसे भी हम दोनों एक-दूसरे को समझते नहीं थे। तुम ख़ुद कहती थीं कि मैं उसके साथ कैसे निभा पाती हूँ...तुम कहती थीं कि उसके साथ मैं अपने को खो देती हूँ। अब मुझे तुम्हारी बात सच लगती है। सुनो... अब मैं ठीक हूँ। अब मुझे कोई पछतावा नहीं है...हालाँकि इससे पहले... एक महाशय बूथ का शीशा खटखटा रहे थे। लग भी रहे थे पूरे महाशय जी! ज़रूर अपने बच्चों को पीटते होंगे। ज़रा ठहरो...मैंने फ़ोन नहीं किया। पचीस हैलर तुम्हें दे दूँगी। बस, ज़्यादा लाल-पीला होने की ज़रूरत नहीं।

ट्राम आ रही थी—आधी ख़ाली। मैं कम्पार्टमेंट के बाहर खड़ी रहूँगी। गर्मी तेज़ हो चली थी। ट्राम-ड्राइवर के पीछे खड़े होकर चुपचाप प्रेम के बारे में सोचूँगी। प्रेम के बिना जीवित रहना—सबसे बुरी बात यह नहीं है। सबसे बुरी बात ऐसे 'प्रेम' में जीवित रहना है, जो छोटे-छोटे टुकड़ों में टूट चुका है। फिर वह प्रेम न रहकर एक बोझ बन जाता है। उसे अपने पर गर्व था कि उसने ऐसे प्रेम को ठुकरा दिया था, जो एक बोझ में बदलने लगा था।

वह एक स्टेशन पहले ही ट्राम से उतर गई। होस्टल की भद्दी इमारत सामने खड़ी थी, खिड़कियाँ बन्द थीं। निचली मंज़िल के रोशनदानों पर काग़ज़ चिपके थे। वह वहाँ एक क्षण भी न ठहरी। इमारत का चक्कर लगाकर वह सीधी सड़क पर चली आई। उसे लग रहा था, वह बिलकुल स्वतंत्र और मुक्त है। उसके आगे पूरा दिन था। पूरी ज़िन्दगी थी। ऐसे दिन थे जो कल्पना से परे थे और जिन्हें लेकर वह कुछ भी बना सकती थी। किन्तु वह उन दिनों के बारे में नहीं सोच रही थी। वह आज सिर्फ़ आज के बारे में सोच रही थी, जो कुछ भी बन सकता है।

कुछ देर बाद एक मोटर ने उसका रास्ता रोक लिया। ड्राइव करनेवाले आदमी ने मोटर का दरवाज़ा खोला और सरसरी निगाह से उसकी ओर देखने लगा। वह शायद उसे देखकर सन्तुष्ट था क्योंकि छूटते ही उसने पूछा, "कहाँ जाओगी?"

"कहीं भी।"

"फिर ठीक है..."

वह बहुत तेज़ चला रहा था और कभी-कभार बीच-बीच में एक-दो शब्द बोल देता था। उसे पता चला कि वह खालों का बिज़नेस करता है। दुनिया का शायद ही ऐसा कोना बचा रह गया हो, जहाँ उसने हर क़िस्म की खालों को ख़रीदा या बेचा न हो। ख़ास उसकी रुचि का आदमी नहीं था—लम्बा क़द और कुछ सूखा-सा मिज़ाज। अधेड़-सा लगता था हालाँकि उम्र शायद चालीस के पार नहीं गई थी। जब बोलता था तो बहुत गम्भीर स्वर में—और काफ़ी धीरे-धीरे। यह उसे अच्छा लगा था। उसने हमेशा यह सोचा था कि आदमी धीरे-धीरे उसी समय बोलता है, जब वह कुछ समझता हो, कुछ पहचानता हो। वह भी शायद ऐसा ही आदमी था। कितनी बेतुकी बात थी कि आज तक वह अपना सारा समय ओटा के साथ बिताती आई थी—मानो उसके अलावा दुनिया में कोई दूसरा पुरुष ही न हो। यह सही है कि प्रेम से बड़ा कोई दूसरा सुख नहीं किन्तु वह आदमी को अपने में इतना डुबो लेता है कि उन क्षणों में जब उसे महसूस होता है कि वह अपने प्रेम में पूरी सम्पूर्णता में जी रहा है, असलियत में जीना छोड़ देता है। उसके इर्द-गिर्द प्रेम की अन्तहीन सम्भावनाओं से भरे कितने क्षण और अवसर गुज़र जाते हैं, जो उसके अपने प्रेम से कहीं अधिक महान और सम्पूर्ण हैं, किन्तु वह उन्हें देखता तक नहीं।

अनाज अभी तक पूरा पका नहीं था। आदमी अब चुप बैठा था। अजाने गाँवों के अजाने नाम। मोटर पर काँपती हवा। सँकरी घाटियाँ और ऊपर चोटियों पर जंगल। काश, मैं इसी तरह मोटर में बैठकर निरन्तर घूम सकती! सारा दिन और अगली सुबह फिर नये सिरे से। एक अन्तहीन यात्रा। वापसी कभी नहीं और वापसी कहीं नहीं।

आदमी ने पूछा, "तुम्हें कोई फ़र्क़ नहीं पड़ता, कि कहाँ जा रही हो?"

"नहीं।" उसने तनिक चौंककर कहा।

"अच्छा, तो मैं तुम्हें एक चीज़ दिखाऊँगा।"

उसने उसके उत्तर की प्रतीक्षा किये बिना तेज़ी से मोटर एक सँकरी सड़क पर मोड़ दी। सड़क पर चारों तरफ़ सफ़ेद राख़ बिखरी थी।

उसे कुछ पता नहीं था कि वह उसे कहाँ ले जा रहा है। उसका मन हल्के-से विचलित हो उठा। न जाने वह क्या करना चाहता है? मोटर ने एक और झटका दिया और फिर वह खेतों के बीच ऊबड़-खाबड़ रास्ते पर चलने लगी। सामने इक्की-दुक्की इमारतें दिखाई दे रही थीं।

आदमी मोटर से उतरा, दरवाज़ा खोला और हालाँकि इसकी कोई ज़रूरत नहीं थी, धीरे से उसका हाथ पकड़कर नीचे उतार दिया। उसे लगा, मानो उसने उसकी हथेली को हल्के-से दबाया हो। खड़ा होकर वह और भी अधिक लम्बा लग रहा था...एक मज़बूत खिलाड़ी की तरह।

"तुमने शायद ऐसा दृश्य पहले कभी नहीं देखा होगा!"

वे इमारत के ख़ाली और वीरान गलियारे में चले आए। वहाँ सिर्फ़ एक ज़ंग लगी पाइप पड़ी थी। गलियारे के कोने में एक लम्बा, मुड़ा-सिकुड़ा जाल रखा था। आसपास की वीरानी ने उसे भयभीत-सा कर दिया। वह शायद कोई छोटा-मोटा फ़ार्म था...ऐसी जगह जहाँ आत्महत्या करने की कोशिश की जा सकती है। आदमी उसके आगे-आगे चल रहा था...अपने लम्बे, हास्यास्पद ढंग से लम्बे और महत्त्वपूर्ण क़दमों को उठाता हुआ। वे एक ढलवाँ रास्ते से नीचे उतर रहे थे। सहसा वे एक ऐसी विचित्र अविश्वसनीय-सी जगह पर आ खड़े हुए, जहाँ हज़ारों लकड़ी के पिंजरे पड़े थे।

"ज़रा यहाँ ठहरो, मैं अभी आता हूँ।"

जानवरों की लीद-गोबर की दुर्गन्ध से हवा बोझिल हो उठी थी...वहाँ एक अन्य क़िस्म की गन्ध भी आ रही थी जिसे वह ठीक-ठीक नहीं पहचान सकी।

वह इमारत एक विशाल गैराज़-सा प्रतीत होती थी। बहुत ऊँचा गेट था...मानो किसी हवाई अड्डे के पोर्च तले कोई एक अकेला हवाई जहाज़ खड़ा हो। गेट के आगे खम्भे से बँधा एक भूरे रंग का घोड़ा खड़ा था।

उसने ऐसा रंग पहले कभी नहीं देखा था। लगता था, मानो काली मिट्टी पर तुषार की मोटी परत जम गई हो। उसका मन हुआ, वह घोड़े के पास चली जाए। किन्तु इस बीच वह आदमी फिर वापस लौट आया था। पहले-जैसे महत्त्वपूर्ण और हास्यास्पद ढंग से अपने लम्बे क़दम उठाता हुआ। उसे देखकर वह आश्वस्त-सी हो गई क्योंकि इस स्थान पर अकेले रहना उसे काफ़ी भयंकर लगा था। वहाँ चारों तरफ़ एक अभेद्य-सी नीरवता फैली थी। उस आदमी के पीछे एक अन्य स्थूलकाय व्यक्ति चाबियों के गुच्छे को झुलाता हुआ चला आ रहा था।

"ख़ूबसूरत मेहमान!" स्थूलकाय व्यक्ति ने मुस्कराकर कहा, "आप शायद हमारे जानवरों को देखने आई हैं।"

वे दोनों ऊँची टाँगों के बीच खड़े पिंजरों के बीच चल रहे थे, जिनमें अकेले जानवर बदहवास-से होकर इधर-उधर चक्कर लगा रहे थे।

जो आदमी उसे यहाँ लाया था, वह अब बहुत उल्लसित-सा दीख रहा था। वह बराबर उन मांसाहारी जानवरों के बारे में बोल रहा था—शायद उसे समझाने के लिए और शायद दूसरे आदमी के सामने अपना ज्ञान बघारने के लिए भी। वे अँधेरे में भूल-भुलैयानुमा रास्ते पर चल रहे थे। लगता था, एक बार उसके भीतर घुसकर बाहर निकलना असम्भव है। इस तरफ़ पिंजरों में सबसे ख़ूबसूरत जानवर बन्द थे। वह विह्वल-सी हो उठी। जब कभी वह पिंजरे के बन्दी जानवरों को देखती थी, मन में एक भयानक-सी हूक उठने लगती।

फिर वे एक दूसरी क़तार के सामने चले आए। वहाँ हर पिंजरे में तीन-चार जानवर एक साथ बन्द थे।

"ये बीमार हैं," उस लम्बे आदमी ने कहा, "अकेले रहने के बजाय जब उन्हें एक साथ रखा जाता है, तो वे जल्दी स्वस्थ हो जाते हैं।"

वे दोनों शायद उसे भूल गए थे और अपनी तेज़ रफ़्तार में आगे बढ़ गए थे। वह बीमार जानवरों के पिंजरों के आगे खड़ी रही—बीमारी ने इन्हें अपने अकेलेपन से मुक्ति दिलवा दी है, उसने सोचा। शायद यह अकेलापन ही है, जो आदमी को प्रेम की तरफ़ खींचता है और वह स्वतंत्रता और

अकेलेपन के बीच डोलता रहता है...लेकिन अधिकतर देखा गया है कि वह अपनी स्वतंत्रता को खो देता है लेकिन उसे अपने अकेलेपन से मुक्ति नहीं मिल पाती। शायद इसे मैंने पहले कहीं पढ़ा था...लेकिन अब मैं इसे समझती हूँ, पूरी तरह से अपने में महसूस कर सकती हूँ।

वे दोनों आदमी उस भूल-भुलैया में कहीं ग़ायब हो गए थे। जानवरों की गन्ध से भरी उस गली में वह वापस लौटने लगी। सहसा उसके भीतर एक अजीब-सी उत्कट भावना उमड़ने लगी...एक पहचान! उसे लगा कि यह दिन कोई साधारण दिन नहीं होनेवाला। होनेवाली कोई भी घटना मामूली दिनचर्या की घटना न होगी। उस दिन वह और चीज़ों की तरह प्रेम को भी पहचानेगी। उसके बारे में वह इतनी निश्चिन्त थी कि यदि उस क्षण वह लम्बा आदमी—जिसका नाम भी वह नहीं जानती थी—उसके पास आकर कहता—मैं तुमसे प्यार करता हूँ तो वह भी उसे प्यार करने लगती, सम्पूर्ण-भाव से, अपने को खुला छोड़कर उसे प्यार करने लगती। वह वापस पुरानी जगह लौट आई थी, जहाँ वे दोनों आदमी खड़े थे। उसे अपने सामने वही सुन्दर डील-डौलवाला भूरे रंग का घोड़ा खड़ा दिखाई दिया।

घोड़ा सिर नीचा किये खड़ा था। वह धीरे-धीरे उसके निकट आकर खड़ी हो गई। बड़े जानवरों से उसे डर नहीं लगता था। वह सिर्फ़ मकड़ियों, कीड़े-मकोड़ों और मेढकों से डरती थी। उसने देखा कि घोड़े की एक आँख पर मोटी झिल्ली का एक जाला उतर आया है। शायद बूढ़ा हो गया है, उसने सोचा। उसकी खाल पर जमी हुई बर्फ़-जैसी जो धारियाँ पड़ी थीं, वे भी शायद बुढ़ापे की निशानी थीं। वह बहुत छोटी रस्सी से बँधा था...यों रस्सी अपने में काफ़ी लम्बी थी, लेकिन उसका बड़ा भाग खूँटे में लिपटा था। एक दूसरी मोटी रस्सी उसकी अगली टाँगों पर बँधी थी। बन्दी वह भी था, लेकिन पिंजरों में क़ैद जानवरों से कहीं अधिक उसके मन में उस घोड़े के प्रति लगाव उत्पन्न हो गया था। उसकी दूसरी जीवित आँख में कुछ ऐसा था, जिसमें 'मनुष्यत्व' का आभास दिखाई देता था। क्या वह कोई अन्तर्ज्ञान था...या सिर्फ़ उदासी या थकान? शायद थकान सबसे अधिक।

उसने अपने हैंडबैग से लेमनजूस की कुछ गोलियाँ बाहर निकालीं और घोड़े के सामने अपना हाथ फैला दिया। घोड़ा मन्द-गति में अपने भूरे होंठों से उसकी हथेली चाटने लगा। वह अपनी एक आँख से उसकी ओर देख रहा था—अपलक। उसने अपना हाथ उसकी गर्दन पर रख दिया और उसके निकट सरक आई। उसे लगा, मानो वह इस विराट जानवर की देह के रक्त-स्पन्दन को छू सकती है, उसकी गर्म साँस सुन सकती है...घोड़े की देह की गन्ध उस पर छाने लगी। वह सहसा उस मूक जानवर के प्रति गहरे स्नेह, अनुराग और मैत्री-भावना से ओतप्रोत हो उठी, 'तू मेरा है।' उसने फुसफुसाकर कहा, 'मेरा भाई...भोला बादशाह!' घोड़े की साँस मानो रुक-सी गई। उसकी विराट देह रह-रहकर सिहर जाती थी।

कुछ देर बाद पोर्च का दरवाज़ा खुला और दो आदमी भीतर आते दिखाई दिये। उन्होंने नीली और सफ़ेद धारियोंवाले लम्बे कोट पहन रखे थे।

"क्यों बे मरदूद, दोस्ती कर रहा है?" उनमें से एक बोला।

वह कुछ क़दम पीछे हटकर उन्हें देखने लगी। दोनों आदमियों ने घोड़े की रस्सी खूँटे से खोल दी और फिर वे उसे खुले गेट की तरफ़ घसीटने लगे।

वह उनसे कुछ कहना चाहती थी लेकिन घोड़ा उस क्षण ठहर गया था और विरोध में ज़ोर-ज़ोर से हिनहिना रहा था।

"ज़िद्दी, बदमाश कहीं का!" वे उस पर झपट पड़े लेकिन घोड़े के पाँव मानो ज़मीन से चिपक गए थे। वह अपना थका-हारा, चाँदी-सा सफ़ेद सिर हिलाता हुआ कर्णभेदी स्वर में चीख़ रहा था। उनमें से एक आदमी लड़की की तरफ़ मुड़ा और तनिक दोस्ताना लहज़े में बोला, "ख़ून की गन्ध पा ली है...तभी जाना नहीं चाहता।"

बिजली की कौंध की तरह वह सहसा सब समझ गई। वह जान गई, वे दो आदमी कौन हैं। एकाएक उसके मन में कुछ करने की इच्छा हुई—कुछ ऐसा, जिससे घोड़े की रक्षा हो सके, किन्तु वह जानती थी कि वह कर कुछ भी नहीं सकती।

वह सिर्फ़ यहाँ से बाहर जा सकती है...उसे जल्द-से-जल्द यहाँ से चले जाना चाहिए। जो यहाँ होगा, कम-से-कम उसे अपनी आँखों से तो नहीं देखना पड़ेगा। लेकिन न जाने कैसे...उसके पाँव खूँटे के पास पूर्ववत् जमे रहे। वह एकटक उन आदमियों को देख रही थी। उन्होंने पोर्च की छत से एक क्रेन नीचे झुका दिया था, जिसके पहिए में एक रस्सी बँधी थी। रस्सी का दूसरा सिरा फन्दे की शक्ल में घोड़े की गर्दन पर झूल रहा था। वह साँस रोके उन्हें देखती रही। वे आदमी पूरा दम लगाकर क्रेन खींच रहे थे, दूसरी तरफ़ घोड़ा अपनी पूरी शक्ति से उनका विरोध कर रहा था। उसकी रक्त-नाड़ियाँ तनकर फूल गई थीं। फिर उसने देखा, कैसे घोड़ा धीरे-धीरे बीभत्स, मानवीय ढंग से उस भयानक रस्सी द्वारा अपने पिछले पैरों पर उठ रहा है। उसके खुर पहले ज़मीन पर, फिर ख़ाली हवा में फड़फड़ा रहे हैं। फिर उसने एक भीषण चीख़ सुनी—असीम निराशा, पीड़ा, अवश प्रार्थना में डूबी घोड़े की चीत्कार। इस बार उस चीख़ में आनेवाले ख़तरे की आशंका नहीं, बल्कि एक अनिवार्यता का बोध था। उसने देखा, किस अजीब और अस्वाभाविक ढंग से घोड़े के क़दम गेट के खुले मुँह की तरफ़ सरक रहे हैं, 'रहम करो! हे ईश्वर, कम-से-कम उन्हें गेट तो बन्द कर देने चाहिए।' लेकिन उस क्षण सचमुच उन दो आदमियों और अभिशप्त जानवर के पीछे गेट बन्द हो गया। वह प्रतीक्षा में खड़ी रही। कुछ होगा। कुछ अवश्य होगा...उसने सोचा, हालाँकि वह देख कुछ भी नहीं सकती थी। फिर उसे सहसा कुछ सुनाई दिया—चीख़ नहीं, चीत्कार नहीं, सिर्फ़ गिरने की आवाज़—पथरीली ज़मीन पर एक विराट देह के गिरने की बोझिल, अँधेरी आवाज़। यह शायद अन्त था। अचानक उसे लगा, जैसे अपनी देह को महसूस नहीं कर सकती, एक निर्जीव पत्ते की तरह वह कोमल, रेतीली धरती पर गिर रही थी, किन्तु अपने सिर के ऊपर उसने अपने कमज़ोर हाथों से खूँटा पकड़ रखा था, उसके होंठ घास-फूस के सूखे और सख़्त ढेर पर जम गए थे—वह उन्हें उसे अपने दाँतों से चबा रही थी, कड़वी लकड़ी पर उसके दाँत गड़ गए थे।

गिरने की वह आवाज़ उसके कानों में गूँज रही थी, वह उसके भीतर घिर आई थी और कुंडली मारकर बैठ गई थी। फिर सब शान्त हो गया—वह जो हुआ था, और वह जो होनेवाला था, आनेवाली ज़िन्दगी में। लेकिन वह आवाज़ नहीं, उसे लगा, मानो वह आवाज़ उसके भीतर हमेशा गूँजती रहेगी क्योंकि वह कोई साधारण चीज़ों की जानी-पहचानी आवाज़ नहीं थी। वह एक ऐसी आवाज़ थी जो अधखुले दरवाज़े की अन्तहीन शून्यता से बाहर जाती है। वह अँधेरे का स्वर था, जिसमें समस्त विवशताएँ सिमट आती हैं।

कुछ देर बाद उसने गेट खुलने की चरमराती आवाज़ सुनी। उसके दिल में एक अजीब क़िस्म की निरर्थक और भयावह आशा जग उठी। किन्तु उसे नीली और सफ़ेद धारियोंवाले कोट पहने आदमियों के अलावा कुछ भी दिखाई नहीं दिया। वे दो छोटे-छोटे ठेले खींचते हुए, भीतर आ रहे थे। उन ठेलों में पीतल के टब रखे थे—ख़ून में लिथड़े कपड़ों से ढके हुए। वह उठ खड़ी हुई—और यद्यपि इस समय भी उसे अपनी देह का बोध नहीं था—अजीब अस्वाभाविक क़दमों से वह अपने सामने फैले शून्य की ओर भागने लगी।

शाम घिर आई थी। आकाश फिर सुबह की तरह मेघाच्छन्न हो गया था। धुएँ के पर्दे के पीछे सूरज डूबने लगा था। सिपाहियों की एक ट्रक ने उसे वापस शहर के छोर पर लाकर छोड़ दिया। सुबह उसने कल्पना भी नहीं की थी, कि वह इतनी जल्दी दिन की रोशनी में ही वापस लौट आएगी...ऐसी अजीब मनःस्थिति में। अब कहाँ जाना चाहिए? मैं सिनेमा में जाकर बैठ सकती हूँ। लेकिन वहाँ अकेली बैठकर क्या करूँगी? मुझे पहले कुछ खाना चाहिए। खाने के बाद मैं मार्केता को फ़ोन करूँगी...लेकिन हमारे पास बातचीत करने को है क्या? गली से सटा एक गन्दा-सा रेस्तराँ था। वहाँ अकेले बैठना बेहतर है...घर अभी नहीं जाऊँगी, घर में माँ-बाप को चुपचाप ताकते रहना? नहीं, वहाँ जाने का कोई फ़ायदा नहीं।

वह कोने की मेज़ के सामने बैठ गई। वेटर अपने मैले-कुचैले हाथों में बियर के मग ले जा रहा था। अपने लिए उसने ट्राइप-सूप मँगवाया। उसकी अँगुलियाँ रह-रहकर काँप जाती थीं। मुझे भूख लग रही है। मैं खाऊँगी... घिनौना, जघन्य गोश्त।

मुझे किसी चीज़ के बारे में सोचना चाहिए...और कुछ नहीं तो किताब या किसी फ़िल्म के बारे में। उसकी आँखों के सामने उस लम्बे आदमी की छाया घूम गई, जो उसे मोटर में बिठाकर ले गया था, छोटे-छोटे लकड़ी के पिंजरे, अजीब-सी वह गन्ध...और लम्बी गर्दन पर भूरे बाल, पहले-जैसी बोझिल नहीं, अब वह हल्की थी, इधर-उधर डोलती हुई, क्षितिज तक फैले हुए चरागाह और अँधेरे में लिपटी क्षितिज-रेखा, जो कहीं रात के बीचोबीच खो गई थी। पास की मेज़ पर एक आदमी बैठा था...बिलकुल मरियल चेहरा। वह उसकी मेज़ पर झुका।

"कॉलेज की छात्रा हो?"

"नहीं।"

"मेरी मेज़ पर क्यों नहीं आ जातीं?"

"मेरी प्लेट यहाँ है।"

वह कभी स्वप्न में भी नहीं सोच सकती थी कि ऐसे आदमी के साथ एक ही मेज़ पर बैठ सकती है...हालाँकि फ़र्क़ कुछ नहीं पड़ता था। उस आदमी को देखकर सहसा उसे माँ के प्रेमी का चेहरा याद हो आया। ऐसा ही मरदूद-मरियल चेहरा उसका था। न जाने माँ को कैसा लगता होगा, जब वह अपने पीले पंजों से उन्हें छूता होगा?

"मुझे डर है, तुम ज़रूर कॉलेज में पढ़ती हो।" वह तनिक ऊँची, ज़नानी आवाज़ में बोला, "कुछ देर तक मेरे पास नहीं बैठ सकतीं?"

माँ कितनी अकेली और उदास रहती हैं, उसने सोचा। मैं उनके लिए कुछ भी नहीं कर सकती। वह प्रेम की भूखी हैं...प्रेम, जिसे 'अलौकिक' माना गया है। उसने मेज़ से अपनी प्लेट उठाई और उस आदमी की मेज़ के सामने आकर बैठ गई।

"सेल्स-गर्ल हो?" आदमी ने पूछा।

"नहीं।"

"मैंने सोचा था, तुम कहीं पढ़ती हो।"

"आपको इससे क्या लेना है कि मैं पढ़ती हूँ या नहीं?" उसने कहा।

अगर मैं कॉलेज में पढ़ती होती...लेकिन इससे कोई अन्तर पड़ता है? मैं कौन हूँ, क्या करती हूँ...और फिर उसे गिरने की थरथराती आवाज़ सुनाई दी, उसे कोई क्यों नहीं सुनता, हालाँकि एक दिन हम भी...बिलकुल उसी तरह...।

"मैं भी पढ़ना चाहता था...लेकिन उन्होंने मौक़ा नहीं दिया। अब मैं ट्रक-ड्राइवर हूँ। मुझे यह काम एक आँख नहीं सुहाता।" आदमी अपनी पतली आवाज़ में फटकार रहा था, "यह भी कोई काम है! लेकिन हमारे बिना इन सालों का काम भी नहीं चलता। किसी दफ़्तर में टाइपिस्ट हो?"

"मैं कुछ भी नहीं हूँ," उसने कहा और यह सच था। ट्राइप-सूप को देखते ही उसे मितली आने लगी...कब तक नहीं खाऊँगी? या मैं ऐसे ही रहूँगी, उस घड़ी तक जब वे...नहीं, अब मैं उसके बारे में नहीं सोचूँगी।

"लेकिन पिछले साल हमने पेत्रिन की पहाड़ी पर ख़ूब तमाशा किया। उनके ऊपर रॉकेट चलाए और फिर उन्हें झाड़ियों से बाहर निकाला...साले वहाँ छिपे बैठे थे।"

"वे वहाँ क्या कर रहे थे?" उसने पूछा।

"क्या कर रहे थे? क्या कर रहे थे?..." उसे अचानक अपना गोदामनुमा कमरा याद हो आया—शहर से ऊपर, आकाश को छूता हुआ। खिड़की के सामने रखी आरामकुर्सी और खिड़की जो गले के ऊपरी हिस्से से शुरू होकर माथे के ऊपरी हिस्से पर ख़त्म हो जाती थी, नीली रस्सी का बड़ा-सा गुच्छा, जिसका एक सिरा हमेशा हिलता रहता था। उसने याद करने की कोशिश की, वह आख़िरी बार वहाँ कब गई थी। उसे सहसा विश्वास न हो सका कि जिसे वह इतना पुराना अतीत समझे बैठी थी, वह आज सुबह शुरू हुआ था।

"क्या तुमने उन्हें मारा-पीटा?" उसने आदमी से पूछा।

"ज़रा होश से बात करो। यहाँ सवाल पूछनेवाला मैं हूँ, तुम नहीं।" फिर कुछ देर बाद वह बोला, "अगर मेरा लड़का आज पढ़ता होता, तो इस तरह लड़कियों के साथ बदमाशी नहीं करता। तुम्हें कुछ मालूम नहीं, ये लड़के होस्टल के कमरों में..."

आख़िर उसने अपना सूप किसी तरह निगल लिया। मुझे अब चलना चाहिए। मैं कुर्सी से उठूँगी, और बाहर चली जाऊँगी। लेकिन बाहर कहाँ? घर लौटूँगी...लेकिन कहाँ? एक बार अवश्य घर वापस लौटना होगा। मैं उसके पास भी जा सकती हूँ...वह मुझे थोड़ा-बहुत तो ज़रूर चाहता है। चाहता था। लेकिन हम अलग हो गए हैं और अब मैं उसके पास नहीं जा सकती...।

"तुम शायद किसी हेयर ड्रेसिंग सैलून में काम करती हो...क्यों, ठीक है न?" सहसा उस आदमी ने अपनी ऊँची, ज़नानी, आवाज़ में कहा। उसकी आँखें माथे पर चढ़ आई थीं, "मैं इधर बिलकुल पास रहता हूँ...तुम्हें कुछ नहीं करना होगा," वह जल्दी-जल्दी बोल रहा था, "बस, कुछ नहीं...सिर्फ़ अपनी स्कर्ट उतार देनी होगी...सुनो!" वह ज़ोर से चीख़ रहा था, "लड़की... ख़बरदार!"

वह तेज़ क़दमों से रेस्तराँ के काउंटर पर आ खड़ी हुई। वहाँ चॉकलेट के बिस्कुटों से भरे शीशे के शो-केस पर उसने पाँच क्राउन का नोट रख दिया।

"घबराओ नहीं।" बियर ढालनेवाले वेटर ने उससे कहा, "जानती हो... वह आदमी...वह पंगु है। औरतों के साथ कुछ नहीं कर सकता...यूँ ही... बोलता है!"

वह मुड़ गई और तेज़ छोटे-छोटे क़दमों से मेज़ों के बीच रास्ता बनाती हुई बाहर चली आई।

बाद में वह उसके होस्टल की सीढ़ियों पर ठिठक गई थी। घिसे-पिटे वार्निश में रँगे रेलिंग के सहारे खड़े होकर उसके मन में वही एक पुरानी आशा उघड़ आई थी। कितनी बार वह उस उम्मीद के अहसास को अपने भीतर बार-बार दुहरा चुकी थी...वह शायद अब भी मुझसे प्यार करता है, हालाँकि वह ख़ुद इस क्षण उस उम्मीद का मतलब नहीं समझती थी।

सम्भव है, वह मुझे बराबर प्यार करता रहा हो और इस क्षण मेरी प्रतीक्षा में बैठा हो। जब मैं उसके कमरे में जाऊँगी, वह मुझसे कहेगा, 'अरी, हफ़्ते-भर कहाँ रहीं? तुम्हें दुबारा देखकर मुझे सचमुच बहुत ख़ुशी है।' मैं यहाँ क्यों चली आई? यूँ ही सड़क पर चलते हुए मेरा सिर चकरा गया था और मैं यहाँ आ गई। मुझे लगा था, वह कुछ देर के लिए मेरे प्रति सहृदय हो सकेगा हालाँकि वह मुझे चाहता नहीं। मुझे लगा था, वह मुझे समझ सकेगा हालाँकि मैं चुप रहूँगी। होस्टल के गलियारे में गैस के दो चूल्हे जल रहे थे। उनके सामने एक नीग्रो सफ़ेद बंडी और लाल रंग की निकर पहने खड़ा था। बन्द दरवाज़ों के पीछे से जैज़ का रिकॉर्ड सुनाई दे जाता था।

"तुम हो? आख़िर तुम्हें समझ आ गई!"

वह गर्म पाज़ामा पहने था। कमीज़ बग़लों पर घिस आई थी। उसे लगा, वह जानबूझकर उसके पीछे पड़ी है। उसे नहीं आना चाहिए था। कम-से-कम आज नहीं।

खिड़की के निचले शीशे पर अख़बार से काटी हुई तसवीरें चिपकी थीं। बिस्तर पर कुछ किताबें और कॉपियाँ बिखरी थीं।

दीवार पर स्पोर्ट के प्रसिद्ध खिलाड़ियों के चित्र लगे थे। साइड-बोर्ड पर एक छोटा-सा शीशे का बक्स रखा था, जिस पर फूलों और पक्षियों के रंगीन चित्र बने थे। बक्से में सिगरेटों की राख पड़ी थी।

"कार्तेनो...तुम बच्ची हो। हमेशा उन चीज़ों के बारे में सोचती हो, जो तुम्हारे लिए नहीं हैं...जिनसे तुम्हारा कोई सम्बन्ध नहीं है।"

"तुम किसी दूसरी लड़की के साथ हो, इसका मुझसे कोई सम्बन्ध नहीं?"

"तुम काफ़ी बेवक़ूफ़ हो। हमारे बीच जो कुछ है, वही महत्त्वपूर्ण है। दूसरी चीज़ें नहीं।"

सन्नाटा। गलियारे में बहती जैज़ की ट्यून। दरवाज़ों के पीछे नीग्रो के सीटी बजाने की उदास, एकस्वरता में डूबी लय। खिड़की के पीछे शाम, पेत्रिन की पहाड़ी पर फैलती हुई। किन्तु मैं छात्रा नहीं हूँ, मैं पुल बनाना कभी नहीं सीख सकूँगी, बादशाहों और राजवंशों के नाम याद नहीं करूँगी,

बीथोवन की नवीं सिम्फ़नी मेरी समझ के बाहर रहेगी। किन्तु मेरे लिए सब बराबर है। मुझे कोई अन्तर नहीं पड़नेवाला। मेरे बादशाहों की सत्ता उन सफ़ेद और गुलाबी ताश के पत्तों में जमा है, जो पीले और नीले आलोक में जगमगाते हॉल में रखे हैं...हर दिन साढ़े चार बजे अपनी स्कर्ट साफ़ करूँगी...कल अपनी स्कर्ट साफ़ करूँगी और फिर कहीं किसी कोने में 'वरदान' की प्रतीक्षा करूँगी, जो अँधेरे में बिजली की कौंध की तरह उजागर होगा...ज़रूरत पड़ने पर गेट के सामने खड़े होकर प्रतीक्षा करूँगी, चारों तरफ़ ध्यान से देखते हुए प्रतीक्षा करूँगी...और जब वह मुझे छोड़कर चला जाएगा—और वह चला जाएगा, यह तो मैं जानती हूँ...तो मैं फिर प्रतीक्षा करूँगी, हर बार नये सिरे से पूरे अभिमान के साथ प्रतीक्षा करूँगी...और जब कभी-कभार अपने सामने तुम्हारे-जैसे लोगों की छोटी, विनम्र निर्लज्जता और बड़ी छलना को देखूँगी, तो सिर्फ़ उसके सामने अपना सिर हिला दूँगी...और फिर प्रतीक्षा करूँगी...उस घड़ी तक प्रतीक्षा करती रहूँगी जब एक दिन वे दो आदमी आएँगे, नीली और सफ़ेद धारियों के लम्बे कोट पहने, और मुझ पर रस्सी फेंकेंगे और खींचेंगे...नहीं, मैं उसके बारे में नहीं सोचना चाहती। जो भी हो, उसके बारे में नहीं...।

"तीन दिन से मैं यहाँ अकेला हूँ," उसने कहा, "इतने लम्बे अर्से से हम इन दिनों की राह देख रहे थे...और तुम हो कि सिर हिलाकर ग़ायब हो गईं। खाना खा लिया?"

अलमारी में शराब की बोतल रखी थी—सबसे सस्ती शराब...। उसने बोतल बाहर निकाली।

"मैं अब जाऊँगी।"

किन्तु वह चौड़े, गन्दे बिस्तर के एक सिरे पर बैठी रही, सामनेवाला दूसरा बिस्तर अरथी के कफ़न की तरह समतल था। मैं यहाँ बैठकर सिर्फ़ तुम्हें देखती रहूँगी। मैं यहाँ ठहरना नहीं चाहती...किन्तु बाहर, बाहर कहाँ जाऊँगी? उसने एक घूँट लिया...सस्ती और कसैली शराब। उसे बिलकुल अच्छी नहीं लगी। न ही हल्कापन-सा महसूस हुआ। सिर्फ़ थोड़ा-सा उनींदापन

और धीरे-धीरे घिरता धुँधलका। अब तुम जो जी चाहे, बोल सकते हो। मन आए, तो मुझे छू सकते हो। चूम सकते हो।

"पगली...तुमने ऐसा क्यों किया? तुम भाग क्यों गईं?"

"तुम जानते हो—क्यों?"

"कार्तेनो! तुम बच्चों की तरह बात करती हो। आख़िर तुम चाहती क्या हो?"

उसने बत्ती बुझा दी। वे अँधेरे में दो खरगोशों की तरह पकड़ लिये गए थे। खिड़कियों के पीछे खिड़कियाँ चमक रही थीं। सहसा अब उसे ध्यान आया, क्यों लड़कों ने खिड़कियों के निचले हिस्सों पर अख़बार चिपका रखे थे। दीवारों के पीछे जैज़ का बिगुल सुनाई दे रहा था।

"मैं रेडियो खोल देता हूँ ताकि बाहर कुछ सुनाई न पड़े।"

"क्या सुनाई न पड़े?"

"तुम बेवक़ूफ़ हो, कार्तेनो...या सिर्फ़ बहाना करती हो..."

उसने उसे हल्के-से उठा लिया था और वह उसके साथ लेटी थी। रेडियो बज रहा था। गलियारे में कोई चल रहा था...शायद बंडी और निकर पहननेवाला नीग्रो। जैज़ की ध्वनि बन्द हो गई थी। अगर ख़ामोशी होती तो मैं तुम्हारी साँस सुन सकती थी। देखो...मैं तुम्हारे पास हूँ। मैं यहाँ कैसे आ गई? लेकिन कहीं-न-कहीं मुझे जाना ही था। मैं अकेली नहीं रहना चाहती थी, इसीलिए मैं यहाँ हूँ, कम-से-कम एक रात के लिए, किस तरह मैंने इस रात को अपने लिए चुन लिया है, कुछ देर के लिए तुम मेरे प्रति अवश्य सहृदय हो जाओगे। इस शाम के बाद पूरी रात के लिए। हम एक रात के प्रेमी हैं। कम-से-कम कुछ मुझसे बोलो, चुप मत रहो। अजाने संगीत के नीचे और पराये बिस्तर पर मुझे घुटा-घुटा-सा लग रहा है। वह उसके साथ लेटा था, उसे चूम रहा था...तुम भी ग़ज़ब की ख़ूबसूरत हो...ज़रा पास सरक आओ...मैं तुम्हारा चेहरा देखना चाहती थी...थोड़ा-सा और पास सरक आओ। हाँ, सुनो, यह कहो, तुम मुझे चाहते हो...तुम कितनी पागल हो जो ऐसे सवाल पूछती हो...पागल हूँ क्योंकि मैं तुम्हारे पास चली आई....नहीं, पागल हो जो ऐसे सवाल पूछती हो।

लेकिन सुनो...मैं शायद तुमसे प्यार करती हूँ और अगर तुम मुझसे कहते कि तुम मुझसे प्यार करते हो तो मैं भी बेझिझक कह देती कि मैं तुमसे प्यार करती हूँ लेकिन तुम चुप हो और सिर्फ़ अपनी अँगुलियों से मेरी देह को टटोल रहे हो और कुछ नहीं, कुछ नहीं, 'अपनी स्कर्ट उतार डालो!' लेकिन मैं ख़ुश हूँ कि तुमने मुझे इस दिन से छुटकारा दिलवा दिया है, अपने पास बुला लिया है। सम्भव है, बाद में मैं थोड़ा-सा सुख भी महसूस कर सकूँगी। हाँ...तुम मुझे चूम सकते हो, यह मैं चाहती थी, यह मैं अवश्य चाहती थी।

वे अब अर्द्धनग्न एक-दूसरे के पास लेटे थे...छोटे-से कमरे में, जिसकी खिड़कियाँ अख़बारों से ढकी थीं। दम घोटती हुई हवा। उसके हाथ गहरी ख़ुशी में उसकी देह पर भटक रहे थे। रेडियो पर संगीत की टूटी कड़ियाँ उन्हें छू जाती थीं...गाती हुई एक धुँधली-सी आवाज़ :

...qui esaux cilux! que ten nom soit sancli fie.

उसकी अधमुँदी आँखें, आनेवाले क्षण की प्रतीक्षा करती हुईं। वह उससे सट गया था। वह देख रही थी मानो उसकी दृष्टि भीतर होनेवाली हृदय की हर धड़कन, रक्त में स्पन्दित होनेवाला हर छोटा-से-छोटा कम्पन का अनुकरण कर रही हो और फिर सहसा अँधेरी रात के बीचोबीच मरी हुई लोथ के गिरने की बोझिल आवाज़, दरवाज़े से आती हुई कर्णभेदी चीत्कार और गेट के सामने प्रतीक्षा करते हुए दो आदमी जो मुस्कराते हुए एक-एक क़दम आगे बढ़ रहे थे। ऊपर उठती हुई रस्सी, हवा में हिलता हुआ फन्दा, धीरे-धीरे हिलता हुआ...तुम कितनी ख़ूबसूरत हो, रेशम की तरह मुलायम तुम्हारी देह है। किसके लिए? प्यार करने के लिए। किसके लिए? और अब वे दो आदमी उस पर झुक गए हैं...ज़रा अपना सिर उठाओ, तुम्हारा गला कितना सफ़ेद है! अँधेरे में भी। किसके लिए? प्यार करने के लिए। सन्नाटा, पादरी ने प्रार्थना ख़त्म कर दी...सन्नाटा और ऑर्गन-संगीत।

"कार्तेनो, तुम रो रही हो, क्यों?"

वे चले गए हैं। खिड़की के पीछे खिड़कियाँ चमक रही हैं। तुम मेरे पास लेटे हो, उसी तरह, जैसे सब प्रेमी थके हुए लेटे रहते हैं। यह है...ऐसा हुआ करता है, हालाँकि मैंने देखा नहीं था। लेकिन मैं जानती हूँ, ऐसा होता है। वे दोनों चले गए हैं किन्तु वे फिर वापस लौटेंगे, सफ़ेद और नीली धारियोंवाले आदमी। वे उस समय तक प्रतीक्षा करते रहेंगे, जब तक मुझे पकड़ नहीं लेंगे और वे रस्सी से मेरा गला बाँध देंगे और फिर मैं ऊपर उठूँगी, पूरी तरह से और हमेशा के लिए ऊपर उठूँगी और तुम मुझे नहीं रोक सकोगे, कोई भी मुझे नहीं रोक सकेगा और वह गेट मेरे पीछे हमेशा के लिए बन्द हो जाएगा। यह मैं जानती हूँ, अच्छी तरह समझ गई हूँ, अब मैं सब कुछ समझ गई हूँ।

"कार्तेनो...तुम पागल हो। अगली बार तुम्हें ज़्यादा मज़ा आएगा।"

अँधेरा और ख़ामोशी। वे दोनों...माँ और बाबू...घर में सो रहे हैं। अगर माँ इस क्षण उठकर मुझे देख लें, तो हम शायद दोनों एक साथ बैठकर रोने लगेंगे। लेकिन किसलिए...आख़िर माँ भी तो कितनी बार इसी तरह वापस लौटी हैं। माँ की अपनी वापसियाँ हैं...इस रात मेरी वापसी की तरह। इस तरफ़ दरवाज़ा भी नहीं खुलता। सँकरी, टेढ़ी-मेढ़ी सीढ़ियों पर चढ़ती हुई वह अपनी कोठरी में पहुँच गई। नीची झुकी हुई छत, ऊँची दीवार पर छोटी-सी खिड़की, टीन की बेसिनी जिसमें गलियारे से पानी लाकर भरना पड़ता है, एक अलमारी, इस्तरी करने का बोर्ड, ढुलमुल कुर्सी, नीली सुतली का एक गोला। वह बहुत पक्की और सख़्त सुतली थी। चिथड़ों से ढके पार्सल या सन्दूक़ों को बाँधने के लिए वह बहुत उपयोगी थी—उतनी ही उपयोगी, जितनी ज़िन्दगी से पस्त हारे-थके लोगों के लिए।

वह थक गई थी—अजीब-सी हताशा में भरी थकान, जो नींद की प्रतीक्षा भी नहीं करती...चारों ओर से उसे अपने में घेरती हुई। उसने बत्ती जलाई।

उसे यह सोचकर गहरी हैरानी हुई कि आज सुबह वह इसी कमरे में थी। वह सुबह किसी बहुत पुराने अतीत में डूबी जान पड़ती थी जिसके एक सिरे पर वह खड़ी थी...या शायद वह खड़ी थी किसी दूसरे समय की पहली शुरुआत पर। धीरे-धीरे वह अपने कपड़े उतारने लगी। बिस्तर ज्यों-का-त्यों लिपटा पड़ा था। स्कर्ट पर एक बीभत्स-सा काला-गुलाबी धब्बा चमक रहा था, जो सूखकर लाल हो चला था। कितनी ख़ूबसूरत स्कर्ट थी! उसका मन सहसा रुआँसा हो आया...अपनी सफ़ेद और साफ़ स्कर्ट की दुर्दशा पर, अपनी थकान पर, ख़ुद अपने पर। वह गलियारे में गई और बेसिन में पानी भरकर भीतर ले आई। फिर उसने नीली सुतली का गोला उठाया, उसे कुछ मीटर खोला लेकिन फिर घृणा से उसका मन भर गया और वह सुतली को दुबारा लपेटने लगी। स्कर्ट पर पड़े धब्बे को पानी से धोने की कोशिश की लेकिन धुलने के बजाय धब्बा और अधिक फैल गया। हताश होकर उसने स्कर्ट को इस्तरी करनेवाले पट्टे पर फेंक दिया। अब क्या करूँ? कुछ देर में उजाला हो जाएगा और मेरे पास पहनने को कुछ भी नहीं।

उसने बत्ती बुझा दी और अपनी ढुलमुल कुर्सी पर बैठ गई। उसे सहसा ख़याल आया कि हमारा प्यार बहुत-कुछ हमारी ज़िन्दगी की तरह है। आदमी जानता है कि वह बुरी तरह ख़त्म होगी, काफ़ी जल्दी ख़त्म होगी, वह हमेशा रह सकेगी, इसकी उसे रत्तीभर उम्मीद नहीं है, फिर भी—यह सब जानते हुए भी—वह जिये चला जाता है। प्यार भी वह इसी तरह करता है, जैसे जीता है...इस आकांक्षा में, कि वह स्थायी रहेगा, हालाँकि उसके 'स्थायित्व' में उसे ज़रा भी विश्वास नहीं है। वह आँखें मूँदकर प्यार करता है...एक अनिश्चित आशंका को मन में दबाकर—ऐसी आशंका, जिसमें सुख धीरे-धीरे छनता रहता है और वह सोचता नहीं। वह कुछ भी सोचना नहीं चाहता।

बन्द खिड़की के नीचे से रात की हवा बह आती है...आकाश कितना पास है लेकिन तारे धुँधले पड़ते जा रहे हैं। कहीं ऊपर अन्तहीन दूरी में बिजली की नीली रेखा कौंध जाती है और फिर अँधेरा फैल जाता है। शहर के ख़ाली छोर पर धीरे-धीरे एक मरीचिका की तरह एक मीनार और चिमनी की सिलहट

ऊपर उठती हुई दिखाई देती है और विराट मूर्ति का एक मंच, जिस पर मूर्ति नहीं है[1]...नीचे, बहुत नीचे, खिड़कियों पर अँधेरा है और उनके पीछे वे सब सो रहे हैं—वे सब, जो स्मारक बनाते हैं और फिर उन्हें नष्ट कर देते हैं। वे जो रोशनियाँ जलाते हैं और फिर उन्हें बुझा देते हैं, वे जो सबसे नफ़रत करते हैं, वे लोग, कि जिन्हें प्यार किया जाता है और वे, जो प्यार के पीछे भागते हैं, वे लोग, जिन्होंने प्रेम को पहचाना है और वे, जो धोखा देते हैं और वे, जो धोखे से पीछा छुड़ाने के लिए उन लोगों से प्यार करने पर मजबूर होते हैं, जिन्हें नहीं चाहते सिर्फ़ इसलिए कि वे भी उसका थोड़ा-सा हिस्सा पा सकें, अगर पूरा नहीं तो कम-से-कम चुल्लू-भर प्यार और वे, जिन्होंने सफ़ेद और नीली धारियों के लम्बे कोट पहन रखे हैं, और वे, जो कातर आँखों से उन्हें निहार रहे हैं और वे, जो भय और पीड़ा से उनके आने की प्रतीक्षा कर रहे हैं और वे, जो अपनी कातर पीड़ा में दबकर स्वयं अपने प्रेम को यातना दे रहे हैं।

मैं नीचे उतरूँगी...उन लोगों की तरह, जो धुँधले लैम्पपोस्टों की पीली छाया में खड़े रहते हैं। उनमें से कोई मुझे देखकर कहेगा, 'तुम हमारी छोटी बहन हो, तुम कितनी अकेली हो, हमारे साथ तुम क्यों नहीं आ जातीं?' और मैं चली जाऊँगी...कहीं भी, जहाँ वे मुझे ले जाना चाहेंगे और फिर मैं ऊपर उठूँगी और नीचे गिर जाऊँगी...और फिर ऊपर उठती चली जाऊँगी, बहुत ऊपर, आख़िरी मीनार और चिमनी की अन्तिम सिलहट तक, तारों तक, अन्तहीन और तटस्थ दिशाओं में फैले तारों तक और उनके सामने आँखें मुँद जाती हैं और तारे बुझने लगते हैं, फिर उनकी जगह उसके आगे भूरे बालोंवाली लम्बी गर्दन उभरने लगती है, बर्फ़ से ढकी ज़मीन, क्षितिज तक फैले हुए चरागाह जिनमें जानवरों के झुंड दिखाई देते हैं और वह चरागाह के बीचोबीच लेटी है और उन्हें निहार रही है और उसे समझ में नहीं आता कैसे लोग कुछ अति सुन्दर जानवरों को पिंजरों में बन्द करके मार डालते हैं।

---

1. प्राग की ऊँची पहाड़ी पर जहाँ पहले स्तालिन की विराट स्मारक-मूर्ति खड़ी थी और जो अब हटा दी गई है।—अनु.

उन्हें कुरूप और भद्दा बना डालते हैं। वह उन घोड़ों को देखती है, जो गर्व से अपनी गर्दन हिलाते हुए भाग रहे हैं, एक-दूसरे के सिरों को छूते हैं, प्यार करते हैं, चरागाह के बीचोबीच, अपनी ज़िन्दगी एक विस्मयकारी दिन के बीचोबीच; विस्मयकारी, गहरी, ख़ामोश रात के बीचोबीच अपनी कोमल लचकीली गर्दनों से एक-दूसरे से प्रेम करते हुए आज़ाद घोड़े...एक रात के प्रेमी। उसकी आँखें एक पतली टाँगोंवाले घोड़े के नन्हे बच्चे पर टिक जाती हैं, वह झुंड के बीचोबीच भाग रहा है, 'मेरा छोटा भाई' वह धीरे-से फुसफुसाती है और अब वह अपने भीतर पहले-जैसी घुटन महसूस नहीं कर रही, उसकी थकान कहीं चरागाह के भीतर झरने लगी है और अब उसे इतना हल्का-सा लग रहा है कि वह आसानी से गिर सकती है और फिर ऊपर उठ सकती है और यह सोचते हुए उसे नींद आ गई और वह रात के कपड़ों में अपनी ढुलमुल कुर्सी पर सोने लगी...। दूर छतों पर आलोक फैलने लगा था और उसके कमरे में एक धुन्ध-भरी, नीरव शहरी सुबह भरने लगी थी। नीली सुतली का ख़ाली सिरा हवा के अदृश्य झरोकों से चुपचाप हिल रहा था।

एक परिवार : एक आदमी

[पाँच लघुकथाएँ]

लुदवीक अश्केनाज़ी

लुदवीक अश्केनाज़ी

[जन्म : 1921; निधन : 1986]

यदि आधुनिक चेक कथा-साहित्य से अश्केनाज़ी को अलग कर दिया जाए, तो वह सचमुच बहुत सूना-सा दिखाई देगा। चेक-कहानी को एक नई तर्ज़ देने में जितना अश्केनाज़ी का हाथ रहा है, शायद किसी दूसरे लेखक का नहीं। युद्ध के दौरान वह सोवियत-संघ में थे और वहीं उन्होंने जर्मन फ़ासिज़्म के विरुद्ध संघर्ष में सक्रिय भाग लिया था। युद्ध की समाप्ति पर वह चेक रेडियो में विदेशी राजनीतिक टिप्पणीकार नियुक्त हुए और उसी हैसियत से उन्होंने अमेरिका, जापान, इटली और भारत की यात्राएँ कीं। उनके यात्रा-संस्मरणों की पुस्तक 'इंडियन समर' उस समय पाठकों में अत्यन्त लोकप्रिय हुई थी। अश्केनाज़ी की कलात्मक प्रतिभा उनकी गहन संवेदनशीलता से जुड़ी है। वह शब्दों को बहुत कोमल अहसास के साथ इस्तेमाल करते हैं और उनकी कथा-शैली या स्टाइल को उनके व्यक्तित्व से अलग करना असम्भव-सा जान पड़ता है। उनकी पुस्तक 'शैशव की झलकियाँ' के अनेक संस्करण प्रकाशित हो चुके हैं—इसमें उन्होंने बच्चे की निगाह से ज़िन्दगी के रहस्यमय कोनों को पहचानने की कोशिश की है। कथाकार होने के अलावा वह एक अत्यन्त सफल नाट्य-लेखक भी हैं। दो वर्ष हुए इटली में जो रेडियो-नाटक-प्रतियोगिता हुई थी, उसमें उनके नाटक को प्रथम पुरस्कार प्राप्त हुआ था।

1
लोग कैसे एक-दूसरे को खोजते हैं

यदि उस वक़्त तुम मुझे खोज रहे होते, तो तुम मुझे एक बेंच पर बैठा पाते। पता नहीं, वह कौन-सा पार्क था!

किन्तु उससे पहले मैं शहर के चक्कर काट रहा था...वल्तावा में मैंने बतख़ों को देखा, एक लेमनेड ख़रीदी और वेंसलेस स्क्वॉयर में मैंने अपने जूतों पर पॉलिश करवाई।

साँझ का समय था और मैं अनारी-रंग के आकाश तले चल रहा था। चलते हुए मुझे कुछ ऐसा लग रहा था, जिसे मैं समझा नहीं सकता...जैसे किसी आदमी ने कोई स्वप्न देखा हो, लेकिन उसके बारे में ठीक से निश्चित न हो।

मैं पार्क में आकर टहलने लगा किन्तु बराबर मुझे अपने भीतर कुछ अजीब-सा अनुभव हो रहा था...मानो उस शाम मैंने कुछ खो दिया है हालाँकि मेरे पास सब कुछ था—पासपोर्ट, फ़ाउंटेनपेन और पैसे भी।

'मैं हज़ार तक गिनती गिनूँगा।' मैंने सोचा...बेमानी काम था, लेकिन कुछ काम तो था।

और तब मुझे वह बेंच दिखाई दी...एक साधारण-सी बेंच, कोने में, बहुत नीची। उस पर लोग बैठे थे...इसीलिए तो वह वहाँ था! एक बूढ़े सज्जन बेंच पर बैठे किताब पढ़ रहे थे। दूसरी तरफ़ से उसी क्षण कोई गुज़रा था... इतनी तेज़ी से, कि मैं उसे ठीक से देख भी नहीं सका। सिर्फ़ मुझे बालों की घुँघराली लट और नाक दिखाई दी थी। और लड़कियों की नीली टोपी जिस पर बड़ा-सा बटन लगा था।

तेज़ी से मैं बेंच की ओर मुड़ गया। मैं बिलकुल भी नहीं ठहरा, आगे बढ़ता गया और बराबर गिनता रहा।

एक, दो, तीन, चार, पाँच, छह, सात...मैंने टहनी की ओर देखा... टहनी जो टहनी की तरह थी। धूप के धब्बे उसे जादुई-सा बना रहे थे और वे धब्बे सुनहरी बारिश की तरह घास पर गिर रहे थे।

सहसा मुझे एक उपाय सूझा। 'मैं धूप के धब्बे गिनूँगा...यह एक ठोस काम है। एक गम्भीर काम जिसमें कविता के तत्त्व भी मिले हैं...'

मैंने ग्यारह धब्बे गिन लिये, फिर सहसा मुझे ध्यान आया कि क्या वह बटन नीला था? टोप का रंग ज़रूर नीला था, यह मैं जानता था...।

मैं ऊहापोह में फँस गया।

नहीं, वह बटन शायद कुछ-कुछ लाल था...मैंने सोचा।

चेरी की तरह लाल।

मैंने वापस मुड़ने का फ़ैसला किया। वह किसी ख़ास दिशा में मुड़ने का फ़ैसला नहीं था। यों भी टहलते समय दिशा का ज्ञान बहुत महत्त्वपूर्ण नहीं होता। मैंने यह भी सोचा कि अब धूप के धब्बे नहीं गिनूँगा। मुझे वह ख़ास उपयोगी काम नहीं जान पड़ा।

इसके अलावा चलते-चलते मेरी टाँगें दुखने लगी थीं।

वापस मुड़कर मैं उस बेंच की तरफ़ चला आया।

"माफ़ कीजिए, क्या यह जगह ख़ाली है?" मैंने पूछा।

सहसा क्या देखता हूँ कि बेंच पर सिर्फ़ सफ़ेद बालोंवाले सज्जन किताब लिये बैठे हैं...उनके अलावा वहाँ कोई दूसरा नहीं है।

"माफ़ कीजिए," मैंने कहा, "मैं आपको परेशान कर रहा हूँ...लेकिन आपने उसे तो नहीं देखा? इसी बेंच पर वह कुछ देर पहले बैठी थी...मैं आपको ठीक से उसकी शक्ल-सूरत के बारे में नहीं बता सकता...मुझे ख़ुद मालूम नहीं..."

"हाँ, बैठी थी," बूढ़े सज्जन ने कहा, "आप चाहते क्या हैं?"

"कुछ नहीं...यूँ ही पूछा था। दरअसल मुझे एक समस्या सुलझानी है... आपको याद तो नहीं कि उसने कैसी टोपी पहन रखी थी? लाल या नीली? मेरी जिज्ञासा के पीछे कुछ कारण हैं—वैज्ञानिक कारण।"

बूढ़े सज्जन तनिक भयभीत-से हो गए।

"मुझे याद नहीं," उन्होंने सतर्क होकर उत्तर दिया और फिर टटोलती निगाहों से मुझे देखने लगे।

फिर वह सहसा उठ खड़े हुए...अपने हाव-भाव से उन्होंने मुझे जतला दिया कि वह हर तरह के सवाल सुनने के आदी हैं और उन्हें कोई चीज़ आश्चर्य में नहीं डाल सकती।

"मैंने आपको कहीं देखा है..." उन्होंने बात बनाते हुए कहा, "आप स्त्रेशोवित्से वाले दाँतों के अस्पताल में तो नहीं जाते? या शायद गर्म पानी के कारख़ाने...मैं मिनरल पानी के कारख़ाने में काम करता हूँ। मेरा नाम रामबौसेक है..."

उन्होंने सिर झुकाकर प्रणाम किया और वहाँ से चल दिये। इतनी तेज़ी से नहीं कि उनकी आत्म-प्रतिष्ठा पर ठेस लग सके, इतनी धीमे भी नहीं कि मैं उनका बाल-बाँका कर सकूँ।

मुझे अपनी समस्या का कोई हल नहीं मिला। मैं अकेला ही बेंच पर बैठ गया। कुछ दूर पर एक सफ़ेद मूर्ति खड़ी थी। शायद वेनिस की मूर्ति रही होगी। मैं बैठा रहा। चारों ओर घनी नीरवता फैली थी और मुझे लग रहा था मानो शाम की छाया में समूची दुनिया जामुनी-सी हो उठी है।

"तुम मज़े में हो," मैंने फुसफुसाते स्वर में कहा, "तुम मूर्ति हो... लेकिन, देवीजी...मैं ठहरा एक आदमी!"

मुझे घर चलना चाहिए...मैंने मन-ही-मन सोचा। घर जाकर अपनी पतलून पर इस्तरी करूँगा और फिर शतरंज खेलूँगा।

उन दिनों मैं अकेला अपने साथ शतरंज खेला करता था। बेंच के इर्द-गिर्द अजीब-सी गन्ध उड़ रही थी। घास और पेड़ों से आती गन्ध... और शायद किसी और चीज़ की गन्ध जिसे मैं पहचान नहीं सकता था। वह शायद शहद अथवा शराब की गन्ध से मिलती-जुलती थी, किन्तु यह सही-सही पहचान पाना असम्भव था कि वह मीठी है या कड़वी। शायद वह मीठी और कड़वी, दोनों ही थी।

मूर्ति बहुत पवित्र-सी जान पड़ रही थी। आख़िर वह एक पुरानी और अनुभवी मूर्ति थी। मैं सबसे पासवाले ट्राम-स्टेशन की ओर चलने लगा। साँझ गहरी हो गई थी।

मुझे उसके लिए चारों तरफ़ अपनी निगाहें नहीं दौड़ानी पड़ीं। मैं तुरन्त जान गया था और मुझे कुछ भी आश्चर्य नहीं हुआ। मैं एकदम सही-सही जान गया था कि चौराहे के दूसरी तरफ़ कोई खड़ा है।

सम्भव है, उस क्षण मैं सचमुच भाँप गया था कि वह कौन है। अगर मैं अनायास उसकी ओर मुड़ गया तो सिर्फ़ इसलिए कि मैं अपने को पूरा-पूरा विश्वास दिलाना चाहता था।

किन्तु टोपी का रंग मैं फिर भी नहीं जान सका...चौराहे पर गुलाबी रोशनी पड़ रही थी और उसमें कुछ भी पता नहीं चलता था।

फिर भी हम दोनों चौराहे के आसपास टहलने लगे...मानो ट्राम की प्रतीक्षा कर रहे हैं। सिर्फ़ प्रतीक्षा कर रहे हैं—अपने बारे में भी कुछ नहीं जानते। हम अजनबी लोग हैं...!

मैंने सोचा, उससे कहूँ कि कुछ ही दिनों में अप्रैल का महीना शुरू हो जाएगा। कम-से-कम शालीनता का यही तकाज़ा है कि कोई बात छेड़ी जाए।

फिर ख़याल आया कि ट्रांसपोर्ट-व्यवस्था के ख़िलाफ़ दो-चार फिकरे कसने चाहिए। यह स्वाभाविक-सा जान पड़ेगा...यह नहीं लगेगा कि मैं बात शुरू करने के लिए बहाना ढूँढ़ रहा हूँ। उसे यह भी पता चल जाएगा कि ज़िन्दगी के प्रति मेरा आलोचनात्मक दृष्टिकोण है...।

किन्तु फुटपाथ के बीचोबीच जब हम एक-दूसरे के सामने आए, मैंने उससे कुछ नहीं कहा। ट्रांसपोर्ट-व्यवस्था के प्रति मैं उदासीन-सा हो गया था। धीरे-धीरे मेरे मन में अपने शहर के ट्रांसपोर्ट के प्रति सद्भावना उत्पन्न होने लगी...मुझे डर था कि ट्राम कहीं सचमुच न चली आए। ट्राम आएगी...घंटी बजेगी—और चली जाएगी।

यह ज़रूरी था कि जल्दी ही मुझे कुछ कहना चाहिए या कुछ करना चाहिए। ख़याल आया कि मुझे रहस्य-भरे भाव से मन्द-मन्द मुस्कराना चाहिए। क्यों नहीं...आख़िर आदमी ख़ुद अपने लिए मुस्करा सकता है...और कुछ न हो, दूसरों का कौतूहल तो अपने प्रति जगा ही सकता है।

किन्तु मैंने कुछ नहीं कहा...मुस्कराया भी नहीं।

सहसा सब चीज़ों के प्रति मैं विरक्त-सा हो उठा था। एकाएक मुझे ख़याल आया कि घर जाकर रेडियो सुनना चाहिए। रेडियो खोलूँगा और फिर कोई किताब लेकर बिस्तर पर पड़ जाऊँगा...वह शायद कविताओं की किताब हो सकती है। पतलून पर इस्तरी कल करूँगा...या दरज़ी को दे दूँगा। क्या यह ज़रूरी है कि मौत की घड़ी तक आदमी अपनी पतलून पर ख़ुद इस्तरी करता रहे?

सहसा ट्राम आई। लड़की उसमें चढ़ गई और—मुझे लगा, जैसे अर्से से...बहुत लम्बे अर्से से मैं उसे जानता आया हूँ। और उस क्षण मुझे ट्राम-स्टैंड कुछ-कुछ स्टेशन-सा जान पड़ा।

शायद वह भी जान गई थी क्योंकि एक छोटे-से...बहुत ही छोटे-से लमहे के लिए उसने पीछे मुड़कर मेरी ओर आँखें उठाई थीं।

ट्राम ने घंटी बजाई और धीरे-धीरे सरकने लगी। मैं देख रहा था कि वह कितनी धीमी गति से चल रही है। फिर भी वह ओझल हो गई। अब रोशनी भी दिखाई नहीं दे रही थी...ज़रा-सी रोशनी भी नहीं।

चलो...मैंने आख़िर अपने-आपसे कहा...घर जाकर शतरंज की बाज़ी लगाऊँगा, ख़ुद अपने ख़िलाफ़। पता नहीं, उसकी टोपी का रंग कैसा था—लाल, नीला, या शायद—सचमुच हरा?

बच्चे...मैं तुझे यह घटना सिर्फ़ इसलिए सुना रहा हूँ ताकि तू जान सके कि लोग कैसे संयोगवश एक-दूसरे से मिल जाते हैं। तू भी एक दिन इसी तरह ट्राम-स्टैंड पर किसी से बातचीत करना चाहेगा। शहरों में हमेशा लोगों के साथ ऐसा होता है। गाँवों में लोग ज़्यादा शर्मीले होते हैं क्योंकि वहाँ ट्रामें नहीं चलतीं।

किन्तु एक दिन मैं सचमुच ट्राम के पीछे-पीछे दौड़ने लगा।

उसमें तेरी माँ जा रही थी।

2
हमने तुझे कैसे ईज़ाद किया था

अब मैं तुझे बताता हूँ, हमने पहली बार तुझे कैसे ईज़ाद किया था।

बहुत दिन पहले की बात है जब मैं कॉर्डरॉय की पतलून पहना करता था। बिल्ली का तकिया उसी पतलून को उधेड़कर बनाया गया है।

शाम का समय था। घर लौटकर मैंने आग जलाई और अपने हाथ सेंकने लगा। तेरी माँ घर में नहीं थी, सिर्फ़ एक काग़ज़ का पुरज़ा मेज़ पर रखा था। उस पर क्या-कुछ लिखा था, मुझे अब याद नहीं। उन दिनों हर रोज़ कोई-न-कोई मीटिंग होती रहती थी। सम्भव है, उस पुरज़े पर लिखा था :

'मेरी मीटिंग है, साग गर्म कर लेना।'

या शायद लिखा था :

'मैं देर से लौटूँगी, खाने के बाद थाली धो लेना।'

मुझे मालूम नहीं, किस काम ने उसे रोक लिया था। शायद कोई बहुत ज़रूरी काम रहा होगा।

मैंने बत्ती जलाई और फिर बुझा दी। मुझे यह सोच-सोचकर शायद बहुत अच्छा लग रहा था कि घर में मैं बिलकुल अकेला हूँ। मैंने बहुत तेज़ चाय बनाई और सिगरेट सुलगाकर बैठ गया।

अब क्या करूँ? मैं सोचने लगा। मैं चाहूँ तो वॉयलिन बजा सकता हूँ। यहाँ अब कोई नहीं है...हाँ, क्यों नहीं? वॉयलिन ही सही। उन दिनों हमारे घर में वॉयलिन था। हमारा एक मित्र उसे वहाँ छोड़ गया था। नहीं, तूने उसे नहीं देखा...वह हमारे एक ऐसे मित्र थे, जो तुझे बहुत अच्छे लगते। उनका बड़ा हट्टा-कट्टा शरीर था और नियमित-रूप से वह फ़ौजी-चेपल में बाँसुरी बजाने जाते थे। वह यह वॉयलिन अपनी ख़ुशी से हमारे घर छोड़ गए थे। अक्सर हमसे वायदा किया करते थे कि वह किसी दिन उस पर चायखोवस्की का संगीत बजाएँगे। किन्तु उन्होंने कभी बजाया नहीं—सिर्फ़ एक दिन उन्होंने वॉयलिन को अपने हाथों में उठाया था। हम विस्मित-से हो उनकी ओर देख रहे थे...बहुत दिनों से जो हमने आशा लगाई थी, वह अब पूरी होने जा रही थी।

"धन्य हैं हम!" हमने कहा, "चायखोवस्की का संगीत!"

किन्तु हमारे मित्र ने सिर्फ़ एक-दो तार छेड़कर वॉयलिन को दुबारा बक्से में रख दिया। शायद बाँसुरी बजाने की इतनी आदत पड़ गई थी कि...

"बचपन में मैं वॉयलिन बजाकर सबको आश्चर्य में डाल देता था।" वह अक्सर अपने बारे में कहा करते थे, "नौ वर्ष की उम्र में मैं 'वियनावस्क' बजाया करता था...और आज देखो..."

हम उन्हें ढाढ़स देने की कोशिश किया करते थे।

किन्तु एकाएक उन्होंने हमारे घर आना छोड़ दिया। मैंने उस वॉयलिन पर सिर्फ़ एक गीत बजाना ही सीखा था। उसे बजाते समय मुझे बहुत ख़ुशी होती थी लेकिन इस बात का मैं हमेशा ध्यान रखता था कि उसे कोई सुने नहीं।

उस गीत का सिर्फ़ एक पद था—और वह भी एक फूल के बारे में। फूल का नाम था : 'नन्हा-सा तुलसी'। वह एक उदास गीत था और उस गीत में वह तुलसी कभी बड़ा नहीं हुआ। नहीं, कभी नहीं।

खिड़की के परे सर्दियों की नीली रात फैली थी। प्राग में फ़रवरी की रातें ऐसी ही होती हैं। लोग काली बर्फ़ की दलदल को जूतों से रौंदते हुए अपने-अपने घरों की ओर भागे जा रहे थे। अँधेरे कमरे में बैठा हुआ मैं धीरे-धीरे वॉयलिन के तारों को छेड़ रहा था किन्तु मुझे वैसी सान्त्वना नहीं मिल रही थी, जैसी कभी बहुत पहले मिलती थी। सहसा मेरे मन में इच्छा उठी कि कमरे में कोई होना चाहिए। मेरा वॉयलिन-वादन आख़िर इतना बुरा नहीं था...कि उसे सुनने के लिए वहाँ खुरदरे फ़र्नीचर, थाली और केतली के अलावा कोई दूसरा मौजूद ही न हो। सम्भव है, मुझे किसी चीज़ का अजीब-सा अभाव महसूस होने लगा था...उस शाम ने, गली के अँधेरे ने, गर्म चूल्हे ने, कुछ पुरानी स्मृतियों ने मेरे मन को काफ़ी बोझिल-सा बना डाला था।

चलो, टेलीफ़ोन करता हूँ...मैंने सोचा। और कुछ नहीं तो यही पूछ लूँगा कि कैसे हालचाल हैं और घर कब लौटोगी?

और तब मैंने फ़ोन किया।

सम्भवत: मैंने फ़ोन पर कहा, "अच्छा, तुम हो! भई, ज़रा यह तो बताओ, फलों का डिब्बा कैसे खोला जाए? नहीं, नाशपातियों का नहीं, आड़ुओं का। क्यों? बस...यूँ ही, आड़ू ज़्यादा अच्छे लगते हैं। क्या कर रहा हूँ? वॉयलिन बजा रहा हूँ। नहीं, भाई, मैं ठीक हूँ। भला तबियत क्यों ख़राब होगी?"

टेलीफ़ोन करने के बाद मैं कुछ हल्का-सा महसूस करने लगा। मैं अब उस नन्हे-से तुलसी के फूल के बारे में नहीं सोचना चाहता था जो मेरे उस गीत में कभी नहीं खिल सका। मैं यह सोचकर फूला नहीं समा रहा था कि तेरी माँ एक घंटे...या शायद दो घंटों के बाद घर लौट आएगी, मानो उसका लौट आना मेरे लिए कोई बहुत महत्त्वपूर्ण चीज़ हो! वह आएगी और शायद उसकी बरसाती या बालों पर बर्फ़ के गाले चिपके होंगे और उसका चेहरा कुछ-कुछ भीगा-सा होगा। वह बरसाती उस पर बिलकुल नहीं फबती थी...

बारिश में उसका रंग हरा-सा हो जाता था, वह बहुत पुरानी थी और उसकी बाँहें घिस गई थीं।

किन्तु बरसाती से कोई अन्तर नहीं पड़ता। किससे अन्तर पड़ता है? अन्तर इससे पड़ता है कि तुम किसकी प्रतीक्षा कर रहे हो। जितनी अधीरता से तुम किसी आदमी की प्रतीक्षा करते हो, उस आदमी की उतनी ही क़ीमत बढ़ जाती है। जब तू बड़ा हो जाएगा और किसी की प्रतीक्षा करेगा, तब तू ख़ुद इस बात को समझ लेगा। हाँ, सच...एक दिन तुझे भी प्रतीक्षा करनी पड़ेगी।

फिर मैंने सोचा, कोई ऐसी तरकीब निकालनी चाहिए, जिससे वह आते ही आश्चर्य में पड़ जाए। मैंने बहुत सिर मारा लेकिन मुझे कोई बढ़िया तरकीब नहीं सूझ सकी। हताश होकर मैं ग़ुसलख़ाने में गया ताकि दाँत साफ़ करके पलंग पर कुछ देर आराम कर सकूँ। ग़ुसलख़ाने में एक बेंच पर गुलाबी रंग की एक बनियान पड़ी थी। मुझे वह बहुत अच्छी लगी थी क्योंकि वह बहुत मुलायम और साफ़-सुथरी थी और उस पर दो छोटे-छोटे अजीब-से धब्बे पड़े थे, जैसे किसी की आँखें हों। सहसा मुझे ख़याल आया कि उस बनियान को लेकर एक गुड्डा बनाया जा सकता है, जिसे देखकर वह आश्चर्य में पड़ जाएगी।

गुड्डा बनाना हँसी-खेल नहीं था। मुझे काफ़ी मेहनत करनी पड़ी।

पहले मैंने बनियान के दोनों सिरों को सी डाला और उसमें ढेर-सी रुई भर दी। वह सिर था—प्यारा-सा गोल-मटोल। लेकिन मैंने गुड्डे के कान, नाक कुछ नहीं बनाए...आँखों की जगह दो छोटे-छोटे-से धब्बे पहले से ही मौजूद थे। अपने फेल्ट-हैट के लाल टुकड़े को काटकर उसका मुँह बनाया। कमीज़ के रूप में मैंने अपना लम्बा सफ़ेद रूमाल उसके गले में लटका दिया और फिर बिजली की इस्तरी से अच्छी तरह उसे प्रेस किया। बस, गुड्डा इस दुनिया में आ गया।

और उसने भी अपने 'आगमन' को सहज रूप से स्वीकार कर लिया था। वह मेरे सामने बैठा था और प्रतीक्षा कर रहा था कि अब आगे क्या होगा।

"देख," मैंने कहा, "मैंने ही तुझे बनाया है। तेरा नाम होगा—नन्हा आदमी!"

मैंने उसे एक पेपरवेट के सहारे बिठा दिया। हम दोनों एक-दूसरे को देख रहे थे—वह आदमी दुकानी-पेटेंट आँखों से और मैं अपनी साधारण मानवीय आँखों से।

"अरे, कुछ बोल तो!" मैंने कहा, "यहाँ अच्छा नहीं लग रहा?"

"अच्छा क्यों नहीं लग रहा!" गुड्डे ने उत्तर दिया, "लेकिन तुमने मुझ पर जो इस्तरी फेरी, वह ज़रा ज़्यादा ही थी।"

सम्भव है, मुझे सिर्फ़ भ्रम हुआ हो क्योंकि उसका मुँह हैट के लाल टुकड़े से बना था और उसके द्वारा कुछ भी बोल पाना असम्भव था। निश्चय ही गुड्डा कुछ नहीं बोला था, सिर्फ़ सफ़ेद कमीज़ पहने पेपरवेट के सहारे बैठा था।

"क्या तुझे मालूम है, मैं वॉयलिन बजाना जानता हूँ?" मैंने कहा, "मैं उस पर तुलसी के फूलवाला गीत बजाता हूँ।"

"मुझे मालूम है," गुड्डे ने कहा, "वह जुदाई का गीत है।"

और इस तरह बातचीत में हम मशगूल हो गए।

कुछ देर बाद तेरी माँ आ गई। बरसाती पहने ही कुर्सी पर बैठ गई। चेहरे पर हल्की-सी थकान थी और बाल अस्त-व्यस्त थे। बैठते ही तुरन्त बोली, "यह मेज़ पर क्या है?"

"गुड्डा है," मैंने कहा, "अभी-अभी मुझसे ऐसे बातचीत कर रहा था मानो बरसों से मुझे जानता है! लेकिन शायद तुमसे बात नहीं करेगा। नाम है—नन्हा आदमी।"

"कमीज़ तो बढ़िया पहन रखी है," तेरी माँ ने तनिक मुस्कराते हुए कहा। वह मुस्कान उसके चेहरे पर नहीं थी, सिर्फ़ उसकी पलकों और नाक की नवजात झुर्रियों पर सिमट आई थी।

सहसा बिजली की रोशनी उसके चेहरे पर पड़ी थी और वह बहुत सुन्दर लग रही थी।

तब पहली बार हमने तुझे ईज़ाद किया था।

3
मैंने तुझे कैसे पहचाना
[माँ की ज़ुबानी]

मैं सहसा उठ बैठी—लगा, जैसे कोई मुझे बुला रहा हो। आँखें खोलकर मैं चारों तरफ़ देखने लगी—कमरे में अँधेरे और ख़ामोशी के अलावा कुछ भी न था। खिड़की के परे सलेटी चादर-सी फैली थी। पौ फटने का समय रहा होगा, जब रात और दिन एक अदृश्य सीमा पर आ मिलते हैं। घंटों की ध्वनि सूनी पदचाप-सी सुनाई देती थी।

क्या किसी ने मुझे दुबारा बुलाया है? किन्तु वह आवाज़ हवा में बिखरकर खो गई और मेरे भीतर सिर्फ़ एक गूँज, बहुत देर से आती हुई गूँज भटकने लगी।

मैं बिस्तर से उठ खड़ी हुई और नंगे पाँव खिड़की के सामने चली आई। किसी ने कोई कंकर-पत्थर तो नहीं फेंका था? ऐसा अक्सर होता था।

सम्भव है, वह मेरा सिर्फ़ भ्रम था और मुझे बुलाया किसी ने नहीं था। किसी ने शायद कोई सिक्का या मिट्टी का ढेला खिड़की पर फेंका होगा। कोई रात की एक्सप्रेस ट्रेन से आया होगा और उसे दरवाज़े की घंटी नहीं मिल सकी होगी। सम्भव है, वह बर्नो या पिल्ज़न या स्लोवाकिया की किसी एक्सप्रेस ट्रेन से आया होगा। कभी-कभी हमारे दोस्त इसी तरह आ धमकते थे।

किन्तु गली में कोई दिखाई नहीं दिया। रात धीरे-धीरे पीली पड़ रही थी और दूर पूर्व की दिशा में एक गोल दूधिया खिड़की-सी चमक रही थी। फ़ुटपाथ सूना पड़ा था और सामने के मकानों की खिड़कियाँ पर्दों से ढकी थीं।

फिर वह कौन था? मैं पुनः उस आवाज़ के बारे में सोचने की कोशिश करने लगी जिसे मैंने कुछ देर पहले सुना था। किन्तु उसे याद करना कुछ वैसा ही था, जैसा सपने में किसी ख़ुशबू को याद करना या हवा की थिरकन को याद करना। आदमी ऐसी चीज़ों को कभी दुबारा याद नहीं कर सकता। उस एक आवाज़ में क्या कुछ नहीं था—कितने लोग और कितनी स्मृतियाँ, फुसफुसाहट और चीख़, ख़ुशी और पीड़ा—मानो उस एक आवाज़ में उन सबकी पुकार भरी थी जिन्हें मैं जानती हूँ और फिर भी...वह सिर्फ़ एक आदमी की आवाज़ थी।

मैंने टेबल-लैम्प जलाया...अँधेरा मुझे अच्छा नहीं लग रहा था। इसके अलावा मैं उस आदमी को भी देखना चाहती थी जो मेरे पास लेटा था। अपने पति को। लैम्प की रोशनी उसके चेहरे पर गिर रही थी। मैंने धीरे से उस तकिये को छुआ, जिस पर उसका सिर टिका था।

वह जाग गया...पूरी तरह नहीं। उसने आँखें मिचमिचाईं और कहा, "लेट जाओ...सर्दी खा जाओगी।"

फिर वह सचमुच जाग गया और बिस्तर में उठकर बैठ गया। नींद और आश्चर्य से उसकी आँखें बोझिल थीं। और वह कमरे के पीछे अन्धकार को देख रहा था।

"क्या बात है? तुम सोती क्यों नहीं?" उसने पूछा।

"कोई बुला रहा था," मैंने कुछ घबराए-से स्वर में कहा, "मुझे एक पहचानी-सी आवाज़ सुनाई दी थी—पता नहीं कौन था?"

"सो जाओ, भाई...यहाँ तुम्हारे और मेरे अलावा कौन होगा!" उसने कहा।

किन्तु मैं दुबारा नहीं सो सकी। कुछ देर बाद मुझे सहसा लगा मानो बग़लवाले कमरे से—जिसे हम उन दिनों बच्चों का कमरा कहते थे—सेब की ख़ुशबू आ रही है। वहाँ एक बड़ी तश्तरी में फल रखे थे। मैं प्रार्थना करने लगी कि जल्दी से सुबह हो ताकि दिन के उजाले में मैं अलमारी में रखी सब्ज़ियों, रोटी की स्लाइसों और दूध की बोतल को देख सकूँ। दिन के उजाले में शायद मेरा सारा भ्रम दूर हो जाएगा।

किन्तु उस आवाज़ को मैंने दुबारा नहीं सुना। सिर्फ़ मेरे भीतर—मेरे हृदय के नीचे—सहसा एक बच्चे की हलचल हुई थी और—वह तू था।

इस तरह हमने तुझे पहली बार पहचाना था। उस समय मैं नहीं जानती थी कि तू कैसा है, किस तरह बार-बार अपनी गेंद खो देगा, कैसे बेसुरे-बेढंगे स्वर में गाएगा। मुझे तब नहीं मालूम था कि तुझे सब्ज़ी खाने से नफ़रत होगी और कभी-कभी झूठ बोलने में भी नहीं शरमाएगा।

4
मैंने तुझे कैसे देखा था

कल हम इस लाल ईंटोंवाली भद्दी इमारत के सामने से गुज़रे थे जिसमें से एक बहुत साधारण-सी नर्स, सफ़ेद गाउन और नीली टोपी पहने बाहर निकली थी। हमें देखकर वह ठिठक गई और फिर हमारे सामने आकर खड़ी हो गई। उसने कुछ ऐसी परिचित निगाहों से हमारी ओर देखा था मानो अर्से से हम एक-दूसरे को जानते-पहचानते हैं। उसने तुझे हल्के-से अपनी बाँहों में भरकर कहा था, "अरे, थोड़ी देर के लिए, मैं तुझे पहचान भी न सकी।"

"मुझे कैसे जानती हो?" तूने पूछा था।

नर्स धीमे-से मुस्कराकर आगे बढ़ गई। नर्सें हमेशा जल्दी में रहती हैं।

इसीलिए मैं आज तुझे बताना चाहता था कि इस लाल ईंटोंवाली इमारत में ही लोग इस दुनिया में आते हैं। मैं सोचता हूँ, उन्हें इस इमारत के गेट पर एक सफ़ेद बोर्ड लगा देना चाहिए। 'मानव-जाति' के सम्मान और गौरव के लिए।

उन्हें इसकी छत पर दो झंडे भी लगाने चाहिए, एक सफ़ेद और दूसरा नीला और जब किसी आदमी का जन्म हो तो उन्हें ये झंडे बाँस पर लगाकर फहराने चाहिए ताकि सारा शहर जान जाए कि उस ख़ास घड़ी में किसी का जन्म हुआ है—किसी नन्हे-मुन्ने का या किसी नन्ही-मुन्नी का।

यहीं मैंने तुझे पहली बार देखा था।

उस दिन मैं घर में बैठा था और टेलीफ़ोन की प्रतीक्षा कर रहा था। बार-बार मेरी आँखें खिड़की के बाहर चली जाती थीं मानो किसी भी क्षण कोई भीतर आ सकता है। किन्तु आया कोई नहीं—सिर्फ़ ग्यारह नम्बर की ट्राम की घंटी दूर से सुनाई दे जाती थी और ट्राम के तारों पर बिजली की कौंध चमक जाती थी। उसके मलिन आलोक में वे लोग दिखाई दे जाते थे जो जल्दी-जल्दी ट्राम से उतर रहे थे और मुझे लगता था मानो वे डग बढ़ाते हुए मेरे घर की ओर ही चले आ रहे हों।

उसी क्षण टेलीफ़ोन की घंटी खनखना उठी। नर्स की आवाज़ थी... नीली टोपी पहननेवाली वही नर्स थी, जिससे कल हम मिले थे। उसने मुझे बताया कि तेरा जन्म हुआ है और तू दूध पी रहा है।

मेरे दोस्त, उस वक़्त तेरा कोई नाम नहीं था और तू गला फाड़-फाड़कर चीख़ रहा था। नहीं...नहीं...मैं तुझे चिढ़ा नहीं रहा। मैं तुझे सिलसिलेवार सब कुछ बताना चाहता हूँ ताकि कोई तफ़सील छूट न जाए।

"आप कोई फ़िल्म देख आइए," नर्स ने मुझे दिलासा देते हुए कहा।

उसने शायद मेरी आवाज़ में हल्की-सी बेचैनी को भाँप लिया था।

किन्तु मैं कहीं नहीं गया और घर में बैठा रहा। कुछ देर बाद मेरा पड़ोसी वोरेल आया। वह गलीचों-कालीनों पर डिज़ाइन बनाया करता था। उसने विवाह नहीं किया था और घर में अकेला रहता था। बहुत पहले कभी उसने 'मार्च-संगीत' की 'बौने का नृत्य' नाम से एक धुन बनाई थी जिसे रेडियो से भी प्रसारित किया गया था। तब से उसे अपने पर बहुत गर्व था और वह एक चौड़ी हैट पहनकर बाहर निकला करता था।

"माफ़ कीजिए," उसने कहा, "आपके पास थोड़ी-सी काली मिर्च तो नहीं है? मैं खीरे का सलाद बनाना चाहता हूँ। खीरा मेरे पास है, लेकिन मिर्च नहीं।"

मैंने उससे कहा कि आज ख़ुशी की घड़ी है। अगर वह खीरे का सलाद मेरे घर में ही ले आए, तो हम मिलकर मज़े से खाएँगे।

ख़ुशी से वोरेल का चेहरा चमकने लगा। "आप भी ख़ूब हैं!" उसने कहा, "बेफ़िक्र रहिए, मैं अभी दौड़कर जेली भी ले आता हूँ।"

कुछ देर बाद जब वह वापस लौटा, उसने भड़कीली सलेटी रंग की टाई पहन रखी थी। और तब हमने बिना शराब-कबाब के—काफ़ी सीधे-सादे ढंग से उस अवसर को मनाया। ख़ुशी की रौ में मैंने वह गुड्डा भी वोरेल को उपहार के तौर पर भेंट कर दिया क्योंकि वह बेचारा कुँवारा आदमी था और उसका अपना-सगा कोई न था।

"मैं सोचता हूँ," उसने कहा, "जल्दी ही मुझे 'गुड्डे' के बारे में कोई संगीत-रचना करनी चाहिए। आपने मेरी 'बौने का नृत्य' नामक रचना तो सुनी ही होगी?"

जहाँ तक मेरा ख़याल है, उसने अपनी संगीत-सम्बन्धी कार्यवाहियों को जल्दी ही छोड़ दिया लेकिन वह अक्सर गुड्डे के साथ ज़रूर दिखाई देता था। गुड्डा अपनी सफ़ेद कमीज़ पहने मेज़ पर बैठा रहता और अपनी पेटेंट सार्वजनिक आँखों से वोरेल को देखता रहता। वोरेल ने गुड्डे के लिए एक छोटा-सा सोफ़ा बना दिया था—आख़िर दस्तकारी उसका पेशा जो ठहरा।

दूसरे दिन तड़के ही उठकर मैं अस्पताल गया। मैंने अपने साथ कुछ रूमानियन अलूचे और ट्यूलिप फूलों का एक गुच्छा रख लिया था।

जब तेरी माँ ने मुझे देखा, तो अपना चेहरा-मुहरा काफ़ी उदासीन-सा बना लिया।

"अहा, तुम आ गए!" उसने कहा, "आख़िर तुम आ ही गए!"

उसके स्वर से लगता था, जैसे अब उसने मुझे देखने की आशा छोड़ दी थी।

वह काफ़ी सर्द आँखों से मेरा मुआयना कर रही थी मानो अपनी नज़रों से मुझे तौल रही हो कि बाप होने के क़ाबिल हूँ या नहीं।

"ज़रा मेरा हाथ पकड़ो।" उसने कहा, "यहाँ सब आदमी ऐसा ही करते हैं। यह रहा मेरा हाथ।"

"यह लो रूमानियन अलूचे," मैंने कुछ अनिश्चित-स्वर में कहा, "और वह गुड्डा था न, उसे मैंने अपने पड़ोसी वोरेल को दे दिया है।"

उसने अपना होंठ काट लिया। सहसा उसकी आँखें आँसुओं से छलछला आईं—आँसू, जो कभी-कभी औरतों की आँखों में बरबस, अनायास, स्वतः चले आते हैं।

"ये अलूचे..." उसने तनिक द्रवित होकर कहा, "ये अलूचे सचमुच बहुत मीठे हैं।"

और फिर उसने मेरा हाथ पकड़ लिया...अस्पताल के क़ायदे के अनुसार।

किन्तु सहसा उसकी भाव-भंगिमा बदल गई। उसने अपना चेहरा झुका लिया और उसका मुँह खुला-सा रह गया—कुछ उसी तरह से, जब तू परियों की कहानियाँ सुनता है। कोई अदृश्य-सी रोशनी उसकी आँखों में चमकने लगी और सफ़ेद नर्म त्वचा पर एक ललाई-सी दौड़ गई।

"सुनो!" उसने कहा, "यह वह है।"

"कौन?" मैंने कुछ आश्चर्य से पूछा।

"वह...और चीख़ रहा है!"

नर्सरी में नौ बच्चे एक साथ चीख़े थे, या शायद आठ बच्चे।

"तुम उसकी आवाज़ पहचानती हो?"

"हाँ," उसने कहा, "मैं उसे पहचानती हूँ।"

वह अपनी कुहनियों के बल बैठ गई और सुनने लगी। फिर वे तुम्हें सफ़ेद पैरेम्बुलेटर में बिठाकर वहाँ लाए। उसमें तुम पाँच बच्चे बैठे थे...वे तेरे सबसे पहले साथी थे। तुम सब काफ़ी लाल-सुर्ख़ लग रहे थे—सिर्फ़ एक बच्ची का रंग हल्का-सा जामुनी था।

क्या तू अपने उन साथियों से फिर कभी ज़िन्दगी में मिल सकेगा? तुम सब बिलकुल एक-जैसे लग रहे थे और तुम सबका दिल बाईं तरफ़ धड़क रहा था।

उस दिन तुम एक छोटे-से पैरेम्बुलेटर में बैठकर आए थे—कल शायद हमारी समूची पृथ्वी तुम्हारे लिए काफ़ी नहीं होगी।

और उस बच्ची के उजले बाल होंगे और रेशमी क़िस्म का भूरा-भूरा-सा रंग होगा और अगर उस समय तक फ़ैशन नहीं बदल गया तो गर्मियों की फ्राक उसकी देह पर बहुत खिलेगी।

सब माँओं ने अपने-अपने बच्चे को गोद में उठा लिया और तेरी माँ ने कहा, "ज़रा देखो, कैसी अँगुलियाँ हैं, बिलकुल आदमियों-जैसी! बस, ज़रा छोटी हैं...और आँखें भी आदमियों-जैसी हैं और पलकें भी...और झुर्रियाँ भी।"

फिर तेरी माँ ने एक और अलूचा उठाया और मुझसे कहा, "अब जाओ...बस, अब जाओ!"

5
एक आदमी

परिवार का फ़ोटो-एलबम एक ऐसी चीज़ है, जिस पर सहसा दृष्टि पड़ जाती है।

कोई उसे यूँ ही कहीं से उठा लेता है और फिर घर के सब प्राणी विस्मय से सोचने लगते हैं कि यह अजीब-सी मखमली कवरवाली किताब कहाँ से टपक आई? उसकी धूल-गर्द साफ़ की जाती है और फिर परिवार के एलबम के नये सिरे से अच्छे दिन शुरू हो जाते हैं। जब अच्छे दिन ख़त्म हो जाते हैं, तो फिर उसे सब भूल जाते हैं। अगली बार जिस प्राणी की निगाह दुबारा उस पर पड़ेगी—सम्भव है, वह अभी दुनिया में जन्मा ही नहीं।

एलबम के लिए सबसे अच्छे सर्दी के दिन हैं। घर-परिवार के लोगों में जितना सर्दियों के मौसम को स्वागत मिलता है—उतना वसन्त और पतझड़ को नहीं। फ़ोटो-एलबम परिवार के सदस्यों को एक टेबल के इर्द-गिर्द इकट्ठा कर देता है—ख़ास कर उस समय, जब उनमें कोई ऐसा सदस्य हो,

जिसने एलबम को अभी तक नहीं देखा। हल्के, पतले काग़ज़ों की सरसराहट के पीछे समय का दरिया धीरे-धीरे बहने लगता है। लगता है, किसी पानी के गड़हे से भूले हुए चेहरे बाहर झाँक रहे हों।

हमारा परिवार...।

माँ सब कुछ बहुत अच्छी तरह समझाकर बताती हैं—यह कौन है और यह कौन है। पहली लड़ाई कब हुई थी और उन दिनों लड़कियाँ लम्बी फ्रॉकें क्यों पहनती थीं...और क्या शिकारियों के इस कप्तान ने सचमुच बोसनिया और हरार्ज़गोविना पर क़ब्ज़ा कर लिया था...लेकिन उसकी पत्नी पैदल वियना क्यों गई थी...।

फिर एक पीले ज़र्द फ़ोटो पर बड़ी-बड़ी आँखोंवाली बुआ का चेहरा दिखाई देता है। वह एक दिन अचानक घर छोड़कर भाग गईं। यह बहुत दिन पहले की बात है...अब उस घटना के बारे में किसी को कुछ याद नहीं। किसी को उनकी चिट्ठी-पत्री नहीं मिली। सब कहते थे कि वह बहुत घमंडी हैं...ज़िन्दगी-भर किसी के आगे नहीं झुकीं। फिर उन पर कैसे बीती...माँ?

कौन जानता है, उन पर कैसे बीती?

फ़ोटो में उनकी काली, उलाहना-भरी आँखें दिखाई देती हैं। उन्होंने लम्बे गलेवाला सफ़ेद ब्लाउज़ पहन रखा है और ब्लाउज़ पर लैस का बॉर्डर लगा है।

यह स्तरनाद दादा हैं।

पास ही उनका घोड़ा खड़ा है। स्तरनाद दादा बड़े गर्व से अपने घोड़े का सहारा लिये खड़े हैं। उस घोड़े का क्या नाम था? उसे कारेल कहकर बुलाते थे...या शायद उसका नाम यारूश था। अरे भई, छोड़ो, उसका नाम अब किसे याद रहा है?

आशा है, हमारी अटकलबाज़ी पर आप ख़फ़ा नहीं होंगे।

और यह कोतेस्की चाचा हैं...गणित के प्रोफ़ेसर। उनकी बड़ी ख़ामोश ज़िन्दगी थी। उन्होंने शादी की और फिर उनके दो बच्चे हुए...दोनों ही लड़के थे। बड़े की हत्या ड्रेस्डन में हो गई और छोटा कंसन्ट्रेशन-कैम्प में मर गया।

माँ, कंसन्ट्रेशन-कैम्प क्या होते हैं? उनके बारे में तुम्हें कभी फिर बताऊँगी। ज़रा देखो, इस फ़ोटो में चाचा कोतेस्की किस तरह हँस रहे हैं! उन दिनों उन्होंने कल्पना भी नहीं की थी कि उनके दोनों लड़के...ख़ैर, छोड़ो, वह बहुत ख़ुशमिज़ाज आदमी हैं और आज भी कभी-कभी मैंडोलिय बजाते हैं।

कितने लोग, कितने चेहरे...हमारा परिवार!

एक फ़ोटो और है—बिलकुल साधारण-सा। एक आदमी किसी पेड़ के सहारे खड़ा है...कमीज़ के बटन खुले हैं। उसे देखकर हमें हँसी आ जाती है क्योंकि उसने स्ट्रॉ-हैट पहन रखा है और हमें इस तरह के हैट बिलकुल पसन्द नहीं। फ़ोटो इतना छोटा और धुँधला है कि हम आदमी का चेहरा ठीक से नहीं देख पाते। उसके पीछे पेड़ की डालें धरती तक झुक आई हैं...मानो जंगल में जोर की आँधी चल रही हो! ऊपर आकाश का एक टुकड़ा और बादल दिखाई देता है।

हमने उसके बारे में भी माँ से पूछा :

"और यह कौन है?"

"यह एक आदमी है," माँ ने कहा।

"एक आदमी का क्या मतलब?" हम सब एक स्वर में कहते हैं, "यह भी कोई जवाब है...उसका नाम बताओ, जोसेफ़ या जॉन या और कुछ? और वह जंगल कहाँ है? और यह आदमी सफ़ेद क़मीज़ और स्ट्रॉ-हैट पहने यहाँ क्या कर रहा है, जबकि उसका हमारे परिवार से कोई रिश्ता नहीं?"

अचानक हमने देखा, माँ हमारे बीच नहीं है। हम देर तक उसे बुलाते रहे।

"माँ, तुम कहाँ चली गईं? माँ, तुम कहाँ हो?"

किन्तु उस दिन वह सारी शाम हमारे पास नहीं आईं और चौके में बैठी रहीं।

परिशिष्ट

परम्परा और प्रतिबद्धता

[तत्कालीन चेक लेखकों से निर्मल वर्मा की एक बातचीत]

प्राग-आवास के दौरान समय-समय पर मुझे अनेक चेक लेखकों से अनौपचारिक स्तर पर बातचीत करने का मौक़ा हाथ लगा था। एक ख़ास चीज़, जिसने विशेष रूप से मुझे आकर्षित किया था, इन लेखकों की फैली हुई साफ़ दृष्टि और अकुंठित रुचि थी, जो सम्भवत: मुक्त और खुली जिज्ञासा में उत्पन्न होती है और जिसके साथ एक गहरी विनयशीलता जुड़ी रहती है। मेरे लिए यह प्रीतिकर अनुभव था क्योंकि जिज्ञासा, अकुंठित रुचि और विनयशीलता जैसी कमज़ोरियाँ हमारे देश के साहित्यकारों में कम ही दिखाई देती हैं। मुझे अपने इन सम्पर्कों के आधार पर यह भी महसूस हुआ कि साहित्य की ग़रीबी और सम्पन्नता सिर्फ़ इस बात पर ही निर्भर नहीं करती कि उसमें कितनी अच्छी या बुरी कहानियाँ, कविताएँ लिखी जा रही हैं—इस पर भी बहुत हद तक निर्भर करती है कि 'असाहित्यिक' प्रश्नों के प्रति लेखकों की दृष्टि कितनी साफ़ या धुँधली है।

आज भी बहुत-से लोगों के मन में यह प्रश्न उठता है कि लौह-आवरण

के पीछे लेखक क्या 'मुक्त' रूप से सोच-विचार कर सकते हैं? अपनी ओर से मैं सिर्फ़ इतना कह सकता हूँ कि बातचीत के दौरान, चाहे वह किसी विषय पर ही क्यों न हो—वे सोच सकते हैं। जो व्यक्ति सोच सकता है, वह हमेशा मुक्त ढंग से ही सोच सकता है और मुझे ऐसे लोग उनकी अपेक्षा अधिक साहसी और वयस्क जान पड़ते हैं जो मुक्त होने का तो दावा करते हैं लेकिन सोचने के दायित्व से कतराते हैं। सोचना ख़ुद मुक्त होने का रास्ता है और उस रास्ते पर बाहर का 'लौह-आवरण' कोई कंटक नहीं है, यदि ख़ुद हमारे भीतर 'लौह-आवरण' मौजूद न हो।

बातचीत की छिटपुटी कतरनों को संयोजित रूप देने के लिए मैंने कुछ ऐसे सामान्य प्रश्नों को चुना था जो साहित्य से इतना सम्बन्ध नहीं रखते जितना इस दुनिया से, जिसमें हम जी रहे हैं। यह इसलिए भी ज़रूरी था, क्योंकि चेक लेखक दुर्भाग्यवश अनुवादों के अभाव में आज भी हिन्दी पाठकों से अपरिचित रहे हैं। एक-दो नाम इधर-उधर अवश्य किसी ने सुने हों, किन्तु उनकी पुस्तकों के सम्पर्क में आने का मौक़ा कम ही लोगों को प्राप्त हुआ है। हर लेखक का व्यक्तित्व चाहे अपने में कितना ही दिलचस्प क्यों न हो, अन्ततोगत्वा उसकी किताबों से जुड़ा होता है और ऐसी स्थिति में जब हम उनकी किताबों से अनभिज्ञ हों, शुद्ध साहित्य के बारे में उनके विचार हमारे लिए बहुत हद तक अमूर्त और सन्दर्भहीन साबित होंगे। अतः जानबूझकर मैंने ऐसे प्रश्नों को चुना था जिन्हें 'असामान्य' अर्थ में सामान्य कहा जा सकता है जो रूढ़ अर्थ में साहित्यिक न होकर भी साहित्य की आबोहवा से सम्बन्ध रखते हैं। यों भी अपने में यह जिज्ञासा मुझे बहुत स्वाभाविक जान पड़ती है कि एक समाजवादी देश के लेखक (जो चाहे स्वयं समाजवादी न हों) उन समस्याओं के बारे में क्या सोचते हैं जो बीसवीं सदी की औद्योगिक सभ्यता की देन हैं—एक ऐसी सभ्यता, जिसका गौरव और जिसकी बर्बरता अणु-युग की सम्भावनाओं की तरह असीम है और जिसका दबाव समाजवादी देशों पर उतना ही गहरा है जितना पश्चिम की 'आज़ाद दुनिया' पर।

यह वह बिन्दु है जहाँ चेक बुद्धिजीवी पश्चिम के बुद्धिजीवियों से ज़्यादा अलग नहीं हैं, जैसा आपको इस बातचीत में भी जगह-जगह दिखाई देगा। मनुष्य का अजनबीपन, जिसे मार्क्स ने पहली बार 'एलियनेशन' के नाम से सम्बोधित किया था, समाजवादी देशों में (ख़ास कर उन देशों में, जहाँ पहले से ही एक विकसित औद्योगिक व्यवस्था क़ायम है) भी एक ख़ास क़िस्म का तनाव उत्पन्न कर सकता है, इसी की ओर अनेक लेखकों का ध्यान गया है। पहले इस प्रश्न को यह कहकर टाल दिया जाता था कि पूँजीवादी व्यवस्था के समाप्त हो जाने के बाद मनुष्य का 'एलियनेशन' स्वतः ही ख़त्म हो जाएगा—एक हद तक यह बात सही भी है। किन्तु सिर्फ़ एक हद तक और सिर्फ़ सीमित अर्थ में ही, क्योंकि तकनीकी सभ्यता ने समाजवादी देशों में भी धीरे-धीरे एक ऐसा इतर मानवीय ढाँचा तैयार कर दिया है, जहाँ एक मनुष्य की 'विवेकशील' आवाज़ उतनी ही धीमी और कमज़ोर है, जितनी अन्यत्र। ख़ुद समाजवादी देश के लेखक इस बोझ और तनाव को कितनी शिद्दत से महसूस करते हैं, इसका अनुमान इस बातचीत से लगाया जा सकता है।

बहस में जिन लेखकों ने भाग लिया है, उनमें से एक को छोड़कर सब कथाकार हैं। अपने साहित्य-सृजन में एक-दूसरे से बहुत भिन्न होते हुए भी उन्हें कई चीज़ें एक-दूसरे से जोड़ती हैं। स्तालिनवादी युग का मोहभंग, जिसके परिणामस्वरूप किसी भी मूल्य पर अपनी आवाज़ को—चाहे वह कितनी छोटी क्यों न हो—टटोलने और पहचानने का अहसास रखते हैं। निर्भय और तर्कशील वस्तुपरकता जो भावुक न होने पर भी सनकीपन की झूठी घोषणाओं से दूर है और एक व्यापक निश्छल रुचि जो आसपास की दुनिया में रसी-पगी है। इन सब लेखकों की महत्त्वपूर्ण पुस्तकें सन् '60 के आसपास प्रकाशित हुई थीं। यह वह समय था जब आधुनिक चेक साहित्य में ज़्दानोवी दुराग्रह घुलने लगे थे और हर नया लेखक अपने अनुभव-क्षेत्र में नये प्रयोग करने को आतुर था।

इस दृष्टि से मुझे इवान विस्कोचिल (1929) सबसे अधिक मौलिक प्रयोगधर्मी लेखक जान पड़े हैं। कथा-लेखक वह उतने नहीं, जितने कथावाचक हैं और उनकी तर्कहीन, अर्थहीन, ऊपर से ऊलजलूल दिखने वाली कहानियाँ कितनी पैनी, व्यंग्यात्मक और विनोदपूर्ण हो सकती हैं, इसका अनुमान उन्हें पढ़कर इतना नहीं, जितना स्वयं लेखक के मुँह से सुनकर लगाया जा सकता है। प्राग की एक छोटी-सी जैज़ क्लब में विस्कोचिल स्वयं अपनी कहानियाँ और नाटक (इन्हें वह पूरी गम्भीरता से 'स्टुपिड ड्रामा' कहते हैं) पढ़ते हैं। 'टेक्स्ट अपील' प्रोग्राम का नाम है। तीन-चार घंटों तक कोई लेखक किस तरह अपनी 'प्रोटेस्क', दार्शनिक और संगतिहीन रचनाओं से मंत्रमुग्ध कर सकता है, यह अपने में सर्वथा अद्वितीय अनुभव है। और दूसरे छोर पर शिल्प और संवेदना में विस्कोचिल से बिलकुल भिन्न ईवान क्लीमा (1931) हैं, जिनकी हर रचना एक विषादपूर्ण अन्तर्द्वंद्व से भरी है। मनुष्य और इतिहास के बीच द्वंद्वात्मक तनाव और एक अस्तित्ववादी पीड़ा—जो सम्पूर्ण मानवीय मान्यताओं की खोज से उत्पन्न होती है—उनके साहित्य का अभिन्न अंग है। एक समाजवादी लेखक के लिए (क्लीमा कम्यूनिस्ट हैं) यह खोज कितनी निर्मम आग्रहपूर्ण और सृजनात्मक हो सकती है, क्लीमा की कहानियाँ इसका सजीव आईना हैं। क्लीमा के दर्शन से काफ़ी निकट—किन्तु अपनी कहानियों में उनसे बहुत अलग—यारोस्लाद पुतीक (1923) हैं। उनके उपन्यास 'दीवार' ने सबसे पहले आलोचकों का ध्यान अपनी ओर आकृष्ट किया था। युद्ध के आरम्भिक वर्ष कम्यूनिस्ट होने के कारण 'कंसन्ट्रेशन-कैम्प' में गुज़ारे। शायद यही वजह है कि एक व्यक्ति के नाते इन्होंने मानवीय यातना को जितनी गहराई से भोगा था, उतनी ही गहराई युद्ध के बाद एक लेखक के नाते उसके प्रति इतने तटस्थ और वस्तुपरक रह सके हैं। यों भी जो लोग सचमुच पीड़ा का सामना करते हैं, वे भोगने-झेलने की बातें शायद ज़्यादा नहीं करते। लादीस्लाव फुक्स (1923) कहानी-लेखक से अधिक महत्त्वपूर्ण उपन्यासकार हैं। उनके पात्र अक्सर दुहरी ज़िन्दगी जीते हैं—एक वह जो उनकी अपनी है, लेकिन जो बीत चुकी है, या मर चुकी है;

दूसरी वह, जो परायी, अजनबी है, लेकिन एक ख़ास स्तर पर पहली ज़िन्दगी को काटती हुई चली जाती है। उपन्यासों में उन्होंने समय के जिस 'मिथ' की रचना की है, वह एक बच्चे के सपनों से अलग नहीं, न ही उन यहूदियों की दुनिया से अलग है जो युद्ध और फ़ासिज़्म की छाया में जीते हैं। समय के इस 'मिथ' को लेकर फुक्स ने कुछ ऐसे 'संस्मरणात्मक' उपन्यासों की रचना की है जो यूरोपीय साहित्य में दुर्लभ हैं। उनकी रचनाएँ अनायास टॉमस मान के इस कथन का स्मरण करा देती हैं : "हमारे समकालीनों की सर्वश्रेष्ठ रचनाएँ सृजन की क्रिया न होकर दुबारा याद करने की प्रक्रिया का अंग हैं—संस्मरणों से भरी हुई।"

और अन्त में इस बहस में भाग लेने वाले लेखकों में अन्तोनिन येलीनेक (1930) ही ऐसे हैं जो कथाकार न होकर आलोचक हैं। एक दायित्वपूर्ण और गम्भीर आलोचना भी कितने हल्के-फुल्के अन्दाज़ में बिना सनसनीखेज़ दावों का आश्रय लिये लिखी जा सकती है, उनका लेखन इसका सजीव प्रमाण है। यों भी अच्छी आलोचना गद्य-विधा के रूप में स्वयं में आनन्द की वस्तु हो सकती है, अनेक 'सृजनात्मक' कहानियों से अधिक सृजनात्मक, इसे दुर्भाग्यवश हमने बहुत कम पहचाना है। इस दृष्टि से येलीनेक न केवल एक अच्छे आलोचक हैं, बल्कि एक अच्छे गद्य-लेखक भी। बहस के लिए जिन प्रश्नों को चुना गया था, श्री येलीनेक ने उनका उत्तर एक पत्र के रूप में दिया है, जिसे यहाँ अलग से दिया जा रहा है।

प्रश्नावली को एक साथ प्रस्तुत करने के बजाय हमने यह अधिक उचित समझा है कि हर प्रश्न को अलग-अलग पेश किया जाए और उसके साथ-ही-साथ लेखकों के उत्तरों को भी।

प्रश्न : एक चेक लेखक होने के नाते आपका अपनी सांस्कृतिक परम्परा के प्रति क्या रुख़ है? क्या आपको वह एक बोझ महसूस होती है, जिससे आपको मुक्त होना है; या आप उसे एक स्थिति के रूप में स्वीकारते हैं जिसके आधार पर एक ऐसे साहित्य की रचना हो सकती है जो 'कन्टेंट में समाजवादी है

और रूप में राष्ट्रीय' है? या आप महज़ उसके प्रति उदासीन हैं—क्योंकि अपने लेखन में उसका होना न होना आपके लिए विशेष महत्त्व नहीं रखता?

यारोस्लाव पुतीक : अपनी परम्परा के प्रति मैं किसी प्रकार का कर्तव्य या दायित्व महसूस नहीं करता। हाल में ही कुछ आलोचकों ने सांस्कृतिक परम्परावाद के महत्त्व पर ज़ोर डाला था, किन्तु लेखकों में उसकी कोई विशेष प्रतिक्रिया नहीं हुई। ऊपर से—सरकार की तरफ़ से—बहुत ज़ोर डालने के बावजूद हमारे यहाँ किसी ऐसी महत्त्वपूर्ण कृति की रचना नहीं हो सकी जिसका 'कन्टेंट समाजवादी हो और रूप राष्ट्रीय'। मैं यह नहीं कहता कि हमारे यहाँ किसी विशेष राष्ट्रीय परम्परा का अस्तित्व नहीं है। जिस सीमा तक वह जीवन्त है, उसने अचेतन रूप से हमारी संस्कृति के आध्यात्मिक वातावरण का निर्माण करने में योग दिया है। निस्सन्देह ही मारवा, न्योम सोवा, नेरुदा और हाशेक जैसे लेखकों के बिना चेक साहित्य की कल्पना करना असम्भव है। हमारी यह परम्परा स्पष्ट रूप से ही मानववादी, लोकतांत्रिक और सामन्त-विरोधी रही है—यह तथ्य और भी साफ़ हो जाता है अगर हम चेक संस्कृति की तुलना अपने निकटतम पड़ोसियों—पोलैंड, हंगरी और जर्मनी से करें। मैं इस बात पर विश्वास नहीं करता कि सांस्कृतिक परम्परा का 'निर्माण' नक़ली तरीक़ों से किया जा सकता है—कीटाणुओं की 'संस्कृति' की तरह। हाशेक ('भला सिपाही श्वायक' के लेखक) को यह जानकर काफ़ी अचम्भा होता कि वह 'क्लासिक' बन चुके हैं। अन्य लेखक भी केवल उस समय ही 'क्लासिक' चेक लेखक बन सके जब इनका कृतित्व राष्ट्रीय उपचेतना का भाग बन गया। अतः यह असम्भव नहीं कि आज की पीढ़ी के कुछ साहित्यकार भविष्य में 'राष्ट्रीय लेखक' की उपाधि से विभूषित किये जाएँ—हालाँकि मुझे सन्देह है कि उनमें वे लेखक अधिक संख्या में होंगे, जिन्हें आज सरकार की ओर से 'राष्ट्रीय लेखक' की उपाधि दी जा रही है।

इवान क्लीमा : हममें से हर कोई एक ऐसे देश में रहता है जिसकी कोई-न-कोई सांस्कृतिक परम्परा है और हममें से हर कोई अपने को एक

ऐसी स्थिति में पाता है जो सिर्फ़ सांस्कृतिक ही नहीं है। मैं सोचता हूँ कि आज हम सिर्फ़ अपने देश की परम्परा से ही प्रभावित नहीं हो रहे, बल्कि एक व्यापक परम्परा, एक वृहत्तर समूह की सांस्कृतिक स्थिति भी ज़बरदस्त ढंग से हमें प्रभावित करती है। आज राज्यों, देशों और राष्ट्रों की सांस्कृतिक स्थिति के बजाय महादेशों (कांटीनेंट्स) की व्यापक सांस्कृतिक स्थिति का अधिक महत्त्व है। साहित्य के बारे में 'समाजवादी कन्टेंट और राष्ट्रीय रूप' की बात करना एक राजनीतिक फ़ॉर्मूले का सहारा लेना है। मैं राजनीतिज्ञ नहीं हूँ। एक ऐसे आदमी के नाते जिसका साहित्य से सम्बन्ध है—मैं इतना अवश्य जानता हूँ कि राजनीतिक संज्ञाएँ इतनी अधिक स्थूल और उथली होती हैं कि उन्हें साहित्य-सृजन जैसी पेचीदा प्रक्रिया की कसौटी नहीं बनाया जा सकता।

लादोस्लाव फुक्स : लेखकों के 'कास्मोपोलिटिज़्म' में मेरा विश्वास नहीं है—कम-से-कम इस अर्थ में नहीं कि कोई भी लेखक अपने कृतित्व में अपनी सांस्कृतिक परम्परा से अपने को सम्पूर्ण रूप से उखाड़ सकता है। मैं कल्पना नहीं कर सकता कि कोई लेखक—अवचेतन रूप से ही सही—उस देश की सांस्कृतिक विरासत का उपभोग नहीं करेगा, जिसमें वह पैदा हुआ है, और जहाँ उसकी ज़िन्दगी बीती है। यहूदी लेखकों का ही उदाहरण लीजिए—लगभग पूरी ज़िन्दगी अपने देश से बाहर गुज़ार देने पर भी वे बार-बार अपनी रचनाओं में अपनी मातृभूमि की सांस्कृतिक विरासत की ओर लौटते हैं—लौटना पसन्द करते हैं। उदाहरणत: मैक्स ब्रांड की पुस्तकें। यह सही है कि हर प्रकार की राष्ट्रीयता, जातीय संकीर्णता और अपने राष्ट्र का 'कल्ट' हमारे लिए पराया है, किन्तु इस बात से इनकार नहीं किया जा सकता कि मेरे भीतर जो कुछ भी जीवित और जीवन्त है, उसका बहुत बड़ा हिस्सा उस देश की परम्परा, संस्कृति, वातावरण, चरित्र, आकांक्षाओं और चेष्टाओं से सम्बन्ध रखता है, जिसमें मेरा जन्म हुआ है। मेरी अपनी राय में यह न केवल स्वाभाविक है, बल्कि सही भी है।

जिसे हम 'विश्व-संस्कृति' कहते हैं, वह विभिन्न राष्ट्रीय संस्कृतियों का संगम मात्र है और उसी में उसका वैविध्य, रंगीनी, गौरव और जादू निहित है।

इवान विस्कोचिल : जहाँ तक सांस्कृतिक परम्परा का प्रश्न है, आज तक मैंने उसे समझने का दायित्व महसूस नहीं किया, न ही विशेष रूप से मैं उसके बारे में सोचता ही हूँ। किन्तु इतना ज़रूर जानता हूँ कि अपने अस्तित्व द्वारा मैं उससे बँधा हूँ—उसका शिकार हूँ और साथ-साथ उसे बनाता भी हूँ।

प्रश्न : आजकल प्रायः मनुष्य के 'परायेपन' (एलियनेशन) की चर्चा की जाती है—क्या आप समझते हैं कि समाजवादी व्यवस्था में वह 'परायापन' उसी रूप में और उतनी ही भयंकरता से मौजूद है जितना पश्चिमी देशों में? क्या आपके देश में इसका सम्बन्ध स्तालिनवादी युग के मोहभंग से जोड़ा जा सकता है? अथवा आप सोचते हैं कि यह तथाकथित 'परायापन' तकनीकी युग के दबाव से उत्पन्न होता है—टेलीविज़न, फ़िल्में, समाचार-पत्र जो तकनीकी समाज की उपज हैं और जिनका दूषित प्रभाव समाजवादी व्यवस्था में उतना ही गहरा और व्यापक है, या भविष्य में हो सकता है, जितना 'स्वतंत्र दुनिया' में?

लादीस्लाव फुक्स : मैं समझता हूँ कि एक ऐसे देश में मनुष्य का 'परायापन' जो समाजवाद के निर्माण में प्रयत्नशील है, पश्चिमी देशों के 'परायेपन' से बहुत-कुछ मिलता-जुलता है। यदि यह समानता न होती तो हम 'परायेपन' की संज्ञा का—जिसका कन्टेंट हर जगह एक ही रहता है—इस्तेमाल न करके किसी दूसरे शब्द का सहारा लेते। किन्तु दूसरी तरफ़ इस शब्द (परायापन) की कुछ शुद्ध, निजी विशेषताएँ भी हैं—ऐसी विशेषताएँ, जो हमारे विशिष्ट समाज-संगठन और इस संगठन के अतीत से उत्पन्न हुई हैं। प्रस्तुत सन्दर्भ में 'परायेपन' का सम्बन्ध अवश्य ही स्तालिन-युग की मान्यताओं के 'मोह-भंग' में देखा जा सकता है—कम-से-कम उन लोगों में जो इन मान्यताओं में सम्पूर्ण रूप से आस्था रखते थे। मैं उनमें नहीं था। किन्तु इस बात में मुझे कोई सन्देह नहीं कि हमारे 'अजनबीपन' के अपने कारण, अपना स्वभाव,

अपनी विशेष गन्ध है जो हमारे समाज की विशिष्ट जीवनधारा से, उसकी समस्याओं, कठिनाइयों और संघर्षों से उत्पन्न हुई है।

आज की तकनीकी उपलब्धियाँ हमारा सौभाग्य भी हैं और दुर्भाग्य भी। ऐसे युग में केवल यह आशा की जा सकती है कि हमारी दुनिया की बागडोर ऐसे लोगों के 'हाथों' में हो जो सौ-फ़ीसदी ज़िम्मेवार, विवेकशील और दूरदर्शी हों—ऐसे लोग जो न्याय में विश्वास रखते हैं और जो कट्टरता, जातीय संकीर्णता, वर्णभेद और बर्बरता से अन्धे नहीं हो गए हैं।

इवान विस्कोचिल : मुझे लगता है कि आत्यन्तिक रूप से—जहाँ तक जीने और अनुभव करने का प्रश्न है—हम जो 'परायापन' महसूस करते हैं, वह अन्य दुनिया के 'परायेपन' से अलग नहीं है। अलग सिर्फ़ वे ठोस परिस्थितियाँ और समूचा वातावरण है जो बराबर हमें यह महसूस करवाते रहते हैं कि हम एक ऐसे निर्वैयक्तिक ढाँचे—ऐपरेटस—पर निर्भर हैं जो हमारे बाहर (और हमारे भीतर भी) चालू है और जो बिना हमारी संचेतना और सहयोग के हमें चलाता है। मैं यह भी समझता हूँ कि स्तालिन युग की मान्यताएँ ख़ुद अपने में आदमी के 'अजनबीपन' का प्रदर्शन करती थीं और उनके प्रति 'मोह-भंग' और अपनी स्थिति के प्रति आलोचनात्मक दृष्टि कुछ लोगों के लिए इस 'अजनबीपन' का अतिक्रमण करने में सहायक हो सकती है, किन्तु सिर्फ़ इस शर्त पर कि वे स्तालिन-युग के भ्रमों के बदले अपने भीतर दूसरे क़िस्म के भ्रमों को न पालने लगें।

यारोस्लोव पुतीक : आदमी के 'परायेपन' या 'अजनबीपन' के बारे में आजकल काफ़ी चर्चा की जाती है और वह एक ऐसा फ़ैशनेबुल शब्द बन गया है जिसका प्रयोग किसी पर भी और किसी भी समय किया जा सकता है। किन्तु एक बार यदि इसे फ़ैशन से अलग करके देखें तो हमें आधुनिक समाज-व्यवस्था की सबसे बड़ी समस्या का सामना करना पड़ेगा। जिस श्रेणी में हम स्वतंत्रता, आत्मा और नैतिकता जैसे व्यापक और बहुअर्थीय शब्दों को शामिल करते हैं, उसी श्रेणी में 'अजनबीपन' भी आता है।

हर कोई उसका अर्थ अपने ढंग से निकाल सकता है, किन्तु इसमें कोई सन्देह नहीं कि इस विषय में हमारे और तथाकथित पश्चिमी देशों के बीच काफ़ी बड़ा अन्तर है। हमें यह भी नहीं भूलना चाहिए कि 'अजनबीपन' का जो अर्थ विकसित जीवन-स्तर वाले देशों में लिया जाता है, वह उन देशों से बहुत अलग है जहाँ लोग दो जून रोटी के लिए संघर्ष करते हैं।

सैद्धान्तिक दृष्टि से देखें तो कोई ऐसा कारण नज़र नहीं आता कि समाजवादी देशों में 'अजनबीपन' की समस्या मौजूद हो। यों भी हमारे यहाँ अनेक ऐसे सिद्धान्तवादी लोग हैं जिन्हें 'अजनबीपन' की समस्या बिलकुल दिखाई नहीं देती और जो इसे पुरानी दुनिया की मनोवैज्ञानिक प्रवृत्ति के अवशेष रूप में ही परखते हैं। दूसरी ओर, जब उसके अस्तित्व में विश्वास भी किया जाता है तो भी उसके कारण बहुत उथले ढंग से दिये जाते हैं—पूँजीवादी समाज में 'अजनबीपन' वैयक्तिक सम्पत्ति से उत्पन्न होता है, समाजवादी व्यवस्था में नौकरशाही से। हमारे कुछ कलाकार भी समस्या को इसी दृष्टि से देखते हैं। मैं समझता हूँ कि समस्या इससे कहीं ज़्यादा गहरी और पेचीदा है। अगर नौकरशाही की समस्त कुरीतियों का उन्मूलन कर दिया जाए और हमारा सामाजिक ढाँचा आदर्श ढंग से चलने लगे तो भी हम अपने को वहाँ पाएँगे जहाँ आज अमेरिका की 'हाई सोसाइटी' है।

अजनबीपन का युग नीत्शे की इस चीख़ से आरम्भ हुआ था कि 'ईश्वर मर गया'। वास्तव में ईश्वर मर चुका है। उन्नीसवीं शती और इससे कहीं अधिक बीसवीं शती का धर्म-विरोध बहुत गहरा है, हालाँकि चर्च के सदस्यों की संख्या दिन-पर-दिन बढ़ती जाती है। चाँद की तरफ़ उड़ने वाले अमेरिकी चालक की जेब में बाइबल की प्रति भले ही रखी हो, उससे धर्म की रक्षा नहीं की जा सकती। हम चर्च के सत्ताधारियों के दृष्टिकोण को अच्छी तरह समझ सकते हैं जब उन्होंने गैलीलियो को अपने इस सिद्धान्त का खंडन करने के लिए बाध्य किया था कि धरती सूर्य के इर्द-गिर्द घूमती है। उन्हें आशंका थी कि गैलीलियो का यह सिद्धान्त न केवल उनकी सत्ता पर आक्रमण करता है

बल्कि दुनिया के समूचे मानव-केन्द्रित ढाँचे को चोट पहुँचाता है। आधुनिक मनुष्य विश्वास नहीं करता, उसने प्राचीन और मध्य युगों की भोली, शिशुवत् आस्था को हमेशा के लिए खो दिया है—हालाँकि ज्ञान-विज्ञान ने, यहाँ तक कि नक्षत्र-मंडल पर मनुष्य की विजय ने उसे ख़ास सुख-सन्तोष दिया हो, ऐसा भी नहीं दिखाई देता। मनुष्य अवचेतन रूप से अमरता पाने की आकांक्षा करता है—एक ऐसी चीज़ की आकांक्षा जो इस ज़िन्दगी के 'पीछे' है, किन्तु विज्ञान उसके इन स्वप्नों को क्रूरता से कुचल देता है। इसके अभाव में वह सांत्वना पाने की कोशिश करता है—तरह-तरह की नशीली चीज़ों में, व्यसनों में, पूर्वी देशों के धर्मों में। समृद्धि और विकास की सबसे ऊँची मंज़िल पर पहुँचकर जब आदमी को कोई रास्ता नहीं सूझता, तो वह सहसा आतंकित हो जाता है—यही कारण है कि आज फ्रांज काफ़्का उसका मसीहा बन गया है—एक भीरु और रुग्ण आदमी, जो हमेशा दुनिया और ज़िन्दगी से डरता रहा। बेशक, इस आतंक के विरुद्ध संघर्ष किया जा सकता है—उसी तरह, जैसे एक ज़माने में उस हास्यास्पद योद्धा—दोन किहोते ने बिना कोई झिझक और शर्म महसूस किये, पूरी निडरता के साथ संघर्ष किया था। काश, इस तरह के योद्धा हमारे ज़माने में हो सकते!

जहाँ तक तकनीकी युग की विशेषताओं का प्रश्न है, वे आज हमारे देश में बहुत-कुछ वैसी ही हैं, जैसी पश्चिमी यूरोप में, किन्तु आदमी के 'अजनबीपन' पर तकनीकी सभ्यता का प्रभाव गौण रूप में ही देखा जा सकता है। एक ज़माने में हमारे देश में कहा जाता था कि समाजवाद में बिलकुल एक नये क़िस्म के आदमी का विकास होगा जिसकी अपनी निजी ख़ास विशेषताएँ होंगी—एक तरह का अतिमानव। इस विषय में हमारा मोह-मंग बहुत साफ़ तरीक़े से हुआ है। विभिन्न सामाजिक व्यवस्थाओं के बावजूद लोग हर जगह कमोबेश एक जैसे ही होते हैं—और आज भी हम उनके बारे में बहुत कम जानते हैं। कम जानते हैं—यह मेरे विचार में साहित्य और कला का सबसे बड़ा सौभाग्य है।

प्रश्न : लेखक की रचना-प्रक्रिया में क्या किसी प्रकार की 'प्रतिबद्धता' अनिवार्य है? आप रॉब्ब ग्रिये के इस विचार से कहाँ तक सहमत हैं कि लेखक एक नागरिक की हैसियत से प्रतिबद्ध हो सकता है, लेकिन यह ज़रूरी नहीं कि एक कलाकार की हैसियत से भी अपने को प्रतिबद्ध महसूस करे? कभी-कभी ऐसा भी होता है कि कुछ लेखक अपने को विशेष प्रश्नों पर (जैसे वियतनाम का युद्ध) प्रतिबद्ध पाते हैं, किन्तु कुछ दूसरे प्रश्नों के बारे में—उदाहरणत: सोवियत लेखकों—डेनियल और सिन्यावस्की—पर होने वाले मुक़दमे के बारे में चुप रहते हैं। यह कहाँ तक संगत है?

इवान क्लीमा : मैं समझता हूँ कि कलाकार की प्रतिबद्धता के प्रश्न का उत्तर महज़ 'हाँ' और 'नहीं' में नहीं दिया जा सकता। अनेक प्रकार की प्रतिबद्धता होती है, जैसे अनेक प्रकार के लेखक होते हैं। ज़ाहिर है, आपका प्रश्न कलाकार की राजनीतिक प्रतिबद्धता के बारे में है। साहित्य के इतिहास में अनेक ऐसे सुविख्यात लेखकों के उदाहरण मिल जाएँगे जो राजनीतिक जीवन से बिलकुल अलग रहे हैं—और ऐसे लेखकों की भी कमी नहीं रही जिन्होंने सक्रिय रूप से राजनीति में भाग लिया है। व्यक्तिगत रूप से ऐसी रचनाएँ मेरे अधिक निकट रही हैं, जिनमें समकालीन मानवीयता के ज्वलन्त प्रश्नों को उठाया गया है। भूख से मरते हुए देशों की तरफ़ से आँखें मूँद लेना सम्भव नहीं है। असीमित सत्ता से जो घातक ख़तरा उत्पन्न होता है, उसके प्रति भी उदासीन होना सम्भव नहीं है। दुनिया के किसी हिस्से में जब मनुष्य के मूल अधिकारों पर आघात होता है, तो ख़ामोश रहना सम्भव नहीं है। ऐसे कलाकार हैं जो अपनी प्रतिक्रिया अपनी रचनाओं द्वारा प्रकट करते हैं—ऐसे भी कलाकार हैं जो अपना विरोध प्रदर्शनों में भाग लेकर अथवा घोषणापत्रों द्वारा प्रकट करते हैं। कुछ कलाकार हैं, जो ख़ामोश रहते हैं—और ज़रूरी नहीं कि यह ख़ामोशी आलस्य, उदासीनता अथवा मानसिक ऊहापोह की निशानी हो। ख़ामोशी भी अपने में विरोध का माध्यम हो सकती है—या कभी-कभी गहन अन्त:पीड़ा का प्रतीक।

इवान विस्कोचिल : मेरे विचार में प्रत्येक सृजनशील व्यक्ति ऐसा व्यक्ति है जो प्रतिबद्ध है और प्रतिबद्ध से अधिक (क्योंकि प्रतिबद्धता से कुछ ऐसी ध्वनि आती है कि किसी दूसरे ने उसे बाँध रखा है) वह एक ऐसी दुनिया से जकड़ा है, जिसमें वह जीता है और उस दुनिया के प्रति अपना सहदायित्व महसूस करता है। वह सत्य को खोजता है और उसका अनुसरण करता है और अपनी और दूसरों की स्वाधीनता और आत्मसम्मान के प्रति सतर्क है, क्योंकि अपने स्वभाव से ही वह 'सहमानव' है। किन्तु जहाँ तक लेखक की रचनाओं में ठोस घटनाओं के प्रभाव या प्रत्यक्ष चित्रण का प्रश्न है (वियतनाम का युद्ध आदि), इसमें महत्त्वपूर्ण चीज़ है जानना और देखना। सम्भव है, अनेक लेखक जो अपनी सचाई और विश्वसनीयता को सुरक्षित रखना चाहते हैं, इन ठोस घटनाओं का चित्रण करने में अपने को असमर्थ पाएँ। समर्थ केवल ऐसे पत्रकार-लेखक हो सकते हैं जो इन घटनाओं को आत्मीय, निजी 'थीम' दे सकें। दूसरी तरफ़ ऐसे लेखक हैं जो अपनी 'आन्तरिक थीम' के आधार पर ही सृजन कर सकते हैं। राजनीतिक और सामाजिक द्वंद्वों की प्रतिक्रिया उनकी कृतियों में प्रकट न होकर सम्भवतः केवल चित्रात्मक अथवा प्रतीकात्मक रूप में ही सामने आएगी। और यह भी सम्भव है कि इस तरह की प्रतिक्रियाएँ उनकी 'थीम' का महज़ आयाम और सन्दर्भ हों जो लेखक की 'थीम' को इन द्वंद्वों के व्यापक, दार्शनिक प्रश्नों से जोड़ सकें। मेरे विचार में रॉब्ब ग्रिये ने सार्त्र को जो उत्तर दिया था, उसका आशय शायद यही था।

यारोस्लाव पुतीक : कला हमेशा से प्रतिबद्ध कार्यवाही का परिणाम रही है। अप्रतिबद्ध कलाकार अपने में ही विरोधाभास है—एक गोल क्यूब की तरह। यह बात उस कला पर भी लागू होती है जो महज़ 'क्रीड़ा' है। मुझे पूरा विश्वास है कि समकालीन युग में कला का महत्त्व दिन-पर-दिन बढ़ता जाएगा, क्योंकि मानव जाति के आत्म-संरक्षण में उसका गहरा योग है जिसकी उपेक्षा नहीं की जा सकती। यद्यपि 'नव-उपन्यास' के विवेचक यह कहते हैं कि आधुनिक कला में मनुष्य के 'आलोक-मंडल' और उसके ऊँचे सिंहासन

को नष्ट कर दिया जाएगा, स्वयं इन विवेचकों का व्यवहार उनके इस सिद्धान्त को पुष्ट नहीं करता और उनके 'नव-उपन्यास' में तो कहीं इसका लक्षण दिखाई नहीं देता। कला हमेशा से मानव-केन्द्रित रही है, और भविष्य में भी रहेगी। इस दृष्टि से वह विज्ञान से अलग है। अलग ही नहीं, बल्कि प्रत्यक्ष रूप से उसके प्रतिकूल। सम्भव है, धार्मिक आस्था के सूख जाने के कारण आज सिर्फ़ कला ही एक ऐसी चीज़ बची रह गई है जो मनुष्य की प्यास बुझा सकती है।

रॉब्ब ग्रिये का कथन हर जगह लागू नहीं होता। दोस्तोएव्स्की अपनी नागरिक प्रतिबद्धता के अनुसार 'स्लावोफिल' (स्लाव जातीयता के प्रभुत्व के समर्थक) और ज़ार-सत्ता के दुहाईदाता थे, किन्तु उनका कृतित्व ख़ुद उनसे कहीं अधिक मानवीय और प्रगतिशील था। मैं ऐसे लेखकों को भी जानता हूँ जिन्हें कोई नहीं पढ़ता, किन्तु जो एक कॉन्फ्रेंस से दूसरे कॉन्फ्रेंस के चक्कर लगाते रहते हैं और घोषणा-पत्रों पर हस्ताक्षर करते हैं—मुझे इसमें कोई ख़ास फ़ायदा नज़र नहीं आता। बेशक, ऐसी स्थितियाँ पैदा हो सकती हैं, जब एक ऐसे लेखक को, जो राजनीति के प्रति उदासीन है, घोषणा-पत्रों पर अपने हस्ताक्षर देने की ज़रूरत महसूस हो, या स्वयं घोषणा-पत्र लिखने के लिए वह आन्तरिक विवशता महसूस करे। प्रतिबद्धता का प्रश्न हर देश की ठोस परिस्थितियों पर निर्भर करता है—फ्रांस में जो उसका अर्थ लिया जाता है, वह हमारे देश चेकोस्लोवाकिया से अलग है—और चीन में शायद उसका बिलकुल अलग अर्थ है।

रूसी लेखकों—डेनियल और सिन्यावस्की के केस के बारे में दुर्भाग्यवश मुझे पर्याप्त सूचना प्राप्त नहीं जिसके आधार पर मैं एक निश्चित निष्कर्ष पर पहुँच सकूँ। जो भी हो—उसे महज़ लेखकों का मामला समझना ग़लत होगा, मानो स्वतंत्रता जैसे प्रश्न केवल कलाकारों से ही सम्बन्ध रखते हैं। इस प्रश्न पर बहुत व्यापक दृष्टि से विचार करना होगा, क्योंकि उसका सम्बन्ध लेखक से उतना ही है जितना ट्राम के कंडक्टर से—या उससे (कंडक्टर से) कुछ ज़्यादा ही।

लादीस्लाव फुक्स : नागरिक अगर चाहे तो अपनी इच्छा से अप्रतिबद्ध रह सकता है, किन्तु लेखक हमेशा ही अपने को 'प्रतिबद्ध' पाता है—वह चाहे या न चाहे—इससे कोई अन्तर नहीं पड़ता। लिखते हुए वह अपने विचारों को व्यक्त करता है, कुछ चीज़ों को नकारता है और कुछ चीज़ों को चाहता है—उस कृतित्व में गोपनीय रूप से कुछ विशेष आकांक्षाएँ और लक्ष्य छिपे रहते हैं, वह किसी 'ख़ास उद्देश्य' के लिए लिखता है—ये सब उसकी प्रतिबद्धता के चिह्न हैं।

लेखक उन सब चीज़ों के लिए प्रतिबद्ध है जो किसी-न-किसी ढंग से जनता के उपभोग में आती हैं—सर्वप्रथम, अपने देश में और दुनिया के हर हिस्से में मानव-जाति और मानवीयता के अधिकारों और दावों का समर्थन करने के लिए। वह सब कुछ जो आदमी को चोट पहुँचाता है—क्रूर सत्ता, हिंसा, उसकी स्वस्थ स्वतंत्रता को पंगु बनाने या उसे स्वतंत्रता से वंचित करने की चेष्टाएँ ख़राब और अमानवीय हैं। हम मध्ययुगीन मंगोलिया में नहीं, बीसवीं शताब्दी के उत्तर चरण की सभ्य दुनिया में जी रहे हैं। जहाँ कहीं इनसान हिंसा और ज़ुल्म से पीड़ित हैं और जिस समाज या व्यवस्था में यह हिंसा और ज़ुल्म किये जाते हैं या ऐसी व्यवस्था जो इन ज़ुल्मों को होने देती है—मेरी दृष्टि में ख़राब है। इसमें किसी को ग़लतफ़हमी नहीं होनी चाहिए कि ऐसी समाज-व्यवस्था को कभी-न-कभी इतिहास के कठघरे में खड़ा होना पड़ेगा। यह भी सम्भव है कि मुँह से मानवीयता के आदर्शों को बखाना जाए जबकि हाथ ज़ुल्मों और अन्याय से रँगे हों। लोग इस तरह के ढोंग को बहुत जल्दी पहचान जाते हैं। सोवियत लेखकों पर चलने वाले मुक़दमे के बारे में मेरा दृष्टिकोण? ऐसे मामलों में मेरे हाथ हमेशा साफ़ रहे हैं—और रहेंगे—साफ़ दिल और साफ़ मस्तिष्क। अन्याय अथवा ग़लतियों के साथ समझौता करके मैं कभी अपने हाथ गन्दे नहीं करूँगा। मैं सोचता हूँ कि उन लोगों को अधिक विचारवान और मानवीय होना पड़ेगा जो दूसरों की ज़िन्दगी के बारे में फ़ैसला करते हैं। हमारे देश में अनेक ऐसे लोग मौजूद हैं। जिन देशों में वे नहीं हैं, उन्हें हमारे आदर या सम्मान की अपेक्षा नहीं रखनी चाहिए।

मुक़दमे के प्रति मेरा दृष्टिकोण बिलकुल वही है जो चेकोस्लोवाक लेखक-संघ का।[1] वह एक ऐसी संस्था है जिसे इस सभ्य दुनिया में सांस्कृतिक संस्था का सम्मान प्राप्त है—एक ऐसी संस्था, जो बीसवीं शती के वयस्क लोगों के विचारों के प्रति अपना दायित्व पूरा करती है।

प्रश्न : क्या समाजवादी देशों में विभिन्न विचारधाराओं का सह-अस्तित्व सम्भव है—ऐसी विचारधाराएँ, जो मार्क्सवाद से भिन्न हैं?

इवान क्लीमा : सह-अस्तित्व मानवीयता के भविष्य का मूल आधार है। आज के युग में कट्टरता, संकीर्णता और सहिष्णुता का हर विस्फोटन पिछले किसी युग से कहीं ज़्यादा ख़तरनाक साबित हो सकता है। कहना न होगा, यह सत्य कला पर उतना ही लागू होता है, जितना किसी और चीज़ पर। ऐसी कट्टरता, जो एक शैली या विचारधारा के नाम पर अन्य समस्त शैलियों और विचारधाराओं को नष्ट कर देना चाहती है, वास्तव में स्वयं कला और संस्कृति को नष्ट कर देगी और अन्ततोगत्वा उस नींव पर भी कुठाराघात करेगी जहाँ से वह स्वयं उत्पन्न हुई है।

इवान विस्कोचिल : मैं सोचता हूँ कि हर प्रकार की समाज-व्यवस्था में विभिन्न शैलियों और विचारधाराओं का सह-अस्तित्व आवश्यक और उपयोगी है। और बेशक समाजवादी व्यवस्था में भी—अगर समाजवाद से हमारा अभिप्राय एक ऐसी व्यवस्था है जिसमें मनुष्य स्वयं अपने 'निजत्व' की ओर लौटता है, यानी व्यक्ति और समाज की वास्तविक स्वतंत्रता की ओर।

यारोस्लाव पुतीक : चूँकि मैं विचार और संस्कृति की सम्पूर्ण स्वतंत्रता में विश्वास रखता हूँ, अतः मेरे लिए विभिन्न विचारधाराओं के सह-अस्तित्व को स्वीकार करना स्वाभाविक है। मुझे लगता है कि ज्यों-ज्यों हम इस आदर्श स्थिति की ओर अग्रसर होते जाएँगे (और यह हमेशा एक आदर्श ही रहेगा), हमें आशा से कहीं अधिक ऐक्य अपनी संस्कृति में दिखाई देगा।

1. चेकोस्लोवाक लेखक-संघ ने अपनी एक बैठक में सोवियत लेखकों पर होने वाले मुक़दमे का विरोध किया था।

ज़िन्दगी में कभी-कभी विभिन्न विचार-दिशाओं का सूत्रपात सरकारी बन्धनों के वातावरण में भी होता है जब कलाकार सही या काल्पनिक रूप से अपने को बाहरी शक्तियों से घिरा पाता है। हमारे यहाँ पिछले वर्षों (स्तालिनवादी युग में) अमूर्त कला की जो नियति रही, वह मेरी बात को पुष्ट करती है। जिस समय अमूर्त कला की प्रदर्शनियों पर प्रतिबन्ध था, उस समय उसके (अमूर्त कला के) इर्द-गिर्द अनेक पंथों और पुजारियों का जमघट खड़ा हो गया था—हर क़िस्म के सांस्कृतिक परजीवी और स्नॉब और जोशीले समर्थक देखने को मिलते थे। किन्तु जब से अमूर्त कला की प्रदर्शनियाँ खुलेआम होने लगी हैं, भक्तों और पंथों की भीड़ घटने लगी, स्नॉब क़िस्म के लोग किसी दूसरे क्षेत्र में शिकार ढूँढ़ने निकल पड़े, जोश का ज्वार उतरने लगा और पहली बार अमूर्त कला की मान्यताओं का सही-सही मूल्यांकन शुरू हुआ और ज़िन्दगी पूर्ववत शान्त गति से आगे बढ़ने लगी। साहित्य में इस तरह का परिवर्तन अपेक्षाकृत अधिक मुश्किल है, कुछ और कारणों से नहीं तो टेक्निकल कारणों से—उदाहरणत: फ़ोनेटिक शैली में कवि की पुस्तकें छापना काफ़ी कठिन है—किन्तु इस क्षेत्र में भी स्थिति ख़ासी 'नॉर्मल' हो चुकी है और मुझे लगता है कि अनेक लेखक मन-ही-मन दोबारा ऐसी स्थिति की कामना करते हैं जब वे सीमित लोकप्रियता और शाश्वत अस्वीकार के वातावरण में जीवित रह सकें।

प्रश्न : कुछ चेक लेखकों की धारणा है कि विश्व-भाषा में न लिखने के क़ारण महान चेक लेखक दुनिया की आँखों में अज्ञात और अपरिचित रह गए हैं। क्या आपको चेक में लिखते हुए कभी ऐसा व्यवधान या 'हैंडीकैप' महसूस हुआ है?

लादीस्लाव फुक्स : नहीं, कभी नहीं।

इवान क्लीमा : यह सही है कि वे कलाकार, जो विश्व-भाषा में लिखते हैं, उन्हें अपेक्षाकृत आसानी से 'विश्वत्व' और यश प्राप्त हो जाता है। किन्तु मैं नहीं सोचता कि विश्वत्व और यश प्राप्त करना लेखक का लक्ष्य है, या होना चाहिए। हमें यह भी नहीं भूलना चाहिए कि आज के युग में यदि किसी कृति का थोड़ा-सा भी महत्त्व है तो वह दुनिया में अपना रास्ता ज़रूर बना लेती है—

चाहे वह एक ऐसी भाषा में ही क्यों न लिखी गई हो जिसे बहुत कम लोग समझते-बोलते हैं।

यारोस्लाव पुतीक : चेक में लिखते हुए मैंने कभी कोई 'हैंडीकैप' महसूस नहीं किया। मैं मानता हूँ कि एक चेक लेखक की यह आशा बहुत कम रहती है कि वह कभी विश्वख्याति प्राप्त कर पाएगा—सच पूछा जाए तो हाशेक और चापेक के अलावा शायद ही कोई चेक लेखक 'विश्व लेखक' बन पाया हो—किन्तु उसे यह फ़ायदा ज़रूर रहता है कि वह पाठक के साथ एक आत्मीय और व्यक्तिगत रिश्ता बना सकता है। लाखों लोगों के लिए लिखना शायद आकर्षण की चीज़ हो, किन्तु मुझे लगता है कि उससे लेखक के भीतर दम घुटाने वाली अजनबीपन की भावना ज़रूर उत्पन्न हो जाती होगी। यों अगर मुझे पसन्द न भी हो, तो भी चेक में लिखना मेरी नियति है जिसे केवल स्वीकार किया जा सकता है।

इवान विस्कोचिल : कभी-कभी मुझे यह काफ़ी ख़ेदजनक बात लगती है कि चेक विश्व-भाषा नहीं है। ख़ेदजनक उतना उन चीज़ों के लिए नहीं जो मैंने लिखी हैं, बल्कि उन कृतियों के लिए जो दूसरों ने लिखी हैं। मेरे विचार में हमारे यहाँ ऐसे लेखक हैं जिनका कृतित्व सचमुच आधुनिक साहित्य—विश्व के आधुनिक साहित्य के एक नितान्त नये बिन्दु को छूता है। अधिकांश ऐसे लेखक अज्ञात हैं, अथवा अज्ञात रहेंगे (यहाँ मेरा संकेत देमल, वाइनर, हलास इत्यादि लेखकों से है)। किन्तु इसमें कोई ख़ास आश्चर्यजनक बात नहीं है, क्योंकि ये लेखक स्वयं हमारे देश में आज तक लगभग अज्ञात रहे हैं।

अन्तोनिन येलीनेक : मैं तुम्हारे दिलचस्प प्रश्नों का उत्तर एक साथ इस पत्र में दे रहा हूँ—काफ़ी बिखरे ढंग से। एक आलोचक, साहित्यिक इतिहासकार और साहित्य शिक्षक (जो एक 'किहोतिक' पेशा है) के नाते मुझे इन समस्याओं के कुछ पहलू जिस ढंग से दिखाई देते हैं, वे शायद एक सृजनशील लेखक को बिलकुल दूसरे ढंग से दिखाई देंगे। निस्सन्देह मैं अपने देश की सांस्कृतिक परम्परा की विशिष्टता को ग्रहण करना अपना कर्तव्य समझता हूँ—उसे एक

ऐतिहासिक और समकालीन इकाई के रूप में देखने की चेष्टा करता हूँ। मुझे यह सुविधा प्राप्त नहीं है कि केवल अपनी दुनिया, अपने कृतित्व पर अपने को केन्द्रित करके यह प्रश्न दूसरों पर छोड़ दूँ कि परम्परा से उसका नाता किस सीमा तक जुड़ा हुआ है और किस सीमा तक टूटा हुआ। एक आलोचक के नाते मुझे यह ज़िम्मेदारी ख़ुद अपने पर ओढ़नी होगी। किन्तु मुझे लगता है कि यह प्रश्न अपने में हमारे यहाँ ज़्यादा महत्त्व नहीं रखता। ज़्यादा महत्त्व की चीज़ उन ठोस व्यंजनाओं और अर्थों से सम्बन्ध रखती है, जिनके सहारे मनुष्य हमारे समाज में जीता है और समकालीन दुनिया की सर्वसाधारण समस्याओं का सामना करता है। एक तरफ़ इन अर्थों को खोजना और दूसरी तरफ़ समकालीन समस्याओं से टक्कर लेना—इनके बीच एक ख़ास द्वंद्वात्मक सम्बन्ध है, जिसकी पेचीदगी को महज़ चन्द वाक्यों द्वारा निरूपित नहीं किया जा सकता। हमें इस प्रश्न का उत्तर देना होगा कि टॉल्स्टॉय, प्रूस्त अथवा जॉयस का कृतित्व हमें क्यों आकर्षित करता है, जबकि एक ने रूसी इतिहास और ज़मींदारों की प्रेम-अनुभूतियों के बारे में लिखा है, दूसरे ने फ्रांस के महज़ एक छोटे-से वर्ग का विश्लेषण किया है और तीसरे ने डबलिन शहर के चन्द इने-गिने लोगों के अनुभवों तक ही अपने को सीमित रखना काफ़ी समझा है?

सिर्फ़ दस वर्ष पहले हमने 'अजनबीपन' की समस्या पर सोचना-विचारना आरम्भ किया था। इससे पहले यह समस्या इस भ्रांतिमूलक आस्था के नीचे दब गई थी कि व्यक्ति और समाज का सन्तुलित विकास सीधे-सपाट रास्ते पर किया जा सकता है। पिछले वर्षों में इस समस्या के प्रति गहरी रुचि प्रदर्शित की गई है—एक बौद्धिक फ़ैशन की सीमा तक स्तालिन-युग की प्रतिक्रिया ने इस रुचि को अधिक गहरा बनाया है। 'अजनबीपन' की परिभाषा तुम्हें कोई भी दार्शनिक आसानी से दे सकता है। मैं ख़ुद यह महसूस करता हूँ कि जबकि पश्चिमी व्यवस्थाओं में उत्पादन-साधनों पर वैयक्तिक नियंत्रण मनुष्य के मानवीय गौरव को दूषित करता है, हमारे देश में समस्या बिलकुल दूसरी है। जिस व्यवस्था में हम रहते हैं, उसमें मनुष्य का 'मनुष्यत्व' इस

बात पर निर्भर करता है कि किस हद तक हम व्यक्ति और इंस्टिट्यूशन, व्यक्ति के हितों और समूह के हितों के बीच उठने वाली समस्याओं को सुलझा सकते हैं। यह एक संश्लिष्ट प्रक्रिया है जिसका विकास गत्यात्मक (डायनेमिक) ढंग से होता है। हमारे समाज में बेचैनी और तनाव का सूत्रपात भी यहीं से होता है। यह तनाव कमोबेश 'अन्दरूनी' है; तकनीकी जीवन का प्रभाव—फ़िलहाल—उस पर ज़्यादा नहीं है। यह सही है कि संस्कृति के व्यापक प्रचार-साधनों ने हमारे देश में भी मनुष्य के जीवन और उसके जीने के ढंग को बहुत तेज़ी से बदला है। ये प्रचार-साधन (टेलीविज़न, सचित्र 'लोकप्रिय' पत्र इत्यादि) मनुष्य के मानस में वैसा ही जड़ीभूत प्रभाव उत्पन्न करते हैं, जैसा आधुनिक कल-कारख़ानों में शारीरिक श्रम—दोनों ही अपने-अपने ढंग से सृजनात्मक क्रिया को महज़ एक यांत्रिक हरकत में बदल देते हैं। इस सन्दर्भ में चैपलिन की फ़िल्म 'मॉडर्न टाइम्स' अपनी ट्रेजेडी में अविस्मरणीय रहेगी। किन्तु यहाँ एक महत्त्वपूर्ण प्रश्न उठता है : क्या तकनीकी समाज-व्यवस्था के प्रचार-साधन मनुष्य के जीवन को सिर्फ़ संकुचित और यांत्रिक बना सकते हैं? क्या यह अनिवार्य है? क्या मनुष्य का जीवन उनकी सहायता से समृद्ध नहीं बन सकता? मैं मानता हूँ कि आधुनिक जीवन का मशीनीकरण भयानक हो सकता है—एक बार इटली के बाज़ार में 'इलेक्ट्रिक टुथ ब्रुश' को देखकर मैं आतंकित रह गया। ज़रा सोचो—अब आदमी इस क़ाबिल भी नहीं रह गया कि दिन में दो बार वह अपने मुँह में अपने ही हाथ की हरकत महसूस कर सके। किन्तु कम-से-कम संस्कृति के क्षेत्र में मुझे अपने यहाँ एक बात आश्वस्त करती है—यहाँ संस्कृति के व्यापारीकरण (कॉमर्शियलाइज़ेशन) का कोई ख़तरा नहीं है। किसी के पास इतनी ताक़त नहीं है कि वह संस्कृति को व्यापार और मुनाफ़े का साधन बना सके। हमारे यहाँ बाज़ारू संस्कृति का अस्तित्व नहीं है। प्रकाशन-गृहों को जासूसी किताबों पर जो घाटा उठाना पड़ता है, उसकी क्षति-पूर्ति वे कविता पुस्तकों से प्राप्त होने वाली आमदनी से कर लेते हैं—क्योंकि वे जासूसी उपन्यासों की अपेक्षा कहीं अधिक संख्या में बिकती हैं। मैं तुम्हारे सामने कोई आदर्श

तसवीर पेश नहीं करना चाहता—कई समस्याओं के बारे में अक्सर हमने बातचीत की है—किन्तु तुमने मुख्य रुझान के बारे में सवाल पूछा था और उसमें मैं निराशावादी नहीं हूँ।

अगर रॉब्ब ग्रिये ने लेखक और नागरिक के सम्बन्ध को इतने विरोधात्मक ढंग से पेश किया है—जैसा तुम्हारे प्रश्न से जान पड़ता है—तो मैं उसे सही या संगत नहीं मानता। लेखक का व्यक्तित्व इतने साफ़ और सरल तरीक़े से आत्म-खंडित नहीं होता। आदमी का वह पहलू जो किसी चीज़ के विरुद्ध आवाज़ उठाता है, और दूसरा पहलू जो हाथ में क़लम पकड़कर लिखता है—इन दोनों में कहीं-न-कहीं सम्बन्ध ज़रूर रहता है। बेशक मैं मानता हूँ कि मेरी राजनीतिक धारणाएँ प्रत्यक्ष रूप से मेरे लेखन में दाख़िल नहीं होतीं, किन्तु हर चीज़, जिसके लिए या जिसके विरुद्ध मैं एक नागरिक की हैसियत से प्रतिबद्ध हूँ, वह समकालीन मनुष्य के अस्तित्व, उसकी सम्भावनाओं, परिप्रेक्ष्यों, ख़तरों इत्यादि का भी अभिन्न भाग है। कोई भी लेखक, जो आज कोई महत्त्वपूर्ण बात कहना चाहता है, अपने को उनसे अछूता नहीं रख सकता।

और अन्त में तुम्हारे अन्तिम दो प्रश्नों के बारे में; मैं समझता हूँ कि समाजवादी व्यवस्था में विभिन्न वैचारिक और कलात्मक धाराओं का होना अनिवार्य है—इसके बिना संस्कृति का विकास हो सकता है, मुझे सन्देह है। जिस 'हैंडीकैप' की चर्चा तुमने की है, मैं समझता हूँ, हर छोटे देश के साहित्य को इस समस्या का सामना करना पड़ता है। मैं ख़ुद कितने ही देशों के साहित्य के बारे में जानना चाहता हूँ, किन्तु विश्व-भाषा में न होने के कारण मैं उनका रसास्वादन नहीं कर सकता। इस दिशा में तकनीकी समाज के आधुनिक साधन बहुत मददगार हो सकते हैं—ख़ास कर ऐसे अनुवादक, जो समझदार भी हों और शिक्षा-सम्पन्न भी। तुम्हें नहीं लगता कि मेरा उत्तर ज़रूरत से ज़्यादा लम्बा हो गया है, जबकि ज़िन्दगी ज़रूरत से ज़्यादा छोटी है? ज़्यादा बेहतर यही होगा कि मैं तुम्हें अपने साथ पीने के लिए कहीं बुला सकूँ!

['हर बारिश में' : 1970]